卑弥呼は邪馬台国の女王に非ず

青木 清

梓書院

卑弥呼は邪馬台国の女王に非ず

青木　清

プロローグ

私は、１９５２（昭和27）年生まれ。２０２３年に71歳を迎える爺さんです。その6年前に会社を退職して人間ドックに入り、糖尿病の治療で入院しました。そこで癌が見つかり、地元の病院から山口大学医学部付属病院に転院しました。

ステージ4の悪性リンパ種だったのですが、さいわい良い薬があり、手術することなく点滴で回復しました。しかし抗がん剤の副作用で、病院の廊下を歩いている最中に突然倒れたり、高熱が下がらずとうとう40度に達したり、一歩間違えば命が…という危機的な局面に遭遇しました。

「死」の現実に直面して初めて、この世に何かを残したくなりました。子供と孫はいますが、自分の名前をこの世に残しておきたいと思ったのか、無性に本を書きたくなりました。私が書くとしたら、テーマは「邪馬台国」です。私は大学の教授でも博物館の学芸員でもありませんが、大の歴史好き。１９８０年ごろから邪馬台国関連の本を読み始め、自宅の書棚は未読も含めて古代史の本で溢れかえっています。退院後、邪馬台国の候補地とされる遺跡や博物館、歴史資料館等も数多く訪ね歩きました。

しかし、遺跡の発掘調査を実際に見たことは一度もありません。漢文や古文も原文のままでは読めませんので、解説本や現代語訳された本などを頼りにしています。漢籍の解読や遺跡の考古学的解説など、専門的な内容は書けませんので、歴史が主人公である邪馬台国を書こうと思いました。

本書は、「卑弥呼の時代」を中心として、断片的ではありますが、奈良時代の終わりまで書き進めました。私はこの本で、古代中国文献に記されている女王国の時代から飛鳥、奈良時代までの歴史が一本の線で繋がったと感じています。本書にどれだけの価値があるかは分かりませんが、邪馬台国や大和政権成立の謎を解明するヒントにならないだろうかと期待しています。

この本は、文献をもとにした歴史学からアプローチを試みていますので、結果的に多種多様な想定や推理の領域が多くなります。その点、遺跡や遺物重視の考古学サイドからの探求の方法とは違っていますが、決して荒唐無稽な本ではありません。あくまで記紀や魏志倭人伝などの古文献の解読を重視しつつ、考古学の成果も疎かにせず、一番可能性のある歴史学の王道から史実を追求したつもりです。また基礎知識から説き起こしていますので、従来の邪馬台国関連の書籍よりも読みやすいのではないかと自負しています。これから古代史や邪馬台国問題を勉強される方にも、是非読んでいただけたらと思っています。

令和5年3月　青木清

【目　次】

第1章　弥生時代は「戦乱の時代」

一　自然と共生する縄文時代

「邪馬台国の時代」は、時代区分では弥生時代の後期後半~終末期ごろとされています。私が中学校や高校で歴史を学んだころの弥生時代のイメージは、米が作れるようになって人々が狩猟生活を止め、豊かになって楽しく農作業をしているという牧歌的光景でした。教科書にも、そのような登呂遺跡の生活を表現した絵が掲載されていたと記憶しています。しかし実際は、米作りに適した生産性の高い土地を奪い合う「戦乱の時代」だったのです。

弥生時代の前に5千~1万年続いた縄文時代には、争いはほとんど無かったと言われます。何故かと言えば、縄文人は狩猟・採集生活が中心で、移動しながら生活をするからです。自然の恵みには限界があり、お互いのテリトリーを侵して限度以上の採集をすると自然が破壊され、共倒れになってしまいます。彼らはそれを自覚しているので、争いはなるべく避けたようです。このため、貧富の差は少なく「階級」も発生しなかったと言われていました。

ところが青森県で、世界文化遺産の三内丸山《さんないまるやま》遺跡（青森市三内丸山、国の特別史跡）の発掘調査が進み、縄文時代の「常識」が一変しました。この遺跡では、縄文人がドングリやクリなどを栽培し、物見櫓や大きな祭殿のような建物を建てて定住生活をしていました。

定住生活をすると、隣のムラとの緊張関係が生まれ、場合によっては領土争いの戦いも発生したと思います。このため、外敵に対する防備や戦闘能力が必要になり、ムラのリーダーも登場して貧富の差や階級も生まれたでしょう。しかし、それでも縄文時代は弥生時代に比べると、はるかに平和な社会であったと言われています。

二　弥生時代の北部九州

弥生時代になって水稲耕作が始まると、米作りに適した土地が必要になります。良い田畑があれば米がたくさんできて豊かになるので、米作りの適地を求めて縄文時代とは比較にならないような争いが始まりました。「戦乱の時代」に突入したのです。

弥生時代の実年代については諸説ありますが、国立歴史民俗博物館の研究グループによる炭素14年代測定法をもとにした最新の研究成果によれば、紀元前10世紀ごろから紀元３世紀ごろまでの約１３００年間で、早期・前期・中期・後期の４つの時代区分に分かれるそうです。

弥生時代早期（縄文時代晩期とする研究者もある）の遺跡として有名なのが、板付《いたづけ》遺跡（福岡市博多区）です。

御笠川の左岸、諸岡川との間に位置する標高11～12メートルの台地の上にムラが築かれています。広さは東西150メートル、南北800メートル。ムラは、幅５メートル、深さ3.5メートルの環濠で囲まれていました。環濠が築かれているのは、弥生時代の早い段階から防衛意識が芽生えていた証拠です。ムラの最盛期は弥生時代後期で、水田の広さは３千平方メートルにも及び、奴国の食を支えていました。

板付遺跡

さらに、幾多の戦乱を重ねて弥生時代の後期になると、日本列島に部族が結合してクニと呼べるようなまとまりが生まれました。そのことは、中国の史書に記されています。

紀元前1世紀ごろの日本列島の様子を書いた『漢書地理志』には、「倭は百余国に分かれている」という内容が書かれているのです。私は、この「百余国」は北部九州のクニグニであると考えています。「百余国」の時代から200年以上が経過した邪馬台国の時代の中国の史書『魏志倭人伝』には、「倭は旧《もと》百余国あったが今使訳（使者と通訳が）通ずるところは30国」と記されています。さらに、その間の西暦120～200年ごろまでの70～80年間、倭は「大乱の時代」であったと伝えています。百余国あった国が30ヵ国に減少。70近いクニグニが消滅したことになり、戦乱の激しさを如実に物語っています。

ところで、何故中国の文献に依拠するのかというと、この時代の倭の国内事情を書いた文字資料が国内には存在しないからです。邪馬台国の時代には大陸との往来が頻繁にあり、実際は中国の漢字を文字として使っていたのではないかと思われます。しかし、8世紀初めに古事記や日本書紀が成立するまで、それ以前のことを倭人が書いた文字資料は現存していません。このため、邪馬台国を学び研究する資料としては、中国の文献が重要なのです。

中国の史書『後漢書』東夷伝によると、西暦57（建武中元二）年、奴国《なこく》という国が朝貢（貢物を持って中国の皇帝に謁見し、詔書や印綬を貰い受けて国の王として認めてもらうこと）してきたので、光武帝が「漢委奴國王」という印綬を授けたとあります。この印綬が、江戸時代に博多湾に浮かぶ志賀島《しかのしま》で発見された「金印」（国宝）とされています。奴国とは、現在の福岡市から南側にある春日市、大野城市あたりまでを支配していた国です。

また後漢書には、西暦107（永初元）年に「倭国王帥升《すいしょう》」が漢の安帝に生口（貢物である人間、男女の奴隷）を160人献上して朝貢した」と書かれています。帥升は、伊都国か奴国の王であると言う説が有力です。

伊都国は、現代の福岡市西区から糸島市に広がる糸島平野にあった国です。

私は「倭国大乱」の原因は、鉄の入手をめぐる争いであったと考えています。さらに、もう一つの理由としては、漢帝国の衰退が考えられそうです。日本や朝鮮半島の国々は、中国の王朝から王としての「お墨付き」を貰い、それを後ろ盾にして政権を運営していました。それほど漢帝国の権威は巨大だったのです。

たとえが少し違うかも知れませんが、江戸時代の徳川幕府が「漢帝国」で、奴国や伊都国は地方の諸藩のようなものと考えてみました。その「徳川幕府」が弱体化したために、諸藩の秩序が崩壊し、争いが頻発したという感じでしょうか。

第2章　中国の古代史

魏志倭人伝が語る「邪馬台国の時代」は、中国の歴史では魏・呉・蜀による「三国時代」にあたります。この書物の内容に入る前に、三国時代に至るまでの中国古代史を少し振り返ってみましょう。私たちが聞きなれた、有名な四字熟語がたくさん出てきます。

中国の歴代王朝の歴史を記した史書で、先ず思い浮かぶのは『史記』です。著者は司馬遷で、前漢時代の人。今から約２１００年前の紀元前91年ごろに史記を完成させています。中国には国が認めた正史が24も有り、その最初が史記です。夏と言う国から前漢までの歴史が書かれています。

余談ながら、歴史小説の第一人者で『関ヶ原』や『坂の上の雲』『竜馬がゆく』などの名著を残した司馬遼太郎氏は、作家名の由来について「自分は司馬遷に遼《はるか》に及ばない日本の者（太郎）として名付けた」と書かれています。司馬遷がいかに偉大であるか、あらためて感じさせるエピソードです。

さて中国では、歴代の王朝が自らの正当性を誇示するため、皇帝の命による国家事業として前代の王朝の記録を整理・編纂しました。この官撰の歴史書を「正史」と呼び、通常は『史記』から『明史』までの「二十四史《にじゅうしし》」を言います。

これらの正史は、皇帝の年代記である「本紀《ほんぎ》」を中心に、臣下の伝記や諸外国のことを記録した「列伝」、年表や系譜などの「表」、社会事象や制度・文化などの「志」で構成する紀伝体《きでんたい》で書かれています。このうち、西晋の陳寿《ちんじゅ》（＝西暦233～297年）が編纂した『三国志』は、魏書（魏志）30巻、蜀書（蜀志）15巻、呉書（呉志）20巻で構成。南朝宋の裴松之《はいしょうし》（＝372～451年）による補注がついたものが伝わっています。

通称『魏志倭人伝』と呼ばれているのは、「魏書（志）烏丸鮮卑東夷伝《うがんせんびとういでん》」の中の「倭人条《わじんのじょう》」。「東夷伝」には、倭人の他に夫余《ふよ》、高句麗《こうくり》、東沃沮《とうよくそ》、挹婁《ゆうろう》、濊《わい》、韓《かん》の各国についての記述があります。

『三国志』の成立は、南朝宋の范曄《はんよう》（＝398〜445年）が編纂した『後漢書《ごかんじょ》』よりも古く、「邪馬台国の時代」である２〜３世紀の倭国の事情を知る上で最も貴重な同時代の史料なのです。

一　殷から漢帝国まで

紀元前１５００年ごろ、今から３５００年ほど前に、黄河流域に「殷《いん》」という国がありました。「史記」には、殷の前に「夏《か》」という国があったと書いてあります。夏が、最初の世襲王朝として記述されていますが、夏王朝の存在を裏付ける遺跡は未だに発見されていません。

殷は、薬とするための亀の甲羅を探していた薬事関係の人物が、「殷墟」と呼ばれる都を発見したことで姿を現しました。殷墟から出土した亀の甲羅や動物の骨には文字が書かれています。有名な甲骨文字です。

最後の王である「紂王」は、美女の色香に溺れ、悪業を尽くした暴君として有名です。皇帝が愛した美女との宴会は、酒を池のように大きな器に注ぎ、林の木々に肉を並べて贅沢の限りを尽くし、天の怒りを買って徳を失い国が滅びたと言われています。「酒池肉林」という言葉は、ここから生まれました。夏の傑王とともに暴君の代表格です。

史書が記した紂王や傑王の行為は、現存する日本最古の歴史書である古事記や日本書紀で、素戔嗚尊《すさのおのみこと》や第25代武烈天皇の悪行の記述にも引用されています。

殷の次の王朝が「周《しゅう》」です。紀元前１１００年ごろに成立したといわれています。周は、封建制度を始めた国として有名です。封建制度とは、家臣に土地を与えて地方の支配を任せる制度で、日本でも鎌倉幕府によって武家社会に取り入れられ、徳川幕府終焉の１８６７年まで続きました。周も、皇帝が美女に溺れて政治をないがしろにし、北方遊牧民の侵入を許したために国が弱体化したと言われています。

周が弱体化すると、長い分裂の時代に入りました。「春秋戦国時代」と呼ばれており、およそ500年間続きます。春秋時代は、紀元前771年に周が都を洛邑に移してから始まったとされています。未だ周の威光が残っており、北方民族に都を追われた王家のために誰が立ち向かうか、王家を守るために誰が一番適任かを決める戦いであったようです。

ここで、聞きなれた故事があります。周王家を尊び、異民族を追い払うことを「尊王攘夷」と言ったそうです。この尊王攘夷という言葉は、江戸末期に水戸藩の藤田東湖が最初に使い、水戸学の根幹を成したと記憶していますが、幕末最大のイデオロギーとなって日本を動かしました。最後は倒幕運動に発展し、明治維新という「革命」を成し遂げました。その語源は、中国・春秋時代から来ていたのです。それにしても「酒池肉林」「傾国の美女」「尊王攘夷」と、私たちが慣れ親しんでいる故事や熟語が、次から次に出てきます。やはり古代中国は偉大です。

そのあと戦国時代に入ると、周王朝の権威は失われ、地方の諸侯が勝手に「王」を名乗って独立しました。どこか、室町時代末期の守護大名と戦国大名の違いのような印象を受けます。春秋時代の戦いは周王家のナンバー1となる家臣を決めるものですが、戦国時代は中国大陸のナンバー1を決める戦いです。「戦国の七雄」と呼ばれている「韓」「魏」「趙」「秦」「楚」「斉」「燕」の国々が覇権を争いました。これらの国々はこのあと、初めて中国を統一した「秦」の項で再び登場します。

春秋戦国の分裂時代を統一したのが、「秦《しん》」です。英字表記ではCHINで、現代中国の英語名であるCHINAはここから来ています。王は『キングダム』のモデルである「始皇帝」です。

そのモデルとなった秦の嬴政《えいせい》は、初めて中国全土を統一した王の中の王であったため、「始皇帝」と呼ばれました。紀元前220年ごろに中国統一を果たし、掲載した図のように中国大陸で最も西に本拠を構えた国でした。秦があまりに強いので、魏と趙と燕は連合を組んで戦いました。また、韓と楚と斉も連合を組んでいます。各国の連絡体制もできていて、6カ国連合で秦に挑みました。それでも、秦が勝ったのです。

山﨑圭一著『一度読んだら絶対に忘れない世界史の教科書』参考

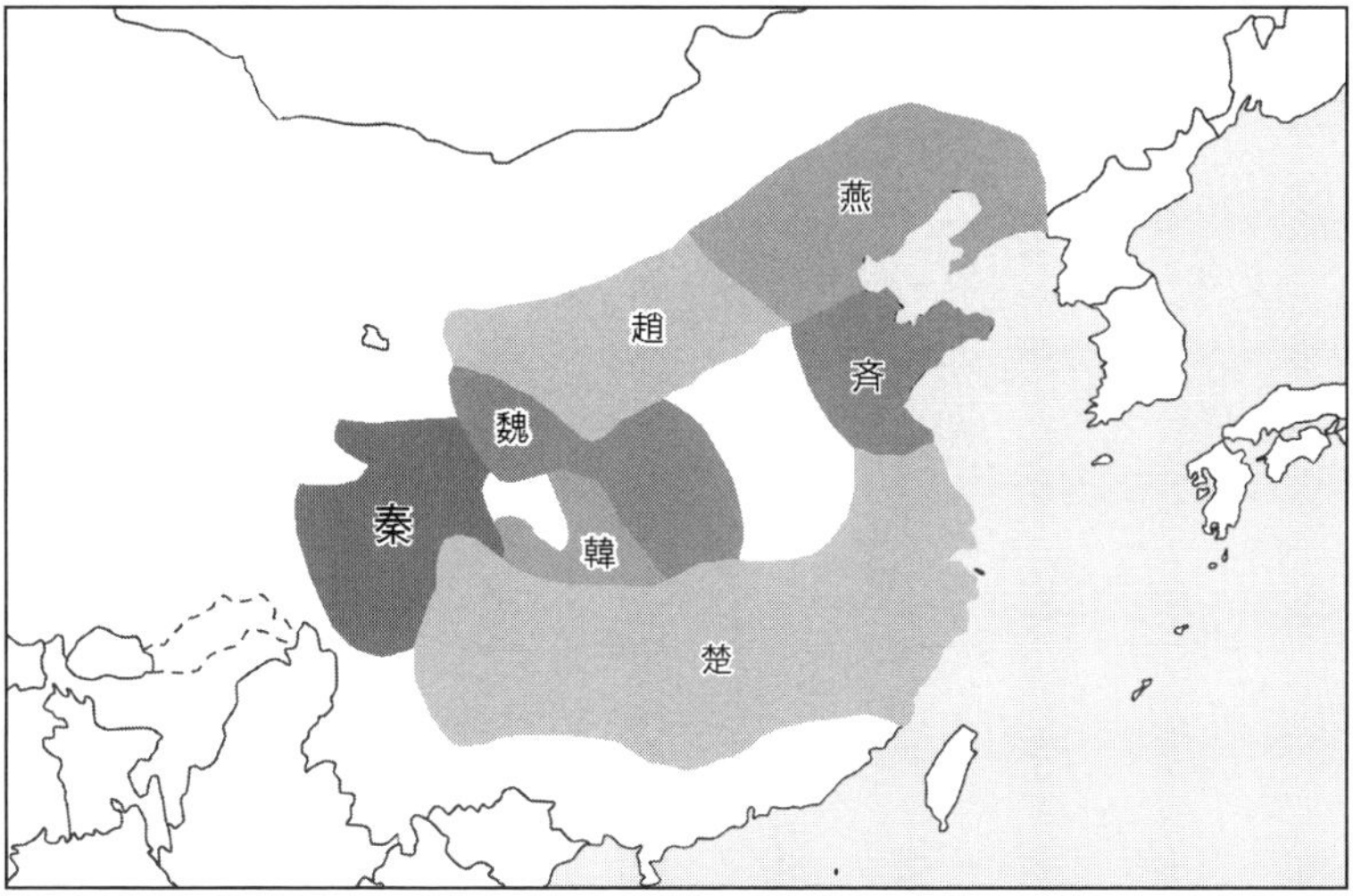

群雄が割拠した戦国時代、最後に秦が中国全土を統一

しかし始皇帝が亡くなると、再び争いが勃発しました。大改革を断行したので、不平や不満が爆発。秦は、僅か20年で崩壊しました。再び群雄割拠の時代に突入しましたが、最終的には項羽と劉邦の二人が勝ち残りました。はじめは項羽の方が圧倒的に優勢でしたが、天下を征したのは劉邦でした。司馬遼太郎氏の小説『項羽と劉邦』はとても面白い本なので、読んでおられない方にはお勧めです。

項羽は楚の国の人で、形勢が不利な中、最後の戦いを挑むために戦場に赴きます。しかし敵軍の中から楚の歌が聞こえてきました。項羽は「楚の人間も敵に回ったか」と落胆して戦うことをやめ、陣を解きます。「四面楚歌」という言葉はそこから生まれました。

勝利した劉邦は「漢《かん》」という国を興します。紀元前200年ごろです。漢はキリスト生誕の西暦0年ごろを挟んで、前漢と後漢とに分かれますが、合計で約400年間続きます。中国の文字を漢字、文章を漢文、中国人を漢民族と呼びます。「漢」は中国を表す代名詞として現代でも使われており、歴代の中国王朝で最も代表的な国家といえます。

最大の敵は北方民族の「匈奴《きょうど》」で、長年、戦っています。第7代・武帝の時代が全盛期で、東の朝鮮半島から西域と呼ばれた地域まで領土を拡大しました。

前漢が衰えたのは、宦官《かんがん》の力が強くなり過ぎたためと言われています。宦官とは「男性機能」を失った秀才官僚です。武帝の死後、徐々に宦官と皇后の親戚が実権を握るようになり、豪族の不満が高まって地方の反乱が起き、前漢は滅びました。

西暦8年には、第12代成帝の母の甥に当たる王莽《おうもう》という人物が帝位を簒奪して「新《しん》」という国を建てましたが、千年前の周の国を理想としたのでわずか15年で滅びました。

これに続く後漢は、西暦25年に光武帝が即位して始まります。前項でも触れましたが、「後漢書」によると、光武帝は西暦57年に朝貢してきた倭の奴国王に金印を授けます。さらに伊都国王とみられる「帥升《すいしょう》」は、西暦107年に朝貢して生口160人を献上しています。

前漢の武帝は朝鮮半島に進出して支配下に置き、紀元前108年に楽浪郡など4郡を設置しました。『漢書地理志』は「楽浪の海中に倭人がいる」と紹介しており、これ以後、倭の諸国の朝貢外交と大陸との交易が活発化して行きました。

二　「三国志」の時代

後漢は、「黄巾の乱」がきっかけで衰退します。黄色い頭巾を着けた太平道という宗教の信者が起こした叛乱で、織田信長を悩ました一向一揆と同じような宗徒による争乱のイメージです。後漢末期は、気候が寒冷化して農作物が取れなくなり、何千万人という民衆が飢餓に苦しんだと伝えられています。

その黄巾族の勢力を、うまく利用して台頭したのが魏の国を立ち上げた「曹操《そうそう》」でした。彼は黄河流域の中原を手中に収め、西暦200年には「官渡の戦い」で燕の袁紹を破り、中国の東北部から朝鮮半島に勢力を拡大して行きました。

一方、長江の河口域、現在の南京や上海一帯には呉の孫権が勢力を張っていました。さらに、長江の内陸部、パンダや激辛料理で有名な四川省一帯には、蜀の劉備がいます。この三国が鼎立し、互いに覇権を争ったのが三国時代で約80年間続きました。

さて魏は、燕の袁紹が支配していた中国東北部の遼東地方から朝鮮半島に至る地域を、公孫淵という人物に統治させます。倭の女王卑弥呼は、この公孫淵に使者を送って朝貢していたとも言われます。

ここで公孫淵の出自について、少し解説しておきましょう。

公孫氏《こうそんし》は、後漢末から三国時代にかけ、中国東北部の遼東地域（現在の遼寧省）を拠点に勢力を拡大した豪族です。襄平県出身で玄菟郡の役人だった公孫度は、遼東太守となり、山東半島一帯にも勢いを増して行きました。西暦204（建安九）年に公孫度が死去し、その子の公孫康が後を継いで、楽浪《らくろう》郡の南を分割して帯《たい》方《ほう》郡を設置。漢人を集結させて韓や濊《わい》を攻撃し、韓や倭も帯方郡に所属するようになったとされます。公孫康の後継者には弟の恭が就きましたが、228年、康の子の淵が叛いて叔父から位を簒奪しました。既に後漢は崩壊して、魏・呉・蜀の三国時代に突入。公孫淵は、魏に臣従を装いつつ、魏と対立していた南方の呉との関係を強め、独立の機会を窺っていたのです。呉が、公孫淵に独立した君主として称号を与えたのに対し、魏はあくまで一地方政権として扱い、これに不満を募らせた公孫淵は237年、「燕王」を名乗って独立し、独自の元号も立てました。

これに対し魏は、238年（魏の景初二年）正月、司馬懿を遼東に出兵させ、同年8月、滅亡に追い込みました。現存する『魏志倭人伝』の最古の版本（中国南宋期）には、卑弥呼が送った使者が帯方郡に到達したのは「景初二（238）年6月」とあります。しかし、この時期は公孫淵討伐の最中で使者は帯方郡に向かうことが困難だったとして、通説では「景初三年」の誤記とされてきました。しかし、版本記載のとおり「景初二年」説を主張する研究者もまだ根強いと言います。

以上のように、公孫淵は魏を裏切り、「燕王」を名乗った反逆者です。怒った魏は、将軍・司馬懿《しばい》仲達を派遣して公孫淵を滅ぼしました。魏の制度では、滅ぼされた国の兵士や土地は滅ぼした将軍の支配下に入る仕組みなので、司馬懿は東北部に広大な領土と兵を保有して、魏随一の将軍になりました。

女王卑弥呼が、大夫・難升米《なしめ》らを使者として、魏の出先である帯方郡《たいほうぐん》に派遣したのがこのころ。彼女はかねて公孫淵と通じていたので、「朝貢したのは魏の支配下にあった公孫淵で、燕王になったあとの公孫淵ではない」と申し開きをせねばならず、急いで朝貢したと思います。

ここで、蜀の名軍師・諸葛孔明についても触れておきましょう。「死せる孔明、生ける仲達を走らす」の故事で有名な人物です。

「赤壁の戦い」のころはまだ若かった諸葛孔明ですが、さすがに老いには勝てず、英雄として名をはせた劉備玄徳や関羽、張飛らもあの世に旅立って行きました。孔明が、蜀の将来を託すことができる有能な人材も見当たりません。孔明は、「このまま自分が死ねば、蜀は魏に滅ぼされる」と思い、五丈原という所に軍を進めて決戦を挑み、魏を一気に滅ぼす計略を立てました。

そこに待ち構えていたのが、司馬懿仲達です。孔明の戦略の凄さを知っている仲達は、ここで長期戦に持ち込みます。自軍の弱点を突かれた孔明は何もできず、老衰のため戦場で亡くなりました。孔明を失った軍勢は蜀へ帰るべく退却しますが、それを見た仲達は孔明の罠であると深読みし、追跡しませんでした。死してなお戦局を動かす孔明のしたたかさと、それに翻弄される仲達の姿が見えるようです。しかし、長期戦に持ち込み、孔明に戦いをさせなかった仲達の軍略もさすがです。後年、魏は遂に蜀を滅ぼします。

その後、司馬懿仲達を始祖とする司馬一族は、265年に魏を滅ぼして西晋を建国しましました。先に述べたように、中国では、前の王朝の正史を次の政権が書きます。「前王朝の皇帝は、こんなことをして徳を失ったので世が乱れ、我々が天命を受けて新たな政権を樹立した」と建国の正統性を主張するのです。それ以外の大部分は、史実に忠実であるといわれ、中国の正史は世界でも高い評価を得ています。魏の正史はこの慣例に従い、西晋が編纂しています。

西暦280年、西晋が呉を滅ぼして三国時代が終焉します。しかし、西晋の治世も長くは続かず、中国大陸は再び分裂の時代に突入します。「五胡十六国」と呼ばれている時代です。北から遊牧民族が中原に押し寄せて来ます。その中で最も有名なのが匈奴です。匈奴はフン族とも呼ばれて、ヨーロッパにまで進出して行きます。フン族が来襲したのでゲルマン民族の大移動が起こり、西ローマ帝国は滅亡します。その後、フランク王国が分裂し、現代のドイツやフランス、イタリアなど欧州各国の骨格となる枠組みができ上がりました。

一方、中国は分裂を繰り返して、東の果ての倭国などにかまっている余裕はなくなります。史書には、西暦266年に卑弥呼の後継女王である台与が西晋に朝貢したとみられる記述がありますが、これ以降、5世紀の「倭の五王」の時代まで中国の文献に倭国の記事は出てきません。いわゆる「空白の4世紀」に入って行きます。

しかしその後、西暦600（推古八）年に聖徳太子が遣隋使を派遣するまでの間、日本列島では大和朝廷が全国を統一し、朝鮮半島まで進出する国に成長していきました。その成り立ちの過程を、邪馬台国と同様に推理していきたいと思います。

第3章　『魏志倭人伝』の世界

一　魏志倭人伝とは

倭の女王卑弥呼や邪馬台国について書かれているのは、通称『魏志倭人伝』と呼ばれている中国の文献です。正しくは、『三国志』巻30・魏書（志）30・烏丸《うがん》鮮卑《せんび》東夷伝《とういでん》倭人条《わじんのじょう》といいます。

わずか2000字足らずの文章ですが、2～3世紀ごろにあった日本列島の国々の様子が記載されています。『三国志』を編纂したのは陳寿という西晋の役人。生まれたのは『三国志演義』で有名な劉備玄徳や関羽、張飛、諸葛孔明が活躍した蜀の国です。蜀は、諸葛孔明が五丈原の戦いで亡くなった数年後、魏に滅ぼされます。陳寿は職を失いましたが、才能が高く、西晋の文官に登用されました。

そこから資料を集め、参考文献を書写したりして、魏書30巻、呉書20巻、蜀書15巻、合計65巻の壮大な史書を完成させます。これが西晋の王朝に公式に認められて「正史」となりました。魏書30巻の第30巻目に、魏の北東に位置する烏丸、鮮卑という国と、中国東北部から朝鮮半島にある7カ国について書かれており、その最後に倭（日本）人の国が出てきます。

三国志が完成したのは、西暦285年ごろ。ただし、陳寿編纂の三国志が正史になったのは彼の没後で、完成から20年以上経っていました。完成当初から評価は高かったのですが、西晋の政府内における権力闘争の煽りを受けて認定が遅れたと言われます。

国内に現存する魏志倭人伝の版本で最古のものは、中国・南宋時代（12世紀）の紹興本《しょうこうぼん》です。少し遅れて紹熙本《しょうきぼん》（＝宮内庁書陵部蔵）という本もあります。これらは、陳寿が完成したあと、何世代も書写を重ねて版本になった魏志倭人伝なのです。ここで研究者の立場が分かれます。これらの版本に「誤字は無い」と仮定して考える人と、誤写は存在し、それを見つけるのも重要な研究の一環だと考える人たちです。私は後者で、誤写があるものとして解釈しています。

前項で、中国の正史には史実の部分が多く、世界的に高い評価を得ていると書きました。しかし西晋は、家臣である司馬一族が皇帝の曹一族をクーデターで倒し、政権を簒奪した国家です。それ故、魏書は他の正史に比べて編者の私怨が感じられ、史実とは異なる点が多いとも言われています。

歴史家の孫栄健氏の著書によると、例えば魏の第4代皇帝は自分に権力がなくなったことを嘆き、「命など惜しくはない」としてわずかな手勢で反乱を起こしました。しかし、すぐに捕えられ、殺されたそうです。陳寿は司馬一族に仕えている立場上、この事件の真相を書くことができず、皇帝は病死したかのように書いているそうです。

前置きが長くなりましたが、魏志倭人伝には何が書かれているのか、次項からはその内容を解説して行きたいと思います。最初に原文の書き下しをもとにした現代語訳で書いて行きます。その後に、私の分析や推理も加えた考察が続きます。

二　原文に沿った現代語訳（要約）

倭人は、帯方郡の東南の大海の中にある島に住んでいる。漢の時代に朝貢してきた国があり、その国の人に聞くと、倭には百余国があったそうだ。最近の情報では、使節が往来し通訳が可能なのは30カ国だと言う。帯方郡から倭に行くには、朝鮮半島の西海岸を船で東や南に進み、倭の領土の北岸に当たる狗《く》邪《や》韓《かん》国《こく》に到着する。ここまでが7千余里である。

そこから海を渡って、千余里で対馬国《つしまこく》に到着する。島の広さは400里平方だが、山が険しく、良い田畑は見られない。道はけもの道しかなく、千戸余りの家がある。人々は海産物を食べて生活し、また南北に船を漕ぎ出して朝鮮半島や壱岐島などと交易している。

対馬国から広い海を渡り、千余里で一支国《いきこく》に到着する。広さが300里四方の島で、約3千の家がある。竹や木の林が多く、水田もあるが米の自給自足は叶わず、南北に船で行って交易している。

また海を渡って、千余里で末盧国《まつろこく》に到着する。4千余戸の家がある。草木が生い茂り、道を歩くとき前を行く人がよく見えないほどである。人々は魚や鮑を採るのが得意で、海に潜って糧としている。

そこから東南に歩いて500里で伊都国《いとこく》に到着する。千余の家がある。代々王がいて、女王国に服属している。帯方郡からの使者が常に宿泊する所である。

そこから東南に向かい、奴国に至るのに100里。2万余戸がある。さらに東へ向かい、100里で不弥国《ふみこく》に至る。千余の家がある。

南に行くと、投馬国に至る。船で20日かかる。5万余戸がある。また南に行くと、邪馬台国に到着する。船で10日、歩いて1カ月かかる。女王が都とする所である。7万余戸の家がある。

このように、女王国より北の諸国は戸数や道里を記すことができるが、そのほかの周辺の国は遠く隔たっていて、詳しくはわからない。

そこで国名だけを列挙すると…斯馬国、已百支国、伊邪国、都支国、弥奴国、好古都国、不呼国、姐奴国、対蘇国、蘇奴国、呼邑国、華奴蘇奴国、鬼国、為吾国、鬼奴国、邪馬国、躬臣国、巴利国、支惟国、烏奴国、奴国

ここまでで、女王国の境界は尽きる。その南に狗奴国《くなこく》がある。男子を王としており大官（長官）は狗古《くこ》智卑狗《ちひく》という。この国は、女王国には属していない。帯方郡から女王国までの距離を合計すると、1万2千

余里である。

倭人の男は、大人も子供もみな入れ墨をしている。これは殷の前にあった夏国の王子が会稽（上海の南）で断髪・入れ墨をして竜から身を守ったように、入れ墨で大魚や水鳥から身を守っているのだろう。入れ墨の仕方は身分によって異なるらしい。

帯方郡からの道里を計算すると、倭の位置は中国の会稽郡・東治縣の東にあたるだろう。倭の風俗は淫らなところがなく、温暖で、冬でも野菜を食べている。生活様式は、儋耳《たんじ》・朱崖（海南島の地域）と似ている。

倭人が中国に来る時には、船に持衰《じさい》という者を乗せる。安全に航海ができれば持衰に奴隷や財物を与え、暴風雨になったら彼を殺す。行事や旅をする時は、骨を焼いてひび割れの具合を見て吉凶を占う。元来、酒好きで、集会や振る舞いの時は父子や男女の区別なく酒を飲む。寿命は長く、100歳か、80～90歳まで生きる者もある。

支配層の者は4～5人の妻を持ち、一般人でも2～3人の妻がある。夫人は淫らではなく、嫉妬もしない。盗みも無く、争いごとも少ない。法を犯せば、軽ければ妻子を没収され、重ければ一族皆殺しである。身分や秩序は守られ、物資を交易する市が立ち、大倭が監督している。

女王国より北には、特に「一大率《いちだいそつ》」という官職を置いて諸国を検察している。諸国は、これを恐れている。一大率は常に伊都国に駐在し、女王が洛陽に使者を派遣する時に貢ぎ物のチェックをする。逆に洛陽や帯方郡から使者が来るときには、伊都国の港で文書や賜物の点検をして女王に届ける。

其の国は、元は男子を王としていたが70～80年前に倭国が乱れ、何年も互いに攻め争った。このため諸国が話し合って、一人の女子を立てて王とした。名を卑弥呼という。彼女は神がかりとなり、恐るべき霊力を発揮した。年をとってからも夫を持たず、侍女千人を近くに置いて生活している。弟が一人いて、政治を補佐している。女王になってから彼女を見た者は少なく、ただ一人の男子が飲食の給仕をし、出入りしている。宮殿や物見櫓、城柵などには、常に武器を持った兵が守っている。

女王国の東、海を渡って千余里のところにはまた国があり、全て倭種である。また、朱儒国がその南にあり、人々の身長は3～4尺。女王国から4千余里離れている。また裸国や黒歯国が、その東南にあり、船で1年かかる。それらを含めて倭地のことを人々に尋ねてみると、島々が連なって人が住んでいて、その周囲の距離は5千余里になるだろう。

景初二（西暦238）年6月、倭の女王は大夫・難升米《なしめ》らを帯方郡に遣わし、魏の天子に朝貢したいと伝えた。帯方郡太守の劉夏は役人を遣わし、難升米らを引率して洛陽に送り届けた。同年12月、魏の明帝は倭の女王に対し、次のような内容の詔書を発した。

親魏倭王卑弥呼に詔を下す。汝が遣わした大夫・難升米と次使都市牛利を帯方郡太守が都に送り届け、汝が献じた女奴隷六人と男奴隷四人、班布二匹二丈を受け取った。汝の国は、はるか遠いのに、朝貢するとは我に対する忠孝の現われで感心なことである。今、汝を親魏倭王に任命して金印紫綬を与え、それを包装して汝に届ける。また難升米を率善中郎将に、牛利を率善校尉に任じ銀印・青綬を与える。汝の国への賜物として絳地交龍錦《こうちこうりゅうきん》（＝赤地に龍の文様の絹織物）五匹、絳地縐粟罽《こうじすうぞくけい》（＝赤い毛織物）十張、蒨絳《せんこう》（＝茜色）の絹五十匹、紺青の絹五十匹を与え、汝の貢ぎ物に答える。また特に汝に、紺地の句文錦（小紋の錦）三匹、細班華罽《さいはんかけい》（＝細かい花模様の毛織物）五張、白絹五十匹、金八両、五尺刀二口、銅鏡百枚、真珠・鉛丹各五十斤を与える。それらを難升米と牛利に渡したので詔書と確認して受け取り、汝の国の人々に見せ、魏の国が汝を大切に思っていることを知らせなさい。

正始元（240）年、帯方郡太守の弓遵《きゅうじゅん》は、建中校尉の梯儁《ていしゅん》らを遣わし、詔書と印綬をもって倭国を訪問した。使者は、倭王に謁見して詔書を渡し、賜物として金や帛《はく》（＝しらぎぬ）、錦、罽《けい》（＝毛織物）、刀、鏡、采物《さいぶつ》（＝飾り物）を贈った。倭王は使者に託して上表文を奉り、皇帝の恩詔に謝意を表した。

正始四（243）年、倭王はまた、大夫の伊声耆《いせき》、掖邪狗《えきやく》ら8人を派遣し、倭の錦や絹織物などを献上した。掖邪狗らは率善中郎将の印綬を受けた。

正始六（245）年、皇帝は詔を発し、帯方郡の太守を通して倭の難升米に黄幢《こうどう》（＝黄色い軍旗）を下賜した。

正始八（247）年、帯方郡の太守として王頎《おうき》が着任した。卑弥呼は以前から狗奴国《くなこく》の男王の卑弥弓呼《ひみくこ》と不仲で、載斯《さいし》、烏越《うえつ》らを帯方郡に派遣して互いに戦っている状況を知らせた。そこで太守は、郡使として張政を遣わし、詔書と黄幢を持って行かせ難升米に授けた。そして、触れ文を書いて卑弥呼を諭した。

その後、卑弥呼が死んだので、大きな塚を作った。径の長さは百余歩で、殉葬された奴婢は百余人。女王の死後、男王を立てたが国中が服従せず、互いに争って千余人が殺された。そこで卑弥呼の宗女（一族の娘）である13歳の台与《とよ》（壱与ともいう）を王として立て、ようやく国が治まった。

台与は、掖邪狗ら20人を派遣して張政らを送って行かせた。倭の使者は魏の都まで行き、奴隷30人や白珠5000、青い大きな勾玉などを貢ぎ物として献上した。

◇　◇

以上が、魏志倭人伝に書かれている内容のアウトラインです。倭人の生活・風習などは、かなり省略しました。各国の大（長）官や次官の職名も、読み方に諸説があるので狗奴国以外は省略しています。狗奴国は、候補地一帯の地名と長官名の発音に類似性が見られるので記述しました。なお、現在の佐賀県唐津市付近にあったとされる末盧国は、長官と次官についての記述自体がありません。

次項では、「邪馬台国はどこか」というメインテーマを主軸に、私が旅して得た知識や文献で知り得た内容、多くの研究者が挑戦してきた解釈から、魏志倭人伝を読み解いていきたいと思います。

三　解説を加えた現代語訳

魏志倭人伝は「倭国は、中国の東に広がる大海の中の島々にある」という書き出しで始まります。

倭国へ行くには、現代のソウル周辺にあったとされる帯方郡から朝鮮半島の西岸を南や東に船で進み、倭国に一番近い狗邪韓国に到着します。この国は、現在の釜山市や金海市周辺で、ここまでが7千里。ここから初めて海を渡り、千余里で対馬国に到着します。釜山と対馬の北端までの距離は約50キロ。かつてTV番組でも紹介されましたが、「野生号」と名付けられた当時の復元船に20～30人の青年が乗り込み、朝鮮海峡を横断する実験が行われています。朝、釜山を出発すれば、夕方には対馬北端の比田勝港に到着します。

対馬は東西約20キロ、南北約90キロの細長い島で、山々が連なっています。倭人伝は「千余戸がある」と書いていますが、対馬国の都がどこにあったかは今も分かっていません。

狗邪韓国を出発した魏使の一行は、対馬のどこを経由して次の目的地である壱岐島に向かったのか？　私の考えでは、以下の3つのルートが想定されます。

①北端を回って比田勝港付近に宿泊。翌日、東海岸に出て南下し、厳原港あたりに到着。そこから、南下して壱岐に向かう。

②北端の比田勝港あたりで一泊し、西海岸を南下して浅茅湾に到着。そこから船を陸揚げして陸路を移動し、東海岸を南下して壱岐にむかう。

③西海岸に沿って南下し、三根地区あたりに寄港。西海岸を南下して壱岐に向かう。

私が、この3つのルートから1つを選べと言われたら、確実に①を選ぶと思います。対馬は山深き所ですが、東海岸の方は人口が多く、南下するにはベストの航路だと考えるからです。その次に選ぶとすれば、③のルートです。

②については、大きな船を陸揚げし、短い距離ながら陸路を移動させることになるので、かつては「あり得ない」と思っていました。

しかし、いろいろな文献を読んで、最近では②の可能性が一番高いという気がしてきました。

確かに、40～50人も乗れるような大きな船を陸揚げするのは、リフトもクレーンも無い時代ですから大変だと思います。しかし、西海岸の三根地区には弥生時代の集落遺跡があり、ここが対馬国の都であった可能性が最も高い候補地として注目されています。その周辺で、複雑な入り江が続く浅茅湾は、時化《しけ》のときに船を回避させる場所とされます。陸揚げして陸上を移送する距離は比較的短く、現地には「船越」「小船越」などの地名も残っています。それらの理由で、現在では②のルートが有力だそうです。ちょっと意外だったので紹介しました。

倭人伝には、「対馬は山険しく、良田無く、人々は漁業や交易をして生活をしている」と書かれています。島南部の西海岸には、食糧を確保できる港がなかったことも、「陸揚げ」ルートを選択する一因になったかも知れません。魏の船は東海岸に出て、厳原付近で食糧の補給や休息をしたと思われます。そこから海を渡り、次の一支国《いきこく》に向かったのでしょう。

一支国は現在の長崎県壱岐市（壱岐島）です。魏の船は、おそらく北岸の壱岐市勝本町あたりに到着したと思います。勝本から島の東海岸を南下して幡鉾《はたほこ》川の河口付近に到着。そこから小舟に乗り換えて、一支国の国邑《こくゆう》（＝国の中心をなす拠点集落）である原《はる》の辻遺跡に向かったと推定されます。

原の辻遺跡は、邪馬台国関連の遺跡としては最初に国の特別史跡になったところです。多重環濠に囲まれた集落跡で、数多くの住居や居館、物見櫓の跡などが見つかり、史跡公園として復元整備されています。倭人伝は、約3千の家々があったと書いています。また「竹林が多く、良田は少なく、米を自給できない」とも書かれていて、対馬と同じく漁業と交易を生活の糧にしていたようです。

注目すべきは、対馬国と壱岐国の人々は「南北に市糴《してき》（＝米を求めて交易するという意味）す」という記述で、北部九州の沿岸と朝鮮半島の間を往来していたと思われます。原の辻遺跡からは、舟形の木製品や船着き場跡の遺構、交易に使われた「権《けん》」と呼ばれる青銅の棹秤《さおばかり》の重り、板石硯《いたいしすずり》の石片なども見つかっています。これらのことから、一支国の人々は相当大きな船をつくり、交易に文字も使用していたのではないかと推察されます。

魏の船は、幡鉾川河口から壱岐市石田町付近に到着し、そこから海を渡って佐賀県唐津市の呼子町付近に到着したと推定されます。ここは、末盧《まつろ》国《こく》の領域。いよいよ九州に上陸です。呼子から海岸に沿って東南方向に船を進め、松浦川河口付近に到着。そこから、松浦川上流の末盧国の都とされる千々《ちち》賀《か》遺跡に進んだと思われます。倭人伝が伝える「海に潜って魚や鮑を捕る」様子は呼子付近の光景で、「前を行く人が見えないほど草木が生い茂っている」という風景は、松浦川河口から千々賀遺跡に向かうときの景色でしょう。末盧国には、約4千の家があると書かれています。

魏使の一行は、ここから歩いて次の伊都《いと》国《こく》に向かいます。倭人伝には「東南に陸行、500里で伊都国に到着する」と書かれています。実際には、東北の方向に歩いたと思います。しかし、方向はともかく、なぜ歩いて向かったのかが問題で、多くの研究者が疑問を投げかけています。私も魏志一行の行動は理解できません。

女王国連合の領域を行くので、魏使の一行は沿線の国々が友好的だと思っているでしょう。しかし、初めての訪日です。しかも未開で文化の遅れた国々で、何が起こるかはわかりません。私が正使の梯儁《ていしゅん》なら、末盧国の都に寄らず、呼子から船で伊都国に直行します。伊都国が最終目的地で、卑弥呼直属の「女王国連合」の軍隊もいたので、安全性は高いはずです。それ故、伊都国に直行するのが自然だと思いますが、末盧国に行かなければならない特別な理由があったのかも知れません。

倭人伝には、末盧国の長官や次官のことが記載されていません。このため、壱岐から直接伊都国へ船で行ったと考える研究者もいます。しかし、末盧国の様子は対馬や一支国と同じく詳細に書かれており、素通りしたとは思えません。

私は、梯儁が病気か何かを理由に、船に残ったのではないかと想像しています。副使などの代役が末盧国の長官に会って陸路で伊都国に向かい、梯儁は船で伊都国に到着したと推察します。そのため末盧国の長官や次官名が記されておらず、伊都国に向かう方向が実際とは90度ずれているなど、いろいろな問題が発生したのではないかと考えます。

伊都国は、現在の福岡県糸島市と福岡市西区にまたがる地域で、糸島市は合併以前には前原《まえばる》市と呼ばれていました。律令時代には、怡土《いと》郡と志摩《しま》（＝嶋）郡に分かれ、脊振《せふり》山系から流れる川の流域に弥生時代の遺跡がたくさんあります。伊都国の王都は、三雲《みくも》・井原《いわら》遺跡とみられており、多くの遺構や出土品が見つかっています。

伊都国には、大きな船が着く外港が三つもありました。西から深江井牟田《ふかえいむた》遺跡、御床松原《みとこまつばら》遺跡、今宿五郎《いまじゅくごろう》江《え》遺跡です。弥生時代には、現在よりも海岸線が深く糸島平野に入り込んでおり、平野の北側に位置する半島部の志摩地域との間は、陸橋状の地形でつながった海峡のような景観だったそうです。私は、糸島半島の西側に位置する深江井牟田遺跡と御床松原遺跡が朝鮮半島や一支国からの船を迎え、東側に位置する今宿五郎江遺跡の港では、出雲や吉備、畿内などからの船を迎え入れたと想像しています。西からの大型船は、天然の良港であった御床松原遺跡を最も多く使用したようです。

伊都国には、外国から来た人々が滞在し、居住する施設があったようです。三雲・井原遺跡の番上《ばんじょう》地区では、大量の楽浪系土器や板石硯の破片などが見つかっており、渡来人の存在をうかがわせます。

また、伊都国には「一大率《いちだいそつ》」という、他の国にはない特別な機関が置かれていました。一大率は諸国を検察して恐れられ、各国と大陸との往来に目を光らせて貢ぎ物や返礼品などもチェックしていました。現代でいえば、外務省と検察、軍隊の機能を併せ持ったような機関であると想像されます。

後漢書には、西暦107年に「倭国王帥升等」が生口（奴隷）160人を献上し、朝貢したとの記述があります。この帥升は、伊都国王であるという研究者もいます。伊都国は北部九州勢力の中核を成す国でしたが、倭人伝には「女王国に統属す」と書かれています。

◇　◇

ここでちょっと寄り道をして、後漢書が記す「倭国王帥升等」の朝貢について説明しておきます。

5世紀に成立した『後漢書』の安帝本紀・永初元年（西暦107年）冬10月条に「倭国遣使奉献」という記事があります。「倭国」という国名が、中国の史書に登場した最初の記録です。さらに、後漢書東夷列伝の中の倭伝には、これを少し詳しく説明した「倭国王」朝貢の記事があります。

西暦107年、倭国王の帥升《すいしょう》等が、生口（奴隷）160人を献上して皇帝に謁見を願い出たという内容です。ここに登場する「帥升」は、中国の文献に名前が登場する最初の日本人（倭人）です。しかし、この一文がまた、さまざまな謎や疑問を生むことになりました。

その一つ目は、帥升のあとに付けられた「等」の一文字。一般には複数を示す文字として「帥升ら」と解されていますが、「帥升等」で3字の人名とする説もあります。

二つ目は、160人という献上された生口の数。この時代から130年以上もあとの「邪馬台国の時代」、卑弥呼が初めて魏の皇帝に献上した生口は男女10人。その後、卑弥呼の後継者・台与《とよ》（＝または壱与）が献上した生口は30人で、「帥升等」の160人は突出しています。「倭国」というまとまった国の使節として初めて後漢王朝に貢献するに当たり、倭国を形成するクニグニの首長たちが生口を集めて使節に加わり、献上したのではないかというのが一般的な解釈。それが「等」の一字に反映されているという見方です。

三つ目の謎は、「倭国」の国名に関するもの。明治・大正期、邪馬台国・畿内説の代表的論客だった京都帝大の内藤虎次郎（湖南）博士は、後漢書に出てくる「倭国王」は正しくは「倭面土国王」であるとの説を唱えました。内藤氏は、後漢に朝貢した国王が、北宋版『通典《つてん》（＝中国・唐代の制度史書）』では「倭面土国王師升等」と書かれていることに注目。これをもとに、後漢書の原典には「倭面土国」と記されていたと推論し、「ヤマト国」と読むべきだと主張したのです。これに対し、邪馬台国・九州説の論者で、東京帝大の白鳥庫吉博士は「倭の面土国」と読み、「面」は古い字体の「回」の字の誤りとして「回土国＝伊都国」説を展開しました。同じく九州説の東洋史学者で慶応大の橋本増吉博士は、「倭の面土国」を日本書紀・神功皇后紀にいう「梅豆羅《めづら》（＝松浦《まつら》）国」（魏志倭人伝に出てくる末盧国）であるとしたのです。

一方、本家・中国には現存せず、福岡県太宰府市の太宰府天満宮のみに平安時代の写本が伝わる国宝『翰《かん》苑《えん》』（類書＝唐代に既存の書物を分類編集した事典のような本）には、この国王が「倭面上国王師升」として登場しており、話はさらにややこしくなります。果たして、王の名は「師升」か「師升」か。国名は「倭国」なのか「倭面土（上）国」なのか―。謎に満ちた論争が、今も続いています。

◇　◇

倭人伝で、伊都国には「千余戸」があると記載されていますが、他の書物には「万余戸」と書かれています。その書物が、太宰府天満宮に伝わる国宝『翰苑』です。翰苑は、『魏略』という書物に、伊都国には万余戸あると書かれていた」という内容を伝えています。糸島市立伊都国歴史博物館に展示されている大量の出土品をはじめ、外港を3つも保有している国力の大きさなどを考えると、私は「万余戸」の方が正解だろうと思います。

次に倭人伝は、伊都国から東南に歩いて百里行ったところに奴国があり、「二万余戸」があると記していますす。

福岡市の中心にある博多部は、その昔、那津《なのつ》と呼ばれていました。奴国は福岡平野の周辺で、那珂川と御笠川にはさまれた現在の福岡市から春日市、大野城市、太宰府市にかけての地域でしょう。都は、福岡市との境にある春日市の須玖《すぐ》遺跡群が最有力。王墓とされる甕棺墓（須玖岡本遺跡）をはじめ、青銅器工房やガラス・鉄器工房跡などが発見され、数多くの遺跡と出土品から、ここ以外は考えられないとも言われます。国の史跡ですが、住宅密集地で遺跡も住宅地の中に点在しています。佐賀県の吉野ヶ里遺跡にも匹敵する巨大集落があると思われますが、ＪＲ南福岡駅から徒歩10分前後の市街地にあり、大がかりな発掘調査は困難でしょう。

次に、奴国から東100里のところに不弥国があると書かれています。不弥国の所在地は、諸説に分かれ、福岡市東区の香椎や糟屋郡宇美《うみ》町、飯塚市などが有力候補地です。「邪馬台国の時代」の遺跡はあまり見つかっておらず、遺跡を重視する研究者は、糟屋郡内に遺跡が少ないので、飯塚市の立岩遺跡を本命視されていると思います。しかし、春日市から糟屋郡内を抜けて飯塚市に入るには、かなりの傾斜がある篠栗峠と八木山峠を越えなければなりません。私は倭人伝の記述には合致しないと思います。

私は、福岡市東区の多々良込田遺跡が不弥国の外港で、不弥国のフミとウミという地名の類似から、国の中心は宇美町の御笠川東岸一帯ではないかと考えています。多々良込田遺跡は、１９８０年代に発掘調査が行われましたが、調査終了後は埋め戻されました。現在は、遺跡を表示する立て看板などもありません。遺跡の中心は、たぶん工場敷地内にあると思われます。

宇美町には宇美八幡宮があり、幼い皇子（のちの応神天皇）を抱いた神功皇后の像があります。幼い応神天皇を見守る武内宿禰と神功皇后の絵もあり、本当の親子のようです。

倭人伝には、不弥国に「千余家」があると書かれていますが、伊都国と同様、「千余家」ではなく「万余」

が正しいのではないかと思います。御笠川東岸は扇状地で、農業生産に適した、水害の少ない広大な平野が広がっています。「二万余戸」を有する奴国に隣接して「千余家」しかなければ、「倭国大乱」の時代、奴国に吸収合併されたことでしょう。

福岡市西区の早良《さわら》平野にあったと推定される幻の「サワラ国」も、奴国に吸収されたと考えられています。国内最古の「王墓」（鏡・剣・玉の三種の神器を持つ弥生時代中期の木棺墓）が見つかった吉武高木《よしたけたかぎ》遺跡の発掘成果や周辺の地形から、「サワラ国」には少なくとも2千～3千戸があったと推定されますが、それでも奴国に吸収されています。わざわざ倭人伝がこの国を記載したところを見ると、不弥国にも1万戸程度があったと考えられます。

不弥国から船で南に20日行ったところに投馬国《とうまこく》があり、「五万余戸」があると書かれています。そこから南に「船で10日」「歩いて1カ月」行ったところに邪馬台国があります。女王が都とするところで、「七万余戸」があると書かれています。

以上が邪馬台国までの行程ですが、私は、魏の使者は伊都国までしか公式には訪問していないと考えています。伊都国から先の国は国名と方位・距離、長官と次官名、戸数などしか記載されていないからです。対馬国から奴国までは、ほとんどの人が先に書いた比定地で一致しています。

不弥国は福岡市の東区か糟屋郡のどこかと考えられ、飯塚市も候補地の一つではありますが、それほど大きな問題ではありません。重要なのは「投馬国と邪馬台国はどこか？」なのです。さらに、女王国連合の南に位置する狗奴国《くなこく》がどこなのかも重要です。この国の位置が決まれば、その北にある女王国、邪馬台国を絞り込むことができます。

邪馬台国のあとについては、国名のみの21カ国が書いてあります。邪馬台国は近畿地方と考える人と、北部九州に邪馬台国があったと考える人では、これら「旁国《ぼうこく》」とされる国々について想定する地域が全く異なります。近畿説の支持者は近畿と東海地方の愛知・岐阜県あたり、北部九州説の人は全て九州島内に想定しています。

倭人伝では、さらに「女王国の東、海を渡って千余里で倭種の国がある」と書かれています。ここは「邪馬台国九州説に有利」と言われている箇所ですが、これに続く国は侏儒（小人）国、裸国、黒歯国など空想の世界のような国名で、想定地域を絞り込むのは困難です。

魏志倭人伝に書かれている気候や風土、生活などの情景は、近畿や北部九州地方よりも、やや南の地域を表現しているようにも感じます。倭人伝は、中国の「会稽（郡）東治（縣）」の東に倭国があったと書いていますが、この地は沖縄県と同じくらいの緯度。風俗が似ているという「朱崖」に至っては、台湾とフィリピンの間に位置するバシー海峡あたりの緯度です。洛陽やソウルで生活している人間から見れば、伊都国付近の気候は会稽・東治あたりの温暖な地に見えたのかも知れません。

以上で、魏志倭人伝の概略の説明を終わります。倭国を訪れた梯儁や張政は、これからも出て来るので要チェックです。

第4章　邪馬台国の候補地

一　数えきれぬ候補地

この本のタイトル『卑弥呼は邪馬台国の女王に非ず』は、卑弥呼と邪馬台国は関係性が無いという私独自の解釈で、詳しくは第8章で解説します。どれぐらいの人が、この解釈を唱えているか知りませんが、おそらく少数派でしょう。「邪馬台国の女王は卑弥呼」というのが大多数の意見です。ここで紹介する候補地は、江戸時代から唱えられてきた伝統的な解釈に基づくものです。

邪馬台国の候補地は、数えきれないほどあります。昭和の邪馬台国ブームのころには、町おこしに活用しようとした市町村も数多くありました。そのため、日本中に候補地が誕生しました。ジャワ島やスマトラ島、フィリピン、台湾、エジプトなど、外国にも候補地があります。日本列島でも、北海道から沖縄までありますが、90％以上の人は北部九州か近畿地方に比定されています。『魏志倭人伝』や記紀の記述をはじめ、「邪馬台国の時代」に相当する2～3世紀ごろの遺跡の分布、4～5世紀の大和政権成立の過程などを検証すると、近畿と北部九州が歴史的、考古学的に他の候補地を圧倒しているからです。

候補地が乱立したもう一つの理由は、陳寿が編纂した魏志倭人伝の記述が曖昧で、不確定要素が多く、邪馬台国と周辺諸国の場所を特定できないからです。倭人伝を記述された通りに読めば、福岡平野周辺の不弥国から船で南に20日行って投馬国へ到着、投馬国から南に船で10日・歩いて1カ月で邪馬台国に到着すると書かれています。これらの日数が正確かどうかはわかりませんが、このルートを地図上で推定してみると、投馬国は宮崎県か薩摩半島付近、邪馬台国は台湾かフィリピンあたりになってしまいます。

一方、朝鮮半島の帯方郡（現在のソウル市付近）から「女王国」までは1万2千里で、釜山市周辺にあった狗邪韓国までは7千里と書かれています。現代の地名でいえば、釜山市から長崎県の対馬市と壱岐市、佐賀県唐津市、福岡県糸島市を経由し、福岡市周辺とされる奴国までが3千6百里。帯方郡から奴国までを合計すると1万6百里になり、女王国は福岡市周辺から南に千4百里のところにあることになります。

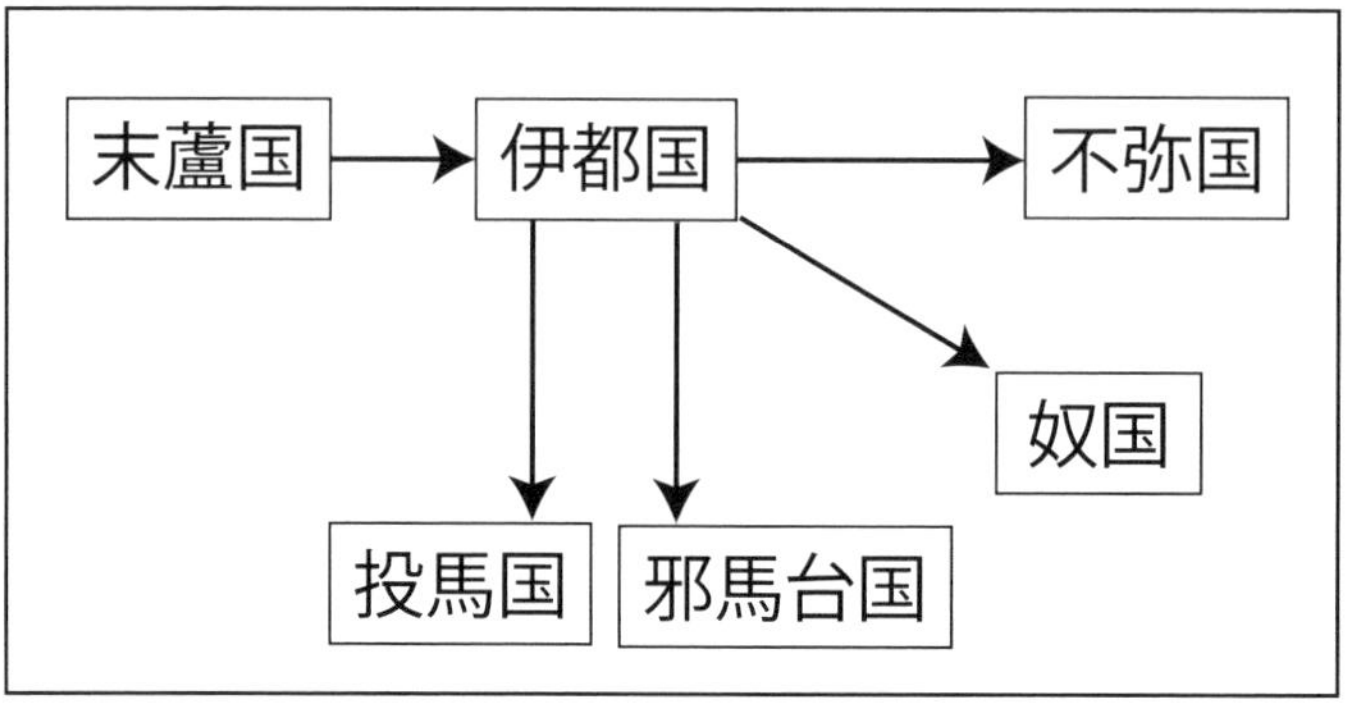

榎一雄による「放射説」の図

この里数について、当時の中国では短里と長里で計算する方法があり、1里の距離には諸説があります。このため1里を50～100メートルと仮定し、少し幅を持たせて考えれば、邪馬台国は福岡市周辺から70～150キロ程度の地点になります。

女王国イコール邪馬台国と仮定すれば、帯方郡から1万2千里の場所は、福岡県久留米市から熊本市あたりまでの地域になります。日数で計算すると台湾かフィリピン付近、里数では福岡県南部から最長で熊本市付近になり、比定地探しは容易ではありません。

北部九州説を主張される方は、主に里数を基本にルートを組み立てています。ここで注意しなければならないのは、前項で書いたように魏の使者が伊都国までしか行っていないと考えられることです。倭人伝の記述は、対馬から伊都国までと、伊都国から邪馬台国まででは異なります。伊都国までは距離・国名・戸数の順に記述していますが、伊都国からは国名・距離・戸数の順に変わります。東大教授の榎一雄氏は「伊都国までは直線的に読み、伊都国から先は放射式に読む」といういわゆる放射説を提起しました。図のように、伊都国を起点として、それぞれ奴国、不弥国、投馬国、邪馬台国へという行程になるとしています。榎説に従えば、投馬国と邪馬台国は九州内に収まることになり、九州説の方々から絶大な支持を得ています。

これに対し、畿内説では放射式ではなく、邪馬台国まで直進的に進みます。ただし、不弥国から先の方位は誤記であるとして「南」を「東」と読み変えます。日本海か瀬戸内海を東に向かって進み、大和に至る行程です。日本海側からの東進なら日数の変更は必要ないと思いますが、瀬戸内海を通って大阪湾のどこかに上陸し奈良に向かうルートだと、1カ月の行程は長すぎるように思えます。ただし、どこに上陸するかによって所要日数は変わります。

私の感想では、九州説の人は魏志倭人伝の記述を重んじ、畿内説の人たちは遺跡や考古学的発掘成果を重視しているように思えます。次項では、具体的に候補地を紹介していきます。

二　邪馬台国・北部九州説

私が邪馬台国に興味を持ち始めた1980年ごろ、九州説と畿内説を唱える人の比率は、ほぼ五分五分だったと思います。九州説は、大分県の宇佐市や日田市、福岡県の福岡市、糸島市、山門郡、八女郡、長崎県島原半島など、たくさんの候補地が乱立していました。一方、畿内説の人たちは「奈良県内のどこか」ということで、漠然としていたように記憶しています。明治時代から続く、東大系の学者が九州説、京大系は畿内説という学閥的な論争も残っていたように思います。

1980年ごろ、邪馬台国九州説の「主役」は、福岡県の旧山門郡《やまと》（現在はみやま市）を中心とした地域でした。邪馬台国は「ヤマトコク」とも読めるので、山門郡と、地名の整合性があると思われていました。ここは古代の遺跡も豊富です。帯方郡から女王国までが1万2千里で、同郡から福岡市周辺までが1万6百里です。福岡県南部の旧山門郡は、距離的にぴったりです。ここは江戸時代から候補地とされてきた「いわゆる老舗」。旧瀬高町にある女山《ぞやま》は、列石が4キロに及ぶ神籠石で有名です。柳川市出身の詩人・北原白秋も、長歌「山門の歌」（歌集『夢殿』所収）の中で、「山門はもうまし耶馬台《やまと》、いにしへの卑弥乎《ひみこ》が国」と歌っています。

ここで、旧山門郡瀬高町出身の郷土史研究家で、『誰にも書けなかった邪馬台国』（１９７８年・佼成出版社）という本を書かれた村山健治さんを紹介したいと思います。私がかつて、みやま市役所を訪れたとき、商工観光課の方からこの本を教わり、同市の清水寺のご住職から本を譲って頂きました。

村山氏は１９１５年生まれ。祖父は地元の村長や鉄道会社の社長をされていた名家でしたが、古代史研究に没頭し過ぎて、自分の代で財産を使い切ってしまったそうです。村山氏の説では、対馬から奴国までの比定地は前項で記載した地名と同じです。不弥国の場所には福岡県糟屋郡宇美町を想定し、不弥国の南には筑紫野市の一部が含まれるとしています。

そこから水行20日で行き着く投馬国は久留米市。邪馬台国は久留米市から水行10日、もしくは陸行1カ月で到着する旧山門郡瀬高町としています。村山氏の説は、対馬から邪馬台国まで直線的に進む行程ではなく、また伊都国から放射状に進む榎説でもありません。投馬国まで直線的に進み、投馬国から邪馬台国までは水行なら10日、陸行なら1カ月としています。倭人伝の記述が、不弥国から投馬国までは水行のみ、投馬国から邪馬台国までは水行と陸行が併記してあることに沿った解釈だと思われます。

村山氏は著書の中で、「距離に比べて日数がかかりすぎるという反論を受けるだろう」としながら、「現代の常識で古代を考えないでください」と訴えています。村山氏は、古代の「水行」について▽流れに乗ってすいすい下る現代の川とは違い、極端な河道の蛇行で川を下ったり遡ったりの航行を繰り返さなければならない▽有明海の干満差が大きく、一日のうちで航行できる時間が限られる――など、現代感覚では想像できない悪条件を列挙し、倭人伝に書かれた所要日数の妥当性を強調しています。

私としては、村山氏の努力には敬意を表しますが、いくら弥生時代でも、現在の筑紫野市付近から久留米市まで20日もかかるという記述にはやはり抵抗を覚えます。

一支国の原の辻遺跡では、船着き場の遺構が見つかっています。川をせき止め、突堤を築いて、舟が往来できるように整備しています。干潮時に砂を掘って水深を確保し、桟橋を伸ばせば、有明海の干満差も大部分が解消されるでしょう。村山氏が莫大な日数と費用をかけて出された結論を、一冊の本を読んで批判するのは失礼だとは思いますが、弥生人の技術力は想像以上です。福岡県朝倉市の平塚川添《ひらつかかわぞえ》遺跡は、集落の周りに多重環濠を掘って外敵からの防衛と湿地帯の水量調節をしています。弥生人が高度な技術で築き上げた新しい遺跡が次々と発見されており、村山氏の説はやや影が薄くなった感があります。

作家の松本清張氏や黒岩重吾氏ら、多くの方々が、この山門の地域を邪馬台国に想定した小説や随筆を書いておられます。当時は、作家が邪馬台国関連の本を出すことが一つのステータスであったようにも感じます。「卑弥呼の鏡」とされる三角縁神獣鏡などが出土するたびに新聞で大きく取り上げられ、人々の関心も高かったからでしょう。創作の世界では、自由に邪馬台国の候補地を設定し、やや奇抜な内容でも許されるという風潮もあったかと思います。その中で、最も真摯な姿勢で邪馬台国に取り組まれたのは松本清張氏であると思います。古代史への造詣が深く、多くの著作を出版されて、私もたくさんの知識をいただきました。

今でも、旧山門郡を邪馬台国の候補地として研究している方はたくさんおられます。ところが1989年2月、佐賀県で吉野ヶ里遺跡（神埼市・吉野ヶ里町）発掘の成果が報道されると、短期間に百万人以上が遺跡に押しかけ、大フィーバーになりました。吉野ヶ里は戦前から注目されていた遺跡ですが、本格的な調査が始まったのは1986年から。1982年に、吉野ヶ里丘陵に神埼工業団地の建設が決定したためです。この丘陵では戦前から弥生時代の甕棺や土器が見つかっており、3年という期間を区切って調査し、その後は埋め戻すことになっていました。広大な敷地だけに綿密な計画が立てられ、本格調査が始まったのが1986年です。

発掘現場には、松本清張氏や騎馬民族征服説を提唱された江上波夫・東大名誉教授らの姿もありました。調査の結果、大規模な環壕集落の中に、祭殿とみられる大型掘立柱建物や物見櫓跡などが相次いで発見されました。魏志倭人伝に書かれている「宮室・楼観・城柵」などに相当する遺構が次々に姿を現したのです。

それまで、魏志倭人伝には書かれていたものの、半信半疑だった「想像のクニ」が、20世紀の日本に出現したという感じがしました。この遺跡の最盛期の大きさは約40ヘクタールで、東京ドーム8個分に相当するそうです。当時、邪馬台国畿内説の第一人者とされ、のちに国立歴史民俗博物館の館長もされた佐原真氏が「魏志倭人伝に書かれているクニの形態と類似している」と発言し、五分五分だった北部九州説と畿内説は、一気に北部九州説に流れたという気がします。畿内説論者でありながら、客観的意見を述べられた佐原氏は素晴らしい方だと尊敬しました。

その後、弥生時代中期の首長が眠る墳丘墓の甕棺から青銅の剣や鏡などが見つかり、全国から埋め戻しに反対し、遺跡の保存を求める声が殺到しました。これに応えて、佐賀県は広大な敷地を全て買い取り、弥生時代のクニの姿を復元した国営歴史公園が誕生したのです。

福岡県の須玖遺跡群（春日市）や平塚川添遺跡（朝倉市）、奈良県の纒向遺跡（桜井市）なども、吉野ヶ里遺跡と同等か、それ以上に大きな遺跡です。しかし、民間の住宅や工場などが立地しており、吉野ヶ里遺跡のようにクニの全容を復元整備するのは困難であると思います。その意味でも、吉野ヶ里遺跡は価値ある素晴らしい遺跡なのです。

吉野ヶ里フィーバーの翌年、1990年に朝倉市の西鉄甘木線馬田駅に近い福田台地周辺で、平塚川添遺跡が発見されました。ここは、九州説の第一人者でもある元産能大教授の安本美典氏が、邪馬台国の比定地とされてきた場所です。「数理歴史学」を追究されている安本氏は、在位期間が確定している第33代推古天皇より後の天皇の平均在位年数を推計し、推古天皇以前の平均在位を比率計算で割り出して、卑弥呼は天照大神であると主張されました。また、朝倉地方と畿内大和の地名に類似するものが多いという研究をさらに進め、初代の神武天皇が即位した橿原神宮の地が、九州では西鉄甘木線の馬田駅あたりに相当するとの説を唱えておられていました。その馬田駅の近くで発見されたのが平塚川添遺跡。この遺跡は福田台地の縁辺にあり、周囲に点在する遺跡を含めると、吉野ヶ里遺跡を凌ぐ巨大集落であるといわれます。

平塚川添遺跡は多重環濠集落と呼ばれ、場所によっては6～7重もの濠が見つかっています。ここは低湿地にあるので、外敵からの防衛だけでなく、水量調節と治水機能のため、多重環濠を掘ったと考えられています。しかし遺跡の東側にある台地の上には大きなタイヤ工場が立地しており、全容が解明できないのが大変残念です。

次に、福岡県春日市の須玖遺跡群の中にある須玖岡本遺跡を紹介します。この遺跡は、春日丘陵北の突端部分に位置しています。

温暖化で海面が高かった弥生時代、現在の福岡市北部の湾岸地域は海面下にあったと言われます。このため海岸線は現在よりはるか南にあり、須玖岡本遺跡周辺は港に近かったと推測されます。ここは、魏志倭人伝に書かれている奴国の都とされています。奴国王は、西暦57年に後漢王朝に朝貢し、光武帝から「漢委奴國王」の金印紫綬を賜りました。その金印は、江戸時代に福岡市東区の志賀島で発見されています。

奴国はその当時、北部九州の国々の宗主国の位置にあり、魏志倭人伝にも「二万余戸」あったと書かれています。二万余戸が正しければ、推定人口は8～10万人ぐらいでしょうか。弥生時代に人口10万人とは、途方もなく巨大なクニだと思われます。

倭人伝には、投馬国が「五万余戸」、邪馬台国は「七万余戸」と記されていますが、これは単一のクニではなく、周辺地域全体の戸数であると思います。例えば、現在の佐賀平野や筑後平野にあった集落全体を合わせた戸数とか、出雲や伯耆、吉備全域、大和全域、日向、薩摩など各地方の集落を合計した戸数でしょう。ただ、広域の集落を合わせた数としても、奴国の「二万余戸」は突出しており、人口密集地帯だったと思われます。奴国は、「女王国連合」の中心的存在で、遺跡の数や豪華な出土品は他を圧倒しています。しかし、奴国の領域も、現在は大半が住宅密集地で、思うような発掘調査は今後も困難でしょう。奴国周辺には、まだまだ多くの遺跡が地中に眠っているはずです。

私は、邪馬台国・北部九州説では①福岡県のみやま市（旧山門郡）一帯、②佐賀県の吉野ヶ里遺跡周辺、③平塚川添遺跡を擁する福岡県の甘木・朝倉地域、④同県春日市の須玖岡本遺跡を含む須玖遺跡群一帯―の4カ所が有力な候補地であると思います。

旧山門郡は、邪馬台国とは時代的に異なるとも考えましたが、歴史作家の関裕二氏が著書の中で「卑弥呼は高良山（久留米市）辺りで神功皇后に殺害された」と書かれており、再考の余地を残しました。ここまでに何度も登場した伊都国（福岡県糸島市周辺）の領域も遺跡の宝庫で、奴国と覇を争った大きな国です。しかし、倭人伝には「伊都国は、女王国に属している」と書かれているので候補からは除外しました。

北部九州説の最後に、もう一つ長崎県の「有明海沿岸説」を紹介します。盲目の邪馬台国研究家として知られる宮崎康平氏が唱えた説で、映画にもなりました。映画「まぼろしの邪馬台国」では宮崎氏を俳優の竹中直人さんが演じ、宮崎氏の目や杖となり、ペンとなって支えた妻の和子さんを吉永小百合さんが演じました。

宮崎氏は、ベストセラーになった著書『まぼろしの邪馬台国』の中で「弥生時代には、福岡市と筑後川は水路で繋がっていて船で水行できた」「邪馬台国の北の斯馬《しま》国が佐賀県の鹿島神宮付近で、卑弥呼の国はその南の諫早湾のどこかにある」などと自説を展開されました。宮崎氏は、投馬国を熊本県天草地方、狗奴国を鹿児島県薩摩の出水か川内市付近に比定されたと記憶しています。宮崎氏のたゆまぬ努力と研究で著書や映画が注目されたことで、日本国中に在野の邪馬台国研究者が生まれました。

私は、宮崎氏が卑弥呼の墓に比定された、長崎県の守山大塚古墳を訪ねました。島原半島唯一の前方後円墳で、後円部の直径が45メートル、全長70メートル。説明板に、長崎県内では2番目の大きさを誇る古墳と書いてありました。雲仙市の市役所から、東へ車で10分ぐらいの場所です。雲仙の山々から北へなだらかな台地を形成する扇状地が広がっており、かなりの水量を有する川も3本流れていました。弥生時代では第一級の生活環境を整えた場所で、それ相応のクニが存在したことは確かだろうと思います。

三　邪馬台国・東九州説

「東九州説」では、福岡市近郊から船で関門海峡を通過して周防灘に至り、そこから南下すれば邪馬台国に到達することになるので、魏志倭人伝に書かれた行程の方向や距離をあまり改変・操作する必要がなさそうです。

投馬国を大分県の中津市から宇佐市近郊に想定し、邪馬台国を宮崎県の西都原古墳群あたりに比定することができます。この古墳群の中にある女狭穂塚《めさほづか》古墳を、卑弥呼の墓とした研究者もおられたと記憶しています。榎一雄氏の「放射説」に従って、西都原を投馬国、宇佐市周辺を邪馬台国に比定した研究者もいます。魏志倭人伝に書かれている卑弥呼の墓の大きさ「径百余歩」は、宇佐八幡宮の社地・小椋《おぐら》山のサイズと一致するそうで、八幡宮の第三殿の下にある石棺が卑弥呼の墓であるという説もあります。

邪馬台国宇佐説で思い出すのは、小説家の高木彬光氏です。彼の著作『邪馬台国の秘密』はかつてベストセラーになり、私も即購入しました。高木氏の説は、対馬国から一支国までは通説のとおりです。しかし、壱岐島をあとにした魏使一行は、末盧国とされる佐賀県唐津市の呼子《よぶこ》付近には上陸せず、東に舵をとって神の島である玄界灘の沖ノ島の近くを通り、宗像大社の外港である神湊《こうのみなと》に上陸します。港の近くに松原という地名があり、高木氏は、この松原を含む現在の宗像市周辺を末盧国と想定。伊都国を北九州市小倉北区の到津《いとうづ》、奴国を大分県中津市に比定されています。

高木氏に資料を提供された歴史家の澤田洋太郎氏は、高木氏と同じく松原付近を末盧国に比定していますが、伊都国は到津ではなく福岡県田川郡糸田《いとだ》町としています。糸田町は遠賀《おんが》川の流域で、直方市と田川市の間に位置する町。澤田氏は、倭人伝では末盧国から先が「陸行」になっているので、伊都国は内陸になければならないとしています。また方角も、東南でなければならず、唐津市から糸島市へは東北方向になるので間違いだと指摘されています。現代の地図では、福岡市から行橋市へ東西に走る道路と遠賀川河口から日田市方面に南北に走る道路の交差地点に糸田町があり、伊都国は糸田町以外には考えられないというのが持論です。

澤田氏は著書の中で、卑弥呼の時代の邪馬台国は朝倉市の甘木地域とし、狗奴国の圧迫を受けて大分県の日田市に退避し、その逃避行が天孫降臨神話に反映されているとしています。日田は、神話の中の天《あま》の八衢《やちまた》で、ここで天孫・瓊瓊杵尊《ににぎのみこと》が猿田彦神と出会い、猿田彦が中津方面に道案内したと書いています。台与の時代の邪馬台国は現在の大分県宇佐市に移り、豊《とよ》の国の人々が丹後地方（京都府）の宮津市付近に移動したとしています。澤田氏によると、豊の国と丹後は、安本美典氏が指摘した朝倉と奈良大和と同じく、真名井と舞鶴、日出《ひじ》と比治など、類似の地名が多く存在していると言います。邪馬台国が朝倉市甘木から宇佐地方に移ったので、伊都国や奴国も移ったのだそうです。

一方、推理作家の松本清張氏も『陸行水行』で東九州説を書いています。愛媛県内の村役場の職員で在野の邪馬台国研究者が唱えた説をもとにした小説です。対馬国から末盧国までは、一般的なコースですが、伊都国は筑後川流域の「福岡県朝倉村」に設定されています。ただ、朝倉といっても甘木地区ではなく、うきは市に近い志波《しわ》地区というところです。地元に残る「恵蘇《えそ》」という地名と伊都の類似や斉明天皇が新羅遠征で行宮を置いた故事なども語られます。私は、末盧国から「東南へ陸行5百里」を最も忠実に再現したコースだと思います。末盧国の都を千々賀遺跡付近と想定し、松浦川を遡って佐賀平野に進み、吉野ヶ里から平塚川添遺跡周辺を通過して行けば朝倉付近に到着します。

この小説では、奴国が大分県森町、不弥国は宇佐市近郊の安心院《あじむ》です。そこから駅館《やっかん》川を船で下り、周防灘に出て南下します。投馬国は大分県臼杵市あたり。摩崖仏で有名な所です。倭人伝の「南へ、水行20日」で投馬国に至るという記述と、距離と方向では問題ありません。船で駅館川を下るのですから、「水行」も修正の必要性がありません。邪馬台国は、現在の宮崎県えびの市か小林市あたりに比定されています。臼杵から南に水行10日で現在の宮崎県高鍋町あたりに到着します。そこから西都原古墳群で有名な西都市を通り、1か月を費やして小林市か、えびの市まで陸行します。方向は南でなく南西ですが、ここが邪馬台国の場所に一番適合していると思います。ただし、倭人伝が書いた七万という戸数と、遺跡の分布の整合性の問題は残ります。

◇　◇

邪馬台国の候補地とは無関係ですが、高鍋町は江戸後期に奥州米沢藩を立て直し、アメリカ35代大統領のジョン・F・ケネディに「最も尊敬する日本人」と言わせた上杉鷹山の出身地です。財政破綻しかけた米沢藩を節約と産業奨励で立ち直らせた名君です。

「為せば成る。為さねばならぬ何事も、成らぬは人の為さぬなりけり」と「国家人民のために立てたる君にて、君のために立てたる国家人民にはこれ無く候」が、名言として今日まで語り継がれています。「為せば成る…」の格言からは、「立て直しは絶対にできるし、しなければならない。できないのは、する気が無いからだ」という、彼のすごい気迫と信念が伝わってきます。さらに「伝国の辞」は、後を継ぐ息子に「米沢藩はお前の私物ではないぞ。国家人民のために君主が有るのだ。間違えるなよ」と厳しく説諭しています。ケネディは、江戸時代の日本にあって「民主主義に繋がる考え方が芽生えている」と絶賛したと聞き及んでいます。何故、ケネディが鷹山を知ったかは分かりませんが、これがきっかけで、武功も無い東北の一藩主が全国に名を知られるようになりました。

私は1990年ごろ、米沢を訪れたことがあります。米沢訪問は2～3回目でしたが、その時初めて町を散策しました。町を歩いて、驚いたのは、米沢が「上杉鷹山一色」だったことです。上杉謙信や上杉忠勝、直江兼続らの幟は無く、鷹山の幟だけが、あちこちに乱立していました。

鷹山を輩出した日向《ひゅうが》・高鍋藩は、3万石の小藩でしたが、人吉藩や津和野藩とともに、石高の割には財政が豊かな藩だったそうです。財政の基盤は林業で、北部の美々津港から江戸や大阪に木材を積み出して繁栄しました。耳川の河口近くにある美々津港は、天然の良港で今も白壁の街並み保存地区が残っています。その美々津港は、日向三代を経て、神武天皇が大和に向けて進発した港であると、記紀に書かれています。日向の国には、美々津の他に、天孫降臨の高千穂の峰や鵜戸《うど》神宮、禊《みそぎ》池（御池）など記紀神話の古跡が数多く残されています。昔は架空のお話と考えていましたが、日向や薩摩を旅してみて、全くの絵空事とは思えなくなりました。

四　邪馬台国・畿内説

吉野ヶ里遺跡に続いて平塚川添遺跡が発見され、九州説の研究者が勢いづいていた2009～2010年ごろ、それ以前から発掘調査が行われていた纒向《まきむく》遺跡（奈良県桜井市）が新聞紙面を賑わすようになりました。この遺跡があるのは、聖なる山として信仰が厚い三輪山の西山麓、JR桜井線の巻向駅周辺です。駅周辺は住宅密集地で調査が進まず、関係者は苦労されていることでしょう。

この遺跡で、「邪馬台国時代」の常識を覆すような「都市」の遺構が発見されました。纒向遺跡は、西暦200年ごろから集落がつくられ始め、3世紀後半に最盛期を迎えたあと、4世紀には急に衰退して行ったと考えられています。遺跡からは農機具の鍬があまり発見されず、土木作業用の鋤が多数を占めているのが特徴です。出土した土器の20～30％は、九州から東海地方まで近畿以外の土器が占め、他地域の人々との交流が盛んだったことを示しています。

遺跡の中心部からは、運河とみられる「大溝」や東西の軸線に沿って建てられた大型の掘立柱建物群、祭祀に使った器物を埋めた土坑群などが見つかりました。大型建物は、祭殿や宮殿、有力者の居館などと考えられており、列島各地から首長や外交に携わる人々が訪れて滞在する場所だった可能性もあります。つまり、日本列島で初めての「政治都市」が出現したのです。

この発見に、多くの畿内説論者が「邪馬台国が見つかった！」と大騒ぎをしました。私も「ここが邪馬台国でなければ、どこにあるのだ」と思いました。当時は「とうとう見つかったか」「もう卑弥呼を探す旅もできなくなった」と、少し寂しい気持ちになったものです。

纒向遺跡が最も隆盛を極めたのは、卑弥呼から後継者の台与に至る時代。まさに、魏志倭人伝が描く邪馬台国の時代の遺跡です。纒向遺跡周辺には纒向石塚古墳をはじめ、勝山古墳、東田大塚《ひがいだ》古墳、ホケノ山古墳など発生初期の前方後円墳が数多く存在します。遺跡の南端には、定形化した最古の前方後円墳とされ、全長280メートルの巨大な箸墓《はしはか》古墳（箸中山古墳）があります。大和政権の勢力拡大の過程と軌を一にして、ここで誕生した前方後円墳という墳形が全国に広がって行きます。纒向遺跡や箸墓は、弥生から古墳時代への移行期に位置し、ここが大和政権誕生の地である可能性が非常に高いのです。

纒向遺跡の発掘調査はまだ初期段階で、現在も進行中ですが、これまでに出土した土器は、近畿以外では東海系が最も多いとされています。しかし、祭殿とみられる大型建物群がある居館域周辺では、吉備《きび》（＝岡山県を中心とする瀬戸内海沿岸の地方）系の土器が多いそうです。

一方、箸墓古墳は、昔から女性の墓であると言われてきました。記紀には、第7代孝霊天皇の皇女である倭迹迹日百襲姫《やまとととひももそひめ》の墓と記されています。しかし一方では、彼女は神話の中の人物で実在性は乏しいとも言われます。邪馬台国論争では、昔から「箸墓の被葬者が卑弥呼なら畿内説が有利、台与の墓なら九州説が有利」と言われてきました。箸墓の築造年代が重要なポイントですが、未だ結論は出ていません。この墓は、論争の行方に大きな「鍵」を握っている墓なのです。

纒向遺跡が発見されるまでは、奈良県田原本町の唐古《からこ》・鍵《かぎ》遺跡が邪馬台国畿内説の有力候補地でした。唐古・鍵遺跡以前には、32面の三角縁神獣鏡が出土した京都府木津川市山城町の椿井《つばい》大塚山古墳や、卑弥呼が太陽観測をしたとされ数多くの銅鐸も発見された滋賀県野洲市の大岩山遺跡なども候補地とされてきました。私は、野洲市の博物館で銅鐸を見ましたが、これほど大きな銅鐸は見たことがありませんでした。博物館の方にお聞きすると、かなり薄くできているそうで、近江には当時の最先端技術を持つ工人集団がいたのだろうということでした。近江地方では守山市でも大きな弥生遺跡が発見されており、出土した土器からも纒向遺跡と近江の深いつながりが窺えます。また、奈良県立橿原考古学研究所附属博物館では、唐古・鍵遺跡と纒向遺跡の時代の間には、桜井市の大福遺跡が位置すると伺いました。

一方、大阪府和泉市池上町と泉大津市曽根町にまたがる池上曽根《いけがみそね》遺跡は、弥生時代中期を中心とする大阪平野最大の環濠集落で、神殿か宮殿とみられる大型掘立柱建物跡が発見されています。この建物跡に残存し

箸墓古墳

ていたヒノキ材を年輪年代法で測定したところ、紀元前52年に伐採されたことが判明。弥生時代中期の実年代が、従来の定説より一気に100年近くも遡ることになり、波紋を呼びました。この年輪年代測定法や放射性炭素年代測定法など、理化学的手法による実年代の判定は、箸墓の築造年代や邪馬台国の候補地推定にも影響する重要な手掛かりです。

池上曽根遺跡の発見は、北部九州だけでなく畿内にも大きなクニが存在したことを裏付けました。しかし、池上曽根遺跡の全盛期は一世紀後半ごろで、卑弥呼の時代より100〜200年近く前の時代。大阪府で邪馬台国時代の代表的な遺跡は、八尾市の中田遺跡群や久宝寺遺跡群などです。これらは、纒向遺跡に匹敵する規模といわれています。ここでも、出雲や吉備系の土器が地元の土器とともに多数出土しています。

纒向遺跡に匹敵するのであれば、邪馬台国畿内説の有力候補地になりそうですが、魏志倭人伝に書かれている「七万余戸」には遠く及ばないそうです。纒向遺跡も、単独では「七万余戸」には及ばず、「七万余戸」は、大和盆地東南部の遺跡の合計戸数とするのが常識的見解と言われています。

五　神々のふるさと出雲

邪馬台国論争の中心は九州と畿内大和ですが、この2つ以外にも紹介したい地域が幾つかあります。その代表は出雲と吉備です。

私は、これらの地域は邪馬台国ではなく、どちらかが魏志倭人伝に「五万余戸」と書かれた投馬国であろうと思っています。しかし出雲と吉備は、纒向遺跡の「都市」を構築した中心勢力とみられており、投馬国の王であると同時に邪馬台国連合の中枢にいた王の可能性もあります。

歴史学者の村井康彦氏（国際日本文化研究センター名誉教授）は、『月刊歴史人』に「邪馬台国を作ったのは出雲勢力である」と書かれています。出雲と吉備のどちらかが、邪馬台国の女王を輩出した国かもしれません。後年、天皇家は吉備の慣習を踏襲したように見受けられます。また出雲は巨大な出雲大社を建立し、江戸時代までは出雲の神々が日本の神の代表格だったという印象もあります。九州と畿内の中間に位置する出雲と吉備は、邪馬台国畿内説の骨格をなす国であり、その歴史を紐解くことが重要であると思います。そこでまず、出雲について考えましょう。

出雲には出雲大社があり、大国主命を祀っています。神社の格式も、伊勢神宮に次ぐ社格を誇っています。伊勢神宮と出雲大社は、他の神社に比べ、別格の扱いを受けていると感じます。

出雲大社の永久宮司を務める千家は、天穂日命《あめのほひのみこと》の末裔といわれます。天穂日尊は、天照大神《あまてらすおおみかみ》と素戔嗚尊《すさのおのみこと》が誓約《うけい》をして生まれた五人兄弟の次男。記紀によると、国譲りの使者として最初に高天原から出雲へ派遣されますが、出雲が素晴らしかったので出雲の女性と結婚し、任務を遂行しなかった神様です。千家は、その子孫とされ、天皇家に準ずる家格を有し、宮司家として地域に親しまれています。

旧暦十月を神無月と呼びますが、これは日本中の神様が不在になる月です。しかし出雲だけは「神在月」と呼びます。全国の神様が出雲に集まる月なので、神在月なのです。ただし、伊勢神宮の天照大神や住吉大社の神、菅原道真公を祀る天満宮の神様たちは、出雲には行かれません。出雲大社の分身で、いわゆる出雲神と呼ばれる神々が出雲に来られ、大国主命とともに天下国家の安泰と平和を祈願し、話し合われるということです。

伊勢神宮や天満宮の神々は出雲に行かれないのに、十月を神無月と名付けたのは一見理解しかねますが、江戸時代と現代では神々に対する意識が大きく異なっていると思います。日本中の神々が、お泊りになる御宿も、出雲大社の神殿の両側に建てられています。江戸時代までは、全国の神社の総本社は伊勢神宮ではなく、出雲大社であったという気がしてなりません。そういえば京都には出雲系の神が目立ち、伊勢の天津神《あまつかみ》系神社の存在が薄いようにも感じます。江戸時代まで都が京都にあったことも、神無月と関係がありそうです。

ところで、出雲の歴史で最初に名前が出てくるのは大国主命ではなく、素戔嗚尊です。彼は天皇家の最高神である天照大神の弟で、出雲に降臨して八岐大蛇《やまたのおろち》を退治し、この地を豊かにして行きます。素戔嗚尊の社は、出雲大社の一番奥に、素戔嗚社としてひっそりと祭られています。社殿の広さは出雲大社全体の1％にも満たないでしょう。宮司家の始祖とされる天穂日命の父親に対する扱いとしては、不自然な気がしました。

さて、出雲に降臨して礎を築いた素戔嗚尊を差し置き、この宮殿を建てさせた大国主命とは一体何物なのでしょう。素戔嗚尊の娘と婚姻関係を結んだ大国主命は、さらに諸国を統一して出雲、伯耆、因幡の三ヵ国を支配下に治め、新潟県糸魚川市のヒスイの交易権をも手中に収めたと推測されます。

弥生時代後期の出雲地方の墳墓である四隅《よすみ》突出型墳丘墓は、北陸三県の福井県、石川県、富山県にも存在し、出雲文化圏が越後まで波及していたことを窺わせます。かつては、著名な遺跡があまり無いので、出雲神話は架空のお話とされていました。しかし近年、島根県の荒神谷《こうじんだに》遺跡や加茂《かも》岩倉《いわくら》遺跡、鳥取県の妻木晩田《むきばんだ》遺跡などが相次いで発見され、記紀の伝承どおり、古代出雲が大国として実在していたことが証明されました。

国力を充実させた出雲の勢力は大和に進出し、吉備とともに纏向遺跡の中心に座っていたと推測されます。その証拠に、纏向遺跡がある奈良盆地東南部に三輪山という山があります。三輪山は、古代より信仰を集めている神の山です。一見、普通の山ですが、ここに祀られているのは大物主神。大物主神は、大国主命と同じとされる出雲神です。大物主神を祀っている神社は、大神《おおみわ》神社。山自体が神社で、日本最古の神社の形

大神神社

態を残しているそうです。

大物主神は、第7代孝霊天皇の皇女である倭迹迹日百襲姫と結婚します。纒向遺跡の項で説明したように、その皇女の墓が箸墓古墳であることが日本書紀に書かれています。「卑弥呼か台与の墓」という説がある、あの箸墓です。皇女の甥にあたる第10代崇神天皇は、三輪山の麓に都を造営したと伝わっています。実在する最初の天皇とみられている崇神天皇にも、「出雲の臭い」が漂っています。

出雲から四隅突出型墳丘墓が消えた3世紀前半ごろを基準に考えれば、大物主神とされる大国主命の時代は、西暦200年前後でしょうか。大国主が出雲から大和に入って纒向遺跡建設の中心的役割を果たし、その子の可能性が高い崇神天皇が230年ごろに纒向の支配者になったと考えれば、記紀と四隅突出型墳丘墓と魏志倭人伝が繋がりそうです。

先に紹介した歴史学者の村井康彦氏は、魏志倭人伝に書かれている邪馬台国の大（長）官と次官名を、奈良の地名に当てはめて説明しています。長官の伊支馬《イコマ》は生駒と関連し、次官の弥馬升《ミマス》は葛城、弥馬獲支《ミマキ》を三輪山西麓と関係づけています。奴佳鞮《ナカト》は唐古・鍵遺跡付近です。ミマキと、日本書紀に出てくる崇神天皇の名前の御間城入彦《みまきいりひこ》とは、昔から関連があると言われてきました。

話を出雲に戻しますが、出雲四社と呼ばれるのは出雲大社、佐太神社、熊野神社、能義神社です。この内、能義神社以外は素戔嗚尊が祀られています。出雲大社と佐太神社の主祭神は異なりますが、素戔嗚尊を祭神とする神社は、かつて出雲一之宮だった熊野神社以外にも須賀神社、須佐神社があります。出雲では素戔嗚尊への信仰が厚く、今日まで続いています。

ここで京の都に目を転じてみると、京都の夏と言えば祇園祭。八坂神社の祇園祭は、京都に蔓延した疫病を封じ込めるため869年に始まったと伝わっています。京都三大祭りは、春に上賀茂神社と下賀茂神社が執り行う葵祭、秋に平安神宮が行う時代祭、そして夏の祇園祭です。このうち祇園祭のハイライトは、えも言われぬ囃子の音色と山鉾巡行です。鉾が直角に曲がる時の妙技が素晴らしく、私の印象では国内第一級の祭りであるという気がします。

その「祇園」ですが、祇園精舎を守る守護神が牛頭天王《ごずてんのう》。牛頭天王は素戔嗚尊と同一神で、疫病は素戔嗚尊の祟りであるとされます。そのため、律令制下の66の令制国に因んで66本の鉾を立て、素戔嗚尊を祀っています。山鉾とは、疫病が寄り付くための依代となる山車だそうです。

祇園精舎について付言すると、これは古代インドのコーサラ国の都の郊外にあった仏教寺院です。精舎とは僧院のこと。平家物語冒頭の「祇園精舎の鐘の声、諸行無常の響きあり」は、この寺の鐘の音です。何故、この寺が有名なのかというと、お釈迦様が何度も訪れ、経典を作られた寺だからだそうです。浄土三部経の一つである阿弥陀経の舞台でもあります。私の家は浄土真宗で、寺のご住職から「浄土真宗は浄土三部経のみを追求した宗派です」と、法事の折に度々聞いた事があります。

それにしても、インドの祇園精舎を守る神と天照大神の弟である素戔嗚尊との間にどういう関係があるのか、容易には理解できません。そこで「祇園さん」として京都の人に親しまれている八坂神社について調べてみました。

八坂神社の創建は656年ごろ、斉明天皇の時代です。朝鮮半島北部の高句麗から来日した伊利之《いりし》が、新羅の五頭山に鎮座していた素戔嗚尊を京都山城国の八坂郷に祀ったのが始まりと言われます。日本書紀には、高天原を追放された素戔嗚尊が新羅国《しらぎのくに》に天降《あまくだ》ったあと船で出雲の斐伊川の川上にある鳥上峰《とりかみのたけ》に来て大蛇を退治した話（巻第一・神代上第八段）が

八坂神社

記されています。祇園精舎を守護する牛頭天王と新羅の五頭山は、何らかの関係があったと思われます。

京の人々は、災難や疫病は素戔嗚尊が祟るためと信じていたようです。「祟る」とは、身分の高い人が陰謀などで無残に殺されたために祟るのです。有名なのは長屋王と菅原道真。長屋王と道真の祟りで、当時の権力者である藤原氏の公卿が何人も病で無くなり、東大寺や北野天満宮が創建されました。

では、素戔嗚尊は誰に殺されたのでしょう。大国主命は出雲大社を建てて鎮魂され、素戔嗚尊は祇園祭で鎮魂されたのでしょうか。

神無月の行事が執り行われる佐太神社には、社殿が三棟建っており、中央の祭神が佐太大神と伊弉諾尊、伊弉冉尊。両側に最高神である天照大神と最高神の弟である素戔嗚尊が祀られています。両側に天照大神と素戔嗚尊を従え、伊弉諾・伊弉冉尊と共に中央に鎮座する佐太大神は猿田彦とされます。古事記には、猿田彦命は伊勢の生まれと書かれていますが、この神社では加賀の生まれとされています。

◇　◇

ここで本筋の歴史を離れ、閑話休題。「たたら」で有名な、出雲の横田（島根県奥出雲町）に行ったときのお話をします。

奥出雲とは、なんと良い響きでしょう。出雲第一の大河である斐伊川が、多くの谷を作り所々に小さな町が点在しています。横田の町には感動したのですが、「たたら」の実演は二月の一日だけだそうで、ガッカリしました。

話がどんどん逸れてゆきますが、私の大学の同窓生で福井県に住む今井という男がいます。大学時代、彼が映画好きだったので私も感化され、よく2人で映画を見に行きました。私の名画ベスト3は、『アラビアのロレンス』、『ウエストサイドストーリー』『砂の器』です。『砂の器』は、松本清張原作の推理小説で、監督が野村芳太郎、脚本が橋本忍。ストーリーは東京・蒲田の操車場で、老人の死体が発見されたところから始まります。老人は前夜、近くのスナックで若い男と酒を飲んでいました。近くで会話を聞いた女性が、若い男の方が東北訛りで「カメダは変わりないですか」と老人に話していたというのです。しかし、刑事が秋田県の亀田（羽後亀田）を訪ねても手掛かりはなく、捜査が行き詰まります。実は、二人が話していた「カメダ」は秋田県の亀田ではなく、島根県・出雲地方の亀嵩《かめだけ》。出雲特有のズーズー弁で話した「カメダ」を、スナックの女性が東北訛りと聞き間違えたのです。その亀嵩駅が横田駅の隣の駅だったので写真に撮ってきました。映画では、刑事役が丹波哲郎で、相棒の若き刑事が森田健作（元千葉県知事）、犯人が加藤剛、殺害された老人が緒形拳、女優陣は島田陽子、山口果林という豪華キャスト。音楽は巨匠・芥川也寸志でした。社会派のストーリーに、見事な脚本、音楽も素晴らしく「言うことなし」の名画です。

その今井と同じ同窓生で、静岡に住む伊藤という学友と3人で、久しぶりに浜松で飲み、翌日は長篠の古戦場に行きました。

亀嵩《かめだけ》駅

今井が「確か、黒澤明監督の『影武者』は、最後が長篠の合戦だった」と言ったので、帰宅後、DVDを借りて見ました。武田軍が惨敗し一面死体の海の中で、影武者は一人剣を持って突撃し、織田軍の銃撃隊にハチの巣にされて一生を終えます。何故、武田勝頼はあの馬防柵に向って突撃を繰り返したのでしょう。側近は止めなかったのでしょうか。それとも逃げ場のないような状況に追い込まれていたのでしょうか。

この映画では、国宝・姫路城がロケ地として使われていました。巨匠フランシス・コッポラとジョージ・ルーカスが、アドバイザーとして参加しているのにも驚きました。スケールの大きさ、映画自体の面白さなど、さすがは「世界のクロサワ」の作品でした。

余談を長々と書きましたが、出雲は謎だらけで、触れてはならないタブーのようなものが潜んでいるようにも感じます。大国主命は一体誰で、何をした人物なのでしょうか。出雲の象徴的偶像という人もいますが、それでは今日まで受け継がれてきた信仰の説明ができない気がします。彼は天皇でもなく、敗者なのに、何故、これだけ大きな社を賜ったのでしょうか。

江戸時代まで、大国主は神々の中心にいて、日本中の神々や天皇、将軍も彼を信仰してきたように思えます。その大国主と纒向には繋がりが見え、纒向と邪馬台国は時代が重なっています。その大国主命は、敗者です。勝者は一体誰なのでしょう。

六　桃太郎伝説の吉備

さて次は、瀬戸内海沿岸の吉備《きび》に向かいます。吉備の国は、備前、備中、備後の3カ国。作州を除く、現在の岡山県と広島県の東部地域を指します。弥生時代の中心は岡山市西北部から総社市一帯で、多くの遺跡や古墳が点在しています。吉備は出雲とともに、纒向の王権の中心に位置した国でしょう。

吉備は、海上交通の大動脈である瀬戸内海の制海権を握っていました。吉備は関門海峡から大阪湾の中間点に位置し、潮の流れが速い難所や潮の流れが東西に変化する海の要所を抑え、海上交易で莫大な利益を生みだした国だったと思います。広い平野にも恵まれ、巨大な権力を持つ首長がいたはずです。

それを象徴するのが楯築墳丘墓（岡山県倉敷市）で、推定全長は約80メートル。弥生時代後期の墳丘墓としては、国内最大規模を誇ります。この墳丘墓は大きさもさることながら、中央の円丘部の両端に方形部がある双方中円形の特異な墳丘に特徴があります。のちに、北は東北地方まで広がり、大和政権統一の象徴となった前方後円墳の原型の一つとみられるお墓なのです。ここで出土した特殊器台と呼ばれる祭祀土器は、纒向の箸墓古墳出土の特殊器台形埴輪の原型と言われます。つまり、吉備の墳丘墓の形態を大和の大王墓が採用し、祭祀の様式も継承しているのです。纒向遺跡の中心では吉備の土器が多く出土しており、吉備の祭祀が日本の祭祀の原型になったのではないかという気がします。

また、吉備の大型前方後円墳は、奈良盆地や河内平野にある大王陵古墳の規模にも劣りません。吉備最大の前方後円墳である造山古墳《つくりやま》（岡山市北区新庄下、5世紀前半）は、全長が約360メートル。大阪・河内平野で世界遺産にも認定された百舌鳥古墳群の大仙陵古墳（伝仁徳天皇陵）と古市古墳群の誉田御廟山古墳（伝応神天皇陵）、ミサンザイ古墳（伝履中天皇）に次ぐ、全国4番目の大きさなのです。多くの天皇陵よりも大きいので、それ相応の人物が埋葬されているはずです。造山古墳のような大規模古墳を造営するに当たって、吉備の王は大和の大王の認可を受けたことでしょう。この古墳は、現在も往時の姿を保っており、破壊されたような形跡もありません。被葬者は、大王家の親族か、あるいは大王とともに大和政権を樹立した人物なのでしょうか。時代的には大仙陵古墳よりも古く、私は被葬者のイメージとして饒速日命《にぎはやひのみこと》を思い浮かべました。

以上のように、出雲と吉備は纒向の王都の中心に座っていた両巨頭であったと想像します。最初は吉備が1番で出雲が2番目、それが逆転して出雲・吉備の順になり、また吉備・出雲と勢力の逆転を繰り返すような力関係だったと思います。しかし、2つの国には大きな相違点があります。出雲神話には素戔嗚尊や大国主命など著名な神々が登場しますが、古代の吉備では名の知られた神や人物の話を聞きません。国内第4位の規模を誇る造山古墳や、9番目に大きい作山古墳《つくりやま》でさえ、被葬者が誰なのかは伝わっていないのです。

ただ、地元の豪族ではありませんが、吉備津彦という伝説の人物がいます。朝鮮半島の百済《くだら》からやって来た温羅《うら》という名の鬼を退治したと伝えられる「桃太郎の鬼退治」のモデルです。

吉備津彦を祭る吉備津神社からそれほど遠くない所に、鬼ノ城《きのじょう》という山城があります。記紀によると、吉備津彦は第7代孝霊天皇の皇子で、三輪山の大物主神に嫁いだ倭迹迹日百襲姫の弟と書かれています。しかし、吉備津彦は吉備の支配者にはなっていません。大王家は吉備の祭祀や文化を受け継いでいるのに、記紀の中で吉備の人物は表に出てきません。それどころか、記紀神話にも吉備の記事が無いのです。古事記の神話の中心は、九州と出雲と大和。出雲には神話全体の3割程度を割いています。吉備の記述は、日本書紀でも、第10代崇神天皇が四道将軍の一人として吉備津彦を西道（山陽道）に派遣した記事ぐらいしか見当たりません。

◇　◇

ここでまた古代の話から脇道に外れます。

JR吉備津駅の隣は備中高松駅です。羽柴秀吉が毛利と対峙したところで、羽柴軍は足守川をせき止めて高松城を水攻めにしました。そろそろ陥落すると思えたところに京から本能寺の変の急報が届きます。明智光秀が毛利方に届けるはずの書状を、羽柴側が押さえました。秀吉は毛利と交渉して高松城主・清水宗治の切腹と開城だけで休戦協定を結び、山崎の天王山に「大返し」しました。豊臣秀吉による天下取りの大絵巻が、ここから始まります。どこか少しでも時代の歯車が狂っていたら、秀吉の天下は無かったでしょう。秀吉の天下取りに、吉備の神様が加勢してくれたような気がします。

私は以前、広島県福山市の鞆《とも》の浦を訪ねたことがあります。江戸時代から昭和にかけての伝統的な家並みが残る風情のある町で、想像以上に素晴らしいところでした。坂本龍馬の隠れ家はすぐに見つかりましたが、足利義明の館は現在、グランドになっているそうです。

吉備津神社

　ここは、魏志倭人伝に記載されている投馬国《とうまこく》の候補地の一つで、「トウマ」と鞆《とも》の語感が似ているため、江戸時代から比定地とされてきました。しかし吉備津神社から鞆の浦までは、車で約2時間半。歩いたら、まる2日はかかりそうです。しかも芦田川と高梁川という、二つの大きな川を越えなければなりません。造山古墳周辺が吉備国の中心と仮定すると、外港に当たる鞆の浦は少し離れすぎているように思えます。このため、吉備の外港は児島湾に注ぐ足守川の河口付近であろうと想像します。備後の国、現在の福山市と府中市一帯を投馬国とするなら、やはり倭人伝の「五万余戸」という戸数が問題になります。

　くり返しになりますが吉備は、出雲とともに纒向の王権の中心にいたと考えられます。纒向遺跡が終焉を迎えた4世紀以降、大和政権が全国を統一してゆく過程で出雲は敗者になりますが、吉備は勝者の立場で振る舞っています。それは、祭祀の形態や前方後円墳の広がりからも窺えます。邪馬台国では、卑弥呼から台与に政権が移行する時代。なお出雲の領土は広く、交易活動は活発で、吉備が出雲を倒して勝者になったとも思えません。大和か北部九州の勢力が、そこに絡んでいると推察されます。

　一方、鞆の浦では分水嶺のことが気になり、芦田川を上って府中市を目指し、そこから分水嶺の町である同市上下町《じょうげちょう》を通って三次《みよし》市に向かいました。

　私は、卑弥呼が君臨する北部九州連合は、畿内への鉄の供給を遮断するために関門海峡を閉鎖したと考えています。吉備は困り果て、出雲の協力を得て鉄を出雲から供給してもらったはずです。このため、江《ごう》の川から芦田川のルートで鉄輸送が可能かどうかを検証したかったのです。

　上下町で、峠の最高地点は海抜402メートル。陸路となる三次市から府中市までの距離は長く、峠を二つ越えなければなりません。中国山地の山々は、江の川が貫通しているので川船の行程に問題はありません。しかし、日本海から鞆の浦を経て大和に至るルートは、例え三次市甲奴町《こうむちょう》まで船による輸送が可能でも、困難を極める気がしました。

七　その他の候補地

先ずは、丹後についてです。丹後には弥生時代前期から多くの遺跡や古墳が点在しています。墳墓は中期に貼石墓《はりいし》、後期には方形台状墓が造られています。副葬品は、北部九州や朝鮮半島との交流を示す品々が多数出土しています。

京丹後市の旧峰山町と旧弥栄町の境にある大田南古墳群で、他に類例が無い鈕に龍を描いた中国製の画文帯環状乳神獣鏡と、魏の青龍三年（西暦235年）の紀年銘が刻まれた方格規矩四神鏡が発見されました。特に「青龍三年鏡」は、卑弥呼が238年に使者を魏に派遣した際、皇帝から下賜された「銅鏡百枚」の中の1枚ではないかと、大きく報道されました。

丹後には、数多くの弥生時代の遺跡が存在するのですが、出雲の代表的墳墓である四隅突出型墳丘墓は一基も見つかっていません。この墳丘墓は、律令時代に出雲、伯耆《ほうき》、因幡《いなば》、越《こし》と呼ばれた国々（現在の島根、鳥取、福井、石川、富山、新潟の各県）に、広域に分布しています。しかし不思議なことに、その中間に位置する兵庫県北部（但馬）と京都府の日本海側地域（丹後）には存在しません。

卑弥呼がいた時代の出雲は、朝鮮半島から越後の糸魚川周辺まで、広域で交易を行っています。「因幡の白兎」の伝説は、出雲が因幡を占有していた可能性をも窺わせます。越の国々にまで影響力を及ぼした強大な出雲は、因幡の隣の但馬や丹後をも占有する機会を探っていたでしょう。しかし、それは成し遂げられず、丹後は独自の王国を築いて行ったと推察されます。四隅突出墓の空白地帯であることが、それらのことを物語っていると思います。

これに対し、前方後円墳は丹後にも多数存在します。網野銚子山古墳は、全長201メートルを誇り、日本海沿岸では最大規模。全長200メートルを超える古墳は、天皇陵と比べても遜色がない巨大さです。古墳時代の中期、大和の大王家と親密な豪族が存在したはずです。

これら墳墓の状況から、丹後は出雲に対しては不仲で、大和政権とは親密で友好的な関係を構築していた様子がうかがえます。四隅突出墓を拒否する丹後は、ちょっとやそっとでは戦に負けず、出雲の武力攻勢にも屈しない強国に見えます。私はその理由を、丹後に大きな「武器」があったからだと考えています。それは物資を輸送し、流通させる国力だと思います。特に、戦略物資の鉄を中心とする物資の輸送力です。

「倭国大乱」のあと、北部九州勢力が卑弥呼を共立して連合体を構築したころ、鉄素材はまだ朝鮮半島でしか生産されず、国内では入手できませんでした。吉備の項でも書いたように、北部九州連合が関門海峡を封鎖し、鉄の流出を防いだのは自然の流れだと思います。畿内が鉄不足になっていたことが遺跡の発掘成果からも証明されるそうで、出雲は日本海ルートを開拓して畿内に鉄を供給したと考えられます。私はどこを通って畿内に鉄を供給したのか、そのルートに興味を覚え、探究してみました。地図上で5つのルートを想定し、現地に赴いてその可能性を確かめました。以下に、それを箇条書きにしてみます。

①吉備の項で書いたように、江の川から上下町を通り、府中から芦田川を下向して鞆の浦に出て瀬戸内海を東に向かうルート
②豊岡市の円山川から生野を通り、市川から姫路の飾磨港へ行くルート
③由良川から竹田川沿いを南下し、加古川に向かうルート
④福井県小浜市から琵琶湖へ向かうルートか、小浜から今津と朽木を通って安曇川へ向かう2つのルート
⑤敦賀から琵琶湖へ向かうルートか、国道8号と国道365号を通る2つのルート

これら5つのルートのうち、①は30キロぐらいの陸路が続き、府中市上下町で標高400メートル前後の峠を

2つ越えねばなりません。

④も約30キロが陸路で、300～400メートルの峠を越える必要があります。

⑤の陸路は、20キロ前後ですが、500～600メートルの峠を越える必要があります。結局、私が鉄の輸送コースであろうと思ったのは、③の由良川と加古川を結ぶルートです。

このルートには、峠が全くありません。水が日本海か瀬戸内海へ流れて行く分水嶺は、海抜95メートルのところにあります。日本の分水嶺では最も低い地点だそうです。場所は兵庫県の丹波市です。

丹波市は旧兵庫県氷上郡で、２００4年に青垣町、柏原町、氷上町、市島町、春日町、山南町の6町が合併してできた市です。市内には、瀬戸内海に流れる加古川の支流である佐治川と、日本海に流れる由良川の支流である竹田川の上流部が併流しています。市の西側を佐治川、東側を竹田川が流れています。つまり、市の西側は北から南に向かう傾斜地で、東側は南から北に向かう傾斜地になっています。

近い距離でねじれた地形は珍しく、交差する地点は東西の幅1キロ以上が平野部です。普通に民家や道路がある地点で水の流れが北と南に分かれる、全国でもまれな地形をしています。ここなら、京都府福知山市まで由良川を上り、福知山から西脇市あたりまでを陸路で進行。そこから加古川を下るルートで、他のルートより容易に出雲から大和へ鉄を供給できると思いました。陸路は平坦で、何百メートルもある山を越える必要がなく、輸送が楽そうです。

私は、近くの生野銀山にも行って、江戸時代の銀の輸送方法を調べてみました。すると、意外にも川船輸送ではなく、銀山から姫路の飾磨港まで陸路のみで運んでいたそうです。

福崎あたりから川船を使うと想像していましたが、予想は見事に外れました。船の使用は、予想以上に困難かも知れません。また、徳川幕府の管理下における生野銀山の場合は、納期が厳格に定められており、天候に左右される川の利用は避けたかも知れません。駅ごとに馬が用意され、運搬の主力として活躍したと考えられます。しかし、馬がいない弥生時代の運送は水行が重要視され、由良川と加古川を結ぶルートは、鉄だけでなくさまざまな物資の輸送に活用されたと思います。

丹後について、もう一つ触れておきましょう。丹後には、元伊勢と呼ばれる神宮、神社が幾つかあります。元伊勢は天照大神が伊勢の地に鎮座されるまで、遷座の際に各地に分祀して残された神社の総称です。元伊勢は24社あるそうで、その多くは京都府の丹波・丹後地方と三重県に集中しています。最も歴史があるのは、福知山市大江町にある元伊勢内宮皇大神社、元伊勢天岩戸神社、元伊勢外宮豊受大神社であると思います。江戸時代の貝原益軒の書物にも記載されているそうです。

皇大神社へは、三百段の階段を登ります。かなりきつい階段です。さらにもう一社、丹後一の宮である「籠《この》神社」も元伊勢神社として有名です。現在、元伊勢と言えば、皇大神社よりも籠神社の方が参拝者も多いようです。籠神社には「豊受大神が丹後の地におられたので、天照大神を一時期お預かりしました。故に、この神社を元伊勢神社と呼んでいます」という説明書きがありました。

私が注目したいのは、なぜ豊受大神が丹後の地におられたのかです。この神社の祭神は彦火明命《ひこほあかりのみこと》ですが、昔は豊受大神を祀っていたそうです。豊受大神の足跡は、丹後に多く見られます。

丹後は強国だったので、出雲は水運に有利な由良川を有する丹後を自国の領土や影響力の及ぶ国にしたかったと思います。しかし丹後には、出雲起源の四隅突出型墳丘墓が存在せず、侵略された歴史はありません。

一方の鉄輸送を担う播磨は大和に近く、現在の加西市、西脇市、加東市、加古川市、姫路市周辺は弥生時代、なだらかな台地と適度の水量を有する川があり、生活環境豊かな土地でした。明石市から相生市までの間には、数多くの弥生時代の遺跡があります。兵庫県立考古博物館の方に聞いた話では、土器形式は隣の大国である吉備とはかなり違っているそうです。播磨も独自の文化を有する強国だったと思います。出雲と吉備、丹後、播磨…。それぞれ文化の異なる四つの大国が覇を競っていたと推察します。これらは、大和の纏向の地に王権を築いた中心メンバーです。

越前地方には四隅突出型墳丘墓があるので、越の国は出雲と深い関係にあったと思います。福井県敦賀《つるが》市の氣比《けひ》神宮は越前一の宮で、北陸道総鎮守。祭神は七神おられます。主祭神は伊奢沙別命《いざさわけのみこと》で、仲哀天皇と神功皇后とともに本殿に座し、それを四社の宮が囲む形になっています。総殿宮に応神天皇が、東殿宮に日本武尊、西殿宮に武内宿禰、平殿宮に玉姫命の四神が座しています。玉姫命は、神功皇后の妹とされています。

同じ境内には角鹿《つぬが》神社があり、この「ツヌガ」が敦賀の地名の由来といいます。角鹿とは、額に角がある人のことで渡来系と言われています。主祭神の伊奢沙別命は、新羅王である天日槍《あめのひぼこ》と書かれている文献を多く見ます。一方、気比は海神の意味もあり、安曇系の神社とも聞かれます。日本書紀によると、仲哀天皇と神功皇后は九州の熊襲征討のため、この敦賀の地から儺県《なのあがた》（＝現在の福岡市）に向っています。何故、二人が敦賀にいたのか、大和から敦賀に行った経緯は書かれていません。神功皇后は、伊奢沙別命である天日槍の娘であるとする文献もあります。仲哀天皇は父の日本武尊が亡くなったので、父がやり残した熊襲討伐を敦賀で決意したと書かれています。

新羅征討を終えた神功皇后が、大和に凱旋する時に謀反があり、武内宿禰が皇子（のちの応神天皇）を連れて敦賀の地で禊をしたと伝えられています。この故事は、神功皇后は敦賀の生まれであると暗示しているようにも思えます。

尾張には、名古屋市西区と清須市にまたがる朝日遺跡があります。この遺跡は、弥生時代中期から後期を中心とする全国最大級の環濠集落跡です。清須は織田信長が居城を構えたところで、戦前に貝殻山貝塚が発見されていました。近年、名古屋環状2号線と名古屋高速6号線のジャンクションをつくるため、本格的な発掘調査が行われ、東西１４００メートル、南北800メートルに及ぶ環濠集落が姿を現しました。１９７１年に国の史跡になり、出土品は国の重要文化財に指定されています。

尾張の勢力は、纒向で王権を樹立した主要メンバーの一角。朝日遺跡は、近畿以外では、纒向遺跡に最大の人数を送り込んだ東海地方の中心と考えられます。邪馬台国畿内説論者の多くは、狗奴国の所在地として尾張を挙げています。それほど朝日遺跡の存在は大きく、出土品も充実しています。

他にも多くの比定地がありますが、魏志倭人伝の要件を満たしているとは考えられないため、省きます。

八　邪馬台国「狂言」説

この章の最後に邪馬台国「狂言」説に触れます。この説を唱えられたのは、東京外国語大学名誉教授の岡田英弘氏です。私は、岡田氏といえば「播磨王朝説」を思い浮かべますが、氏は「魏志倭人伝は虚像を今に伝えている。ロマンを感じ、追い求めている邪馬台国も卑弥呼も存在しなかった」と論文に書かれています。

岡田氏は「魏志倭人伝に書かれているような邪馬台国は存在しなかったと言う意味」と説明しています。すなわち、▽「帯方郡から1万2千里」は魏の尺度では5400キロになり、そこに人口30万人以上の国はあり得ず、距離的にはミクロネシア諸島に行ってしまう▽中国の「会稽・東治の東」なら北緯25度の線上で、該当する日本の領土は小笠原諸島しかなく、倭人伝の邪馬台国は存在しない―と主張されています。

では、どうして陳寿は「虚像の邪馬台国」を書いたのかということになります。それについて岡田氏は、「魏書」の烏丸鮮卑東夷伝倭人条（魏志倭人伝）は、倭国を後世の中国人や倭人に伝えるためではなく、「西晋王朝の権威を高めるために書かれた」と述べています。陳寿には、事実を歪曲してまで、邪馬台国を大国に見せる必要があったというのです。

中国古代史の章で、西晋建国の父である司馬懿仲達が、呉の孫権の調略で燕王を名乗った公孫淵を撃破したことを紹介しました。司馬懿が洛陽に凱旋した時に魏の明帝が亡くなり、明帝の遺言で曹爽とともに新皇

魏の興亡と邪馬台国	
年（西暦）	歴史事項
184年	黄巾の乱が勃発。この前後に卑弥呼が生まれたと推測される。
200年	曹操、官渡の戦いで袁紹を破り、中国東北部から朝鮮半島に進出。
208年	赤壁の戦い。曹操、呉と蜀の連合軍に敗北
212年	曹操、呉の孫権と和睦
219年	蜀との戦いに敗れ、曹操、漢中を放棄
220年	曹操死す。曹丕、漢の献帝より禅譲。漢帝国消滅
234年	五丈原の戦い。諸葛孔明死す。
235年	台与が誕生
238年	司馬懿仲達、公孫淵を打ち破る。
239年	卑弥呼が難升米を魏に派遣。明帝死す。後継を曹爽と司馬懿仲達に託す。
244年	曹爽率いる蜀征伐軍が大敗。司馬懿が実権を掌握
248年	卑弥呼死す。台与が女王となる。
249年	司馬懿がクーデターを起こし政権を掌握
251年	司馬懿死す。
252年	呉の孫権死す。
255年	司馬昭が大将軍となる。
262年	蜀王の劉禅が降伏。蜀、滅亡。
265年	司馬炎、魏より禅譲。晋帝国建設する。魏、消滅
266年	女王台与、晋帝国に朝貢。
280年	呉が晋に降伏。三国志時代が終焉。

帝の後見人になります。

曹爽の父・曹真は、西安で西北方面の外交を担当していた時、大国であるクシャーン王朝を朝貢させた実績があります。明帝はクシャーン王に、「親魏大月氏王」（大月氏はクシャーンの中国名）の称号を与えました。このままでは、西晋建国の父である司馬懿が曹爽よりも格下になると考えた陳寿は、洛陽へ朝貢して来た倭の女王に「親魏倭王」の称号を贈るよう魏帝に進言したというわけです。それは、クシャーン王朝とのバランスを取るためでした。

クシャーン王朝は当時、インドから中央アジアに広がる大帝国。インド北部はガンダーラ地方と呼ばれ、仏教美術で有名です。「大乗仏教は、クシャーン王朝との駆け引きで生まれた妥協の産物である」と、TV番組で見たことがあります。お釈迦様の死後、弟子たちは彼の教えを広めるために活動します。お釈迦様の教えは、煩悩を捨て、自らが修行を重ねること。この教えを広めるには、大帝国であるクシャーン王朝に仏教を認めてもらうことが、最も有効な手段です。どこか、キリスト教とローマ帝国との関係に似ている気がします。

クシャーン王朝は当時、ペルシャの影響を受けてゾロアスター教を信仰していました。しかし、ゾロアスター教には死後の世界が無いので、王様も民衆も将来に不安を抱えていました。そこで、仏陀の弟子たちは「我々が信仰する教えには、死後の世界がはっきりと示されています」と告げて、布教活動を行いました。これに対し、クシャーン王は「煩悩を捨てて、修行ばかりすれば国が亡びる」として、当初は賛同しませんでした。

そこで両者が話し合って生まれたのが、現代の私たちの生活にも溶け込んでいる浄土真宗や日蓮宗、曹洞宗などの大乗仏教です。今から何十年も前にNHK教育テレビの番組で勉強した内容で、私は史実に近いと思います。この番組の最後は、仏陀の前に跪くカニシカ王の映像でした。

とにかくクシャーン王朝は大国なので、曹真が中華思想をもとに朝貢させたことになっていますが、実際は対等の関係に近いと思います。それは両者には匈奴や蜀という共通の敵がいたからで、外交上の最重要課題だったでしょう。

その大国である大月氏と倭国は、魏から同等に扱われています。それは、司馬懿と西晋の権威を高めるためと岡田氏は述べています。洛陽から大月氏の都までは、1万6千〜1万7千里。洛陽から帯方郡までが5千里、帯方郡から女王国までが1万2千里で、距離もほぼ同じです。

大月氏と魏は匈奴と蜀に対抗するために利害関係が一致し、倭国と魏は呉に対抗することで一致します。岡田氏は、これらの理由から魏志倭人伝に書かれた邪馬台国は「つくられた偶像」であるとし、「偶像故に、追い求めても見つからない国」であると結論づけています。

私は、この「狂言説」を2021年12月に知りました。ここに載せた内容は、世界文化社が2005年に発刊した『日本史の謎』という本からの引用です。クシャーン朝の仏教史は私の記憶の中にあったものです。岡田氏の意見には大筋において賛成です。

しかし、矛盾だらけの魏志倭人伝を一刀両断に切り捨てて終わりなのでしょうか。それでは古代史最大のロマンが、どこかへ吹っ飛んでしまいます。江戸時代から、邪馬台国について論戦を交わされてきた方々に失礼だとも思います。

倭人伝には、帯方郡から女王国までの1万2千里のうち、福岡県糸島市周辺とされる伊都国までが合計1万5百里と順を追って書かれており、まったくの絵空事とは思えません。女王国が福岡県内に実在する可能性は大きいと思います。一方、邪馬台国までの水行や陸行の日数に関する記述も、東九州や畿内説であれば可能性がある数字です。私は岡田氏が「虚像」とされた邪馬台国について、倭人伝の内容は「誇張はされているが虚像ではない」という前提で、推理して行きたいと思います。

第5章　古事記と日本書紀

一　日本最古の歴史書

邪馬台国のことが書かれている『三国志』は、西暦285年ごろに完成しています。これ以降、中国は分裂の時代を迎え、中国の史書に4世紀の日本の出来事はほとんど登場しません。しかし、中国が分裂している時代に倭の国内は統一され、大和政権が九州から東北南部あたりまでを支配下に組み入れて行きます。

文字は「邪馬台国の時代」の倭国でも使われたでしょうが、不思議なことに残っていません。天武天皇か藤原不比等のどちらか、あるいはこの二人が「焚書坑儒」のようなことを行い、8世紀初めまでに存在していた書物や木簡、石碑などに書かれた文字を一掃したと思います。古代の史実は、全て闇の中に消えて行きました。徹底的に歴史を抹消した理由ですが、この両者とも「出自に問題があるから」という説が一般的です。

現存する日本最古の書物は、712年に完成した古事記と720年に完成した日本書紀。この二つの書物を合わせて「記紀」と呼びます。卑弥呼が亡くなったのは247〜248年ごろなので、そのおよそ500年後に書かれたことになります。その間に書かれたものが何もないので、古代の日本を知るためには最も重要な史料です。

邪馬台国の時代は、記紀の中では「神話の時代」です。「神代」は、中国の史書のような王朝の歴史の記録ではなく、「おはなし」や「おとぎ話」のような記述になっています。日本書紀・神功皇后摂政紀には、魏志を引用する形で「倭の女王が魏の明帝に使節を送った」などということが書かれていますが、それ以外に邪馬台国に直接関連する記述は出てきません。しかし、全くの架空の話ばかりでもなさそうなので、チェックして史実を追求したいと思います。

古事記は国内向けの歴史書で、日本書紀は外国向けとして書かれた「日本国正史」と言えるでしょう。古事記は3巻からなり、上巻は神代、中巻と下巻は神武天皇から第33代推古天皇までの事蹟が、大和言葉の発音に近い漢字を「一字一音表記」で当てて書かれています。日本書紀は全30巻で、神代から第41代持統天皇までを漢文で記述しています。

ただし、古事記は奈良時代の712年に完成した書物ではなく、平安時代に書かれたという説もあります。その根拠としては、▽後に完成したとされる日本書紀が、古事記を引用していない▽文中に平安時代の字音がある▽稗田阿礼のような下級官僚に勅命が下るのは不自然―などの理由が挙げられています。しかし、決定的な証拠とは言えないそうです。

話を戻すと、日本書紀は天武・持統両天皇と藤原不比等が政権の正統性を主張した書物です。天孫神話の主人公であり、天皇家の祖先神で伊勢神宮に祭られている天照大神は、持統天皇と重なり合うという説があります。時の権力者に都合が良いように編纂され、史実性を疑われる内容が数多く書かれた書物ですが、記紀が歴史に与えた影響は大きいものがありました。戦国時代まで、この書物の存在を知っていた人は、ごくわずかです。しかし、幾多の戦乱にもかかわらず、天皇制が存続したのは、記紀に依るところが大きいとも言われています。

江戸時代、徳川家康は身分制度を確立し、争いを起こさないよう儒教を取り入れて、朱子学を奨励しました。これにより家康が求めた「平和の時代」が築かれましたが、一方では儒教をもとに「尊王思想」が生まれました。幕府よりも天皇を尊ぶ思想で、この尊王思想が幕末には「尊王攘夷思想」に発展し、王政復古＝明治維新につながって行きます。明治維新は多くの要因が重なった結果ですが、その中で「尊王思想」の誕生は最も大きな要因の一つだったと思います。日本は西洋キリスト教社会のように民衆が市民革命を起こすことは不可能に近く、もし尊王思想がなかったら明治維新も達成できなかったでしょう。

童門冬二氏の著作『大改革―長州藩起つ』を読んで思ったのですが、尊王攘夷に奔走する長州藩は徳川幕府を倒しましたが、農民のことなどは全く眼中にありませんでした。農民の解放とか、農民の生活向上などは、微塵も考えていなかったのです。清教徒革命やフランス革命のような市民革命的要素は全くなく、単に武家同士の権力闘争に見えます。

室町時代末期、一向一揆は戦国大名を悩ませました。吉崎御坊が加賀を一時的に支配しましたが、結局は織田信長に制圧されました。東洋には「アダムとイブの時代、地上は誰が支配していたか」というような民主主義に繋がる根本概念がないので、もし尊王攘夷思想がなかったら明治維新は、はるかに遅れていたでしょう。ひょっとすると、日本がいつまでも分裂しているので、欧米諸国が植民地化したかもしれません。

古事記と日本書紀が、尊王攘夷思想の根幹を成していたことは言うまでもありません。本居宣長や平田篤胤、徳川御三家の水戸学に、日本人は感謝すべきであると思います。明治維新の一方の主役である長州藩は、尊王思想を最も重視し、無謀にも外国船を砲撃しました。後醍醐天皇に最後まで忠誠を誓った楠木正成を祀る神戸市の湊川神社には、吉田松陰をはじめとする長州の志士の足跡がいっぱいです。

明治時代になると、記紀は政治や思想の根幹となりました。国民は、記紀に書かれている事は全て事実であると教育されました。大日本帝国の根幹は「万世一系の天皇がこれを統治す。天皇は神聖にして侵すべからず」です。徳川家康は寺を門徒制度にして戸籍のような台帳を作り、人口を調べて民衆を統治しましたが、明治政府は神道による一神教の「絶対王政」を目指したと思います。明治時代といえば、私は京大の内藤虎次郎氏と東大の白鳥庫吉氏による邪馬台国論争を真っ先に思い浮かべますが、戦前は邪馬台国のことなど一般の人々はほとんど知らなかったそうです。

戦後になって思想統制から解放されると、記紀は皇国史観の象徴として、史実とは無縁の「価値がない書物」として扱われました。戦後、社会主義思想が浸透していた時期は、記紀は戦前の極悪政治を生んだ「悪の書物」というイメージさえあったと記憶しています。マルクスを「神様」と崇める学生や労組員が溢れかえっていた時代で、記紀は見向きもされない書物でした。

しかし高度成長期以降、開発ラッシュに伴って全国各地で多くの遺跡が発掘され、邪馬台国ブームも巻き起こりました。近年は、コンビニでも邪馬台国や記紀に関連した雑誌を目にします。

◇　◇

ここでまた余談ですが、現代と私の学生時代のころの「違い」について振り返ってみたいと思います。

一つ目は、私が5年前まで勤めていた会社のことです。この会社は、学生のインターンシップを受け入れていました。山口大学から何人かの学生が来た時、私が対応した経済学部の学生がマルクスを知らないと言うので大変驚いたことを記憶しています。医学部でも工学部でもなく、何と経済学部の学生がマルクスもエンゲルスも知らないと言っていました。われわれの学生時代、多くの仲間が神と崇めた「マルクス様」は、もはや完全に死んでしまったのかもしれません。もっとも私は頭が悪く、『資本論』の岩波文庫版全9巻を買ったものの、あまりに難解で全く読んでいません。読みたい気持ちは有り、要約本も買いました。しかし、あまり読んでいないので、マルクスに関して偉そうなことは言えません。

二つ目は、私の高校の大先輩である岸信介元首相についてです。岸さんは、私が学生時代の1970年ごろ、学生たちからは「日米安保条約を継続した極悪人」のような扱いをされていました。総理の人気度ランキングでは、いつもビリ。東京では、山口県が全国で一番嫌われている県のようにさえ感じました。これは岸さんだけのせいではないでしょうが、私の大学の憲法の先生は「徳川を倒して、第2次世界大戦で日本を崩壊させたのは山口県人だ」と、いつも言っていました。当時、岸さんは箱根に住んでおられ、学生から「箱根の妖怪」と敵視されていました。

しかし2020年、歴代総理大臣の業績を検証するテレビ番組ではトップになっていました。「反対が多かった中で、よく日米安保条約を継続してくれた」という評価でした。歴史上の人物の評価というのは、時代によってこれほど変わるという好例です。

２０２２年、ロシアがウクライナに侵攻し、世界中が恐怖と怒りと反対の声を挙げました。日米安保条約がなかったら、ウクライナより日本の方が先にロシアの侵略を受けていたかも知れません。昨今、統一教会問題で再び評価が急降下していますが、岸元首相にはあらためて感謝したい気持ちです。

太平洋戦争は、日本が真珠湾を攻撃して始まりました。アメリカは「リメンバー・パールハーバー」のスローガンを掲げて、国内世論を高揚させました。日本が戦争を仕掛けて来たというイメージが、米国民に植え付けられていきました。しかし日本は本来、戦争をしたかったわけではないので、ワシントン軍縮会議やロンドン軍縮会議に出席し、不平等条約を締結しました。それでもアメリカは、日本が到底受け入れられないような無理難題を押し付け、とうとう戦争に突入したのだと思います。将来、あの戦争について「日本が全て悪かった」という認識や評価が少しでも変わることを祈っています。

二　天之御中主神から伊弉諾尊

ここからは、記紀に書かれている高天原や出雲、日向の神話などについて触れて行きます。登場する神々は、聞きなれない名前が多く、長くて読みにくい名前ばかりです。読みにくかったら、後の解説や歴史の項で再度名前が出て来ますので、そちらで確認されてもよいと思います。

古事記と日本書紀では、同じ神話でも書かれている内容が多少異なります。この第5章では、古事記に記された神話を中心に紹介して行きます。記紀の記述が異なる部分については、日本書紀に書かれている内容を簡略化して補足説明します。

私の狙いは、魏志倭人伝に書かれている邪馬台国と、神話に登場する高天原や九州、大和、出雲などとの「融合」です。神話を読み解く中から、魏志倭人伝に書かれた邪馬台国と「神武東遷」や「九州王朝」成立の史実性、関連性などを追求したいと思います。

◇　◇

さて、神話に出てくる最初の神は天之御中主神（アメノミナカヌシノカミ）です。続いて背が高く、命を生み出す高御産巣日神（タカミムスビノカミ）と、情報通の神産巣日神（カミムスビノカミ）が現れます。この三神を造化三神と言います。さらに宇摩志阿斯訶備比古遅神（ウマシアシカビヒコジノカミ）と天之常立神（アメノトコタチノカミ）の二神を加えた五柱を別天津神（コトアマツカミ）と言います。

なぜ、この五柱の神を書いたかといえば、日本の神話に出てくる最初の神は、天照大神でも素戔嗚尊でもないということを言いたかったからです。長く邪馬台国を勉強してきたので、天之御中主神と高御産巣日神については知っていましたが、他の三神は記憶にありませんでした。このあたりから、天界である高天原（タカマガハラ）、地上世界の葦原中国（アシハラノナカツクニ）、死後の世界の黄泉の国（ヨミノクニ）の三つの世界が存在するという神話の世界観が生まれています。

次に、神世七代（カミノヨナナヨ）と呼ばれる神々が登場します。神世七代の初代に登場するのが国之常立神（クニノトコタチノカミ）。続いて二代目に一人、三代目に二人、四代目に二人、五代目に二人、六代目に二人の神々が次々と登場します。ここでは、それぞれの神の名前は省略します。

そして七代目に、皆さんがよくご存知の伊弉諾尊（イザナギノミコト）と伊弉冉尊（イザナミノミコト）が書かれています。彼らは兄妹で生まれたと思いますが、夫婦になります。古代は兄妹や姉弟が夫婦になることは、普通に行われていたらしく、珍しい行為ではないようです。お互いを「誘う（イザナウ）」神となります。この二神は、全国各地の神社に祀られています。

神々の系譜

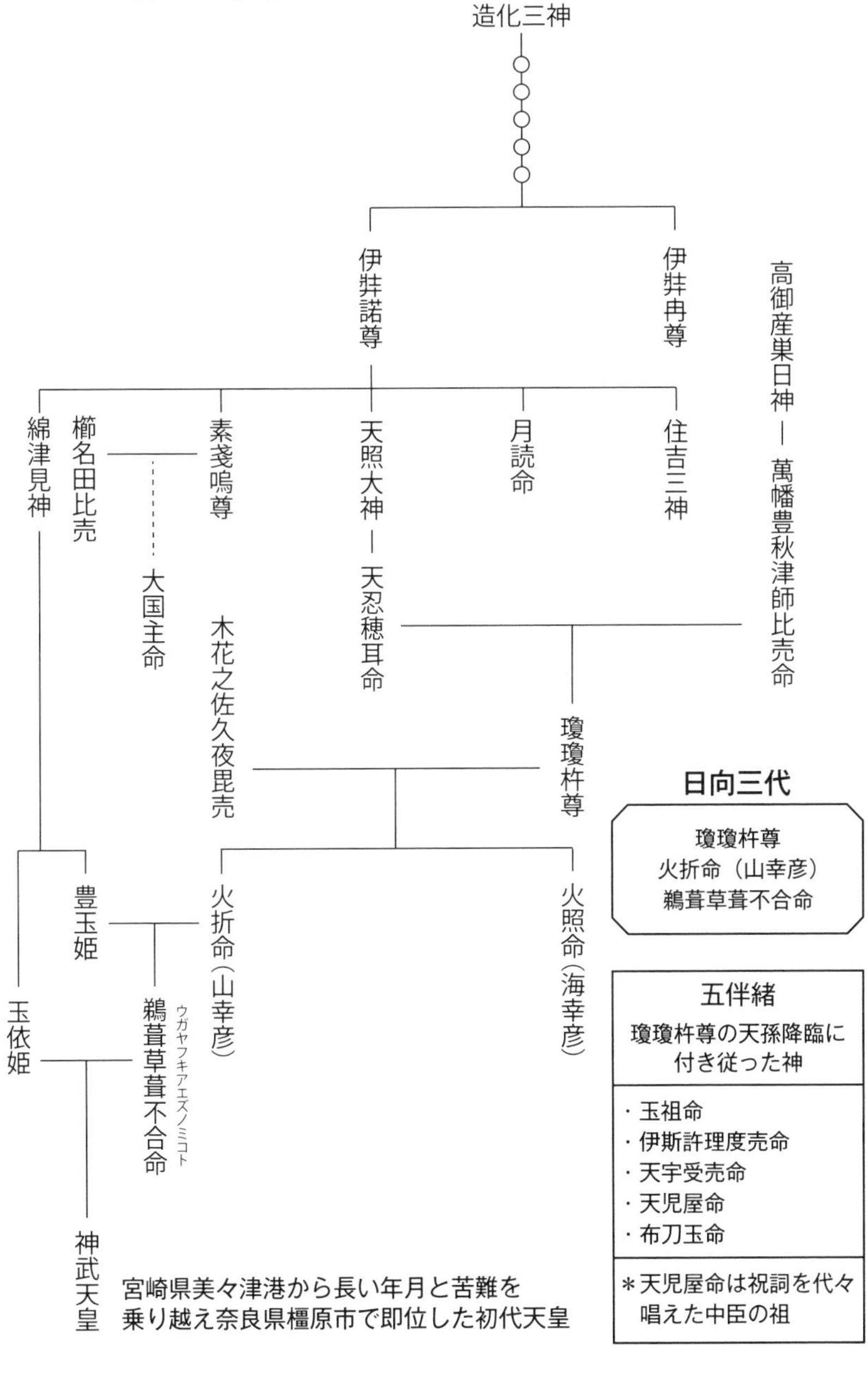
造化三神
伊弉諾尊
伊弉冉尊
高御産巣日神
綿津見神
櫛名田比売
素戔嗚尊
天照大神
月読命
住吉三神
萬幡豊秋津師比売命
大国主命
天忍穂耳命
木花之佐久夜毘売
瓊瓊杵尊
日向三代
瓊瓊杵尊
火折命（山幸彦）
鵜葺草葺不合命
豊玉姫
火折命（山幸彦）
火照命（海幸彦）
玉依姫
鵜葺草葺不合命《ウガヤフキアエズノミコト》
五伴緒
瓊瓊杵尊の天孫降臨に付き従った神
・玉祖命
・伊斯許理度売命
・天宇受売命
・天児屋命
・布刀玉命
＊天児屋命は祝詞を代々唱えた中臣の祖
神武天皇
宮崎県美々津港から長い年月と苦難を乗り越え奈良県橿原市で即位した初代天皇

一方、日本書紀で最初に登場する神は、国之常立神です。二番目が国狭槌尊（クニノサツチノミコト）、そして豊斟渟尊（トヨクムヌノミコト）と続きます。雑誌『歴史人』の記事によると、古事記の最初に登場する天之御中主神は「高天原で多くの神々の中心に位置する主人」の意味だそうです。これに対して国之常立神は「地上の大地が姿を現し、そこに揺るぎなく立っている神」の意味だそうです。古事記は国内向けの書ゆえに天界である高天原が強調され、日本書紀は外国向けの「正史」ゆえに、天皇が地上に現れた大地を支配したことが強調されているように感じます。

伊弉諾尊と伊弉冉尊は、人類起源の神であり、国造りの神であり、生命の祖神であり、万物を生み出す神であり、結婚の神となります。この神の性格からは、8世紀の人々が抱いた「願い」というものが伝わってきます。それらは、現代人とあまり変わらない気がします。夫婦円満、安産祈願、子宝祈願、縁結び、恋愛成就、病気平癒、健康祈願、延命祈願、五穀豊穣、厄払いなどです。日本書紀でも神世七代に相当する神が生まれ、その最後に伊弉諾尊と伊弉冉尊が登場します。

この神々が国づくりをしている途中で伊弉冉尊が亡くなり、黄泉の国へ旅立ちました。伊弉諾尊は黄泉の国へ向かい伊弉冉尊を取り返そうとしますが、黄泉の国の食べ物を口にした伊弉冉尊は、元には戻れぬ姿になっていました。

伊弉諾尊は、災難に遭遇しながら命からがら逃げるように引き返しました。黄泉の国の出口で旅の五神を生み、中瀬で穢れに対抗する三神を生み、海上で海の神として綿津見三神と住吉三神を生みます。そして穢れを全て払うために禊《みそぎ》を行いました。禊の中で最も尊い御祓をしました。

禊を行った場所は日向の橘の小戸と言う所です。舞台は高天原なので地上ではない気がしますが、候補地が2つあります。福岡市西区小戸と宮崎市鶴島3丁目の小戸神社です。伊弉諾尊が禊を終えると、左目から天照大神が、右目からは月読命（ツクヨミノミコト）が、鼻からは素戔嗚尊が生まれました。この三柱の神が「三貴子」と呼ばれ、最も尊いとされています。伊弉諾尊は、天照大神が光り輝く太陽のようであったので天界の統治を彼女に託しました。今日まで続く天皇家は、この光り輝く天照大神の子孫とされています。

三　高天原と出雲

前項では途中を一部省略しましたが、古事記に記載されている神々を初めから書きました。その理由は、天皇家はなぜ天照大神を皇祖神としたか、ということを考えて欲しかったからです。

最初の神は天之御中主神。「造化三神」には、出雲の国譲りの実質的な「責任者」である高御産巣日神もいます。この世界を築いた伊弉冉尊は、全知全能的な神のようで、自分の左目から天照大神を生んだ神様です。常識的に考えると、皇祖神は天之御中主神か伊弉諾尊のどちらかになる気がします。普通は、最初の神が皇祖神になります。天之御中主神が最初の神で、伊弉諾尊は最初に人間の姿となって登場した神様のように思えます。皇祖神が、女性の天照大神であるのは少し意外な感じです。現代は男女同権ですが、戦前までは女性に選挙権はありませんでした。百年前には、女性の政治家は存在していません。一部例外はありましたが、今も天皇は男子が継ぐと決められています。

にもかかわらず、天照大神が皇祖神になったのは、一人の女性が関係していると思います。その女性は卑弥呼です。自由に自分の意見を発信できる現代でも、これを本に書くのは少し勇気がいりますが、卑弥呼こそ天照大神のモデルだと思います。

それ以前の神々は、北部九州連合国家のお歴々で、伊弉諾尊は後漢書に登場する「倭国王・帥升」であると思います。帥升は、苦労して部族連合をまとめ、生口を160人も用意して朝貢しました。そのことで連合の地位を高めたのに、「倭国大乱」を引き起こしてしまった伊都国の王という気がしてなりません。彼は、努力して鉄を入手する権益を手にしながら、それが原因で倭国大乱を引き起こした張本人で、どこか穢れた印象です。

帥升の朝貢から数十年後に共立された卑弥呼が、北部九州連合をまとめ上げて争乱状態を収拾し、その子孫は大和に進出して日本の統一を成し遂げたというのが、私の持論です。8世紀の権力者の多くは、卑弥呼こそ皇祖神であることを、脳裏に刻み込んでいたと想像します。天照大神のモデルにはもう一人、女帝の持統天皇が挙げられますが、彼女は皇祖神であるアマテラスに近づこうとした女性というイメージです。

古事記の神話に戻ります。高天原では、自分が天界を支配できないことを不満に思い、反抗的態度をとる素戔嗚尊が、乱暴行為を続けました。彼を恐れた姉の天照大神が天岩屋戸《あめのいわやと》に隠れると、世の中が真っ暗になってしまいました。そこで、八百万《やおよろず》の神々が集まって策を話し合いました。岩屋戸の前で天宇受売命（アメノウズメノミコト）が激しく舞い、神々が騒ぎ立てました。天照大神は「どうしたのだろう? 外が騒がしい」と岩戸を少し開けました。傍で、それを待っていた力自慢の天手力男命（アメノタヂカラオノミコト）が岩戸をこじ開けると、光が差し込み、闇が消えて日差しが戻ってきました。

しばらく経って天照大神は、高天原に戻って来た素戔嗚尊を警戒し、天安河の対岸で待ち受けました。しかし、素戔嗚尊は高天原を乗っ取る意思はないことを示し、天照大神と素戔嗚尊は剣と勾玉を交換しました。最初に、天照大神が素戔嗚尊の剣を三つに折って三柱の女神を生み、素戔嗚尊は天照大神の勾玉を噛んで五柱の男神を生みました。そして、誓約《うけい》をして五柱の男神を天照大神の子とし、三柱の女神を素戔嗚尊の子としました。

天照大神の子になった五柱の神の長男・天忍穂耳命（アメノオシホミミノミコト）は、「造化三神」の神である高御産巣日神（タカミムスビノカミ）の娘・萬幡豊秋津師比売命（ヨロズハタトヨアキツシヒメノミコト）と結婚します。二人の間に出来た子供が、後に天上界から地上に降臨する瓊瓊杵尊（ニニギノミコト）です。

一方、天界の高天原を追われた素戔嗚尊は、地上界である葦原中国《あしはらのなかつくに》の出雲に降臨します。出雲では、人々を困らせている八岐大蛇《やまたのおろち》を退治し、宮殿を建てます。その六代後の神である大国主命（オオクニヌシノミコト）は、神社の格式第二位の出雲大社の祭神ですが、数々の試練を乗り越えて出雲に帰還する物語が書かれています。中でも「因幡の白兎」は代表的な逸話です。

大国主命は、彼の異母兄弟である八十神（ヤソガミ）たちとともに、八上比売（ヤガミヒメ）を娶るために比売が住む因幡に出発します。大国主命は荷物運びの役で、兄たちより少し遅れて歩いていました。すると、皮をはがれた一匹の白兎が瀕死の状態で倒れていました。兎は、鰐に皮を剥がれた体を海水で洗うと治ると兄たちに言われ、実際にそうしてみると傷が悪化するばかりで困っていました。大国主命は兎に、真水で体を洗い、蒲の穂にくるまっているようにと教えました。そうすると、兎はみるみるうちに回復し、大国主命に「八上比売を娶るのは貴方です」と伝えました。そして兎が言う通り、八上比売は八十神たちの求愛を断り、大国主命と結ばれました。それを知った八十神は、ありとあらゆる汚い手を使って大国主命を殺しますが、そのたびに女性の神々に助けられて蘇生します。

この物語は、出雲が苦労して因幡の国を支配下に治めた故事に由来すると聞きます。出雲の隣にある伯耆《ほうき》の国は、早くから出雲の支配下に組み込まれていましたが、因幡は但馬や丹後との関係が深く、出雲の力をもってしても、手強い相手だったのです。現在の鳥取市を流れる千代川の上流には、メノウが産出したそうで、出雲はどうしても支配下に置きたかったようです。

その後、大国主命は少名毘古那神（スクナビコナノカミ）と協力して国造りを進めますが、スクナビコナは完成間近で常世国《とこよのくに》へ行ってしまいます。大国主命が困っていると、海を輝かせながらやって来た大物主神（オオモノヌシノカミ）が「私を奈良の三輪山に祭れば、国造りに協力しよう」と言い、二神は協力して国造りを完成させて大和を繁栄させました。ということは、大和の国造りに大国主命と大物主神が深く関わっており、大和も葦原中国にあったということになります。

出雲の繁栄を見た天照大神は、「葦原中国は私の子孫が治めるべき国である」と宣言し、天菩比命（アメノホヒノミコト）、天若日子（アメノワカヒコ）、雉名鳴女（キギシノナナキメ）らを順に遣わして「国譲り」を迫りました。しかし、いずれも懐柔されたり、結婚させられたり、殺されたりしました。そこで建御雷神（タケミカヅチノカミ）が出雲に向かい、稲佐の浜に大国主命を呼びつけて国譲りを迫りました。大国主命は「二人の息子に聞いてくれ」と言い、息子の一人である事代主神（コトシロヌシノカミ）は承諾しました。しかし建御名方神（タケミナカタノカミ）は抵抗し、建御雷神に力比べを挑みましたが、長野の諏訪湖まで飛ばされてしまいました。そこで、大国主命は「高天原に届くほど屋根が高い神殿を築き、私を祀るならば承諾しよう」と言って、国譲りを受け入れました。

四　日向三代から欠史八代まで

出雲の国譲りが成ったことで、天照大神の孫である瓊瓊杵尊（ニニギノミコト）が葦原中国に天下ります。これを天孫降臨《てんそんこうりん》と言います。

瓊瓊杵尊は、葦原中国の神々である国津神の猿田彦（サルタヒコ）の先導で、日向の高千穂峰に降臨し、野間岬に向かいます。瓊瓊杵尊はその地で、国津神である事勝国勝長挟神（コトカツクニカツナガサノカミ）に出会います。

この国津神は、またの名を塩土老翁（シオツチノオジ）と言い、木花之佐久夜毘売（コノハナノサクヤビメ）を引き合わせます。二人は結婚して海幸彦（ウミサチヒコ）と山幸彦（ヤマサチヒコ）を生みます。塩土老翁は、もう一人の女性も引き合わせますが、容姿が悪かったので瓊瓊杵尊はお返ししました。それを怒った塩土老翁は、天津神の寿命を縮めてやると言い放ち、それ以後、歴代の天皇は短命になったということです。

次は、海幸彦（ウミサチヒコ）と山幸彦（ヤマサチヒコ）の物語です。

海幸彦は海の恵みを採り、山幸彦は山の恵みを採って生活していました。ある時、山幸彦が海幸彦に「道具を交換しよう」と持ち掛けました。海幸彦もこれを了承し、山幸彦は海に出かけて釣りをしました。しかし、山幸彦は魚釣りに慣れてないので全く釣れず、借りていた釣り針を失くしてしまいました。それを海幸彦に告げると、「釣り針を返せ」と何度も迫られ、山幸彦は途方に暮れて海岸を歩いていました。

そこに塩土老翁が現れ、竹で編んだ籠の船を作り、山幸彦をこの船で綿津見海宮《わたつみのかみのみや》に送りました。山幸彦は、この宮で海神の娘である豊玉姫（トヨタマヒメ）と結婚し、夢のような日々を過ごしました。しかし3年経って、山幸彦は海神の宮に来た理由を思い出し、釣り針を失くしたことを海神に伝えました。海神は魚を呼び集めて、釣り針を見つけ出させました。そして、山幸彦は、海神から潮の干満を操作できる玉を授かります。海神に送り届けられて故郷に帰った山幸彦は、その玉で兄の海幸彦を屈服させ、支配下に置きました。豊玉姫との間には、鵜葺草葺不合命（ウガヤフキアエズノミコト）が生まれました。彼の子供が、初代神武天皇です。

宮崎県日南市の鵜戸神社は、断崖絶壁の中にある神社として有名です。その本殿前にある亀石は、豊玉姫が海から乗ってきた亀が石になったものであると言い伝えられています。

山幸彦が、途方に暮れて歩いた海岸はどこでしょうか。「日向三代《ひゅうがさんだい》」の神々＝瓊瓊杵尊・火折尊（山幸彦）・鵜葺草葺不合命＝のころなので、現在の宮崎県か鹿児島県であると思います。この物語は、どこか浦島太郎の伝説に似ています。浦島太郎伝説は、京都府の丹後半島や香川県などにありますが、南九州にも伝わっています。

山幸彦の物語からは、天神族が隼人を屈服させたような印象を受けます。海神の娘と結婚しているので、同盟に近いかも知れません。また、船の軍団を支配下においたようにも見受けられます。海幸彦は、後に大和政権樹立の立役者となったり、朝廷に反抗したりする「隼人」の始祖とも言われています。山幸彦に海へ行くことを勧めた塩土老翁は、海上安全や製塩の神様として全国各地の神社に祀られています。宮城県塩釜市の塩釜神社が、最も有名です。

鵜葺草葺不合命は、豊玉姫の妹である玉依姫（タマヨリヒメ）と結婚し、磐余彦（イワレビコ）が生まれます。彦火火出見尊（ヒコホホデミノミコト）とも呼ばれる、後の神武天皇です。彼は、兄の五瀬命（イツセノミコト）や臣下に「どこに行けば国が治められるだろうか」と尋ね、東征を決意します。

この場面で、古事記には東征の動機は書かれていませんが、日本書紀には塩土老翁が「東に美しい国がある」と教えたと書いてあります。昔、この時代に南九州で大地震があって大きな被害が発生し、それが東遷を決めた理由であるという話を聞いたことがあります。それはさておき、磐余彦は45歳の時、東征へ進発しました。

◇　◇

余談ですが、宮崎市から約40キロ西に小林市があります。方向は真西ですが、宮崎から車で行くと大淀川に沿って進むので南に大きく迂回し、都城市から北西方向に向って進んだところです。

小林市といえば、年末に京都で行われる全国高校駅伝で最多優勝を誇る小林高校が頭に浮かびます。その小林市で高速道路を降りて、南へ霧島神社方面に向かうと、その途中に高原町があります。天孫降臨をした高千穂峰の麓の町なので、高天原を想像しました。ここは「初代神武天皇の生誕地」とされています。第5代孝昭天皇が、神武天皇の生誕地に創建したと伝わる狭野神社や、神武天皇が遊んだとされる皇子滝があります。神武天皇の父である鵜葺草葺不合命は、南さつま市の加世田付近の生まれと伝わっているので、古事記には鹿児島県西部から薩摩半島を北上して宮崎県に移動、都城盆地から宮崎平野に進出したように記述されています。

◇　◇

神武天皇は、日向を出発して宇佐で歓待を受け、宗像の岡田宮に1年、安芸に7年、吉備に8年滞在して、大阪湾に到着します。しかし、上陸して東進すると那賀須泥毘古（ナガスネヒコ）の襲撃を受け、現在の東大阪市富勝町付近で敗北します。敗北したのは、東に向かって攻撃をしたからでした。「我々は神の子なのに、太陽に向かって攻撃したのが悪かった」として、大阪から紀伊半島南端を回って熊野川をさかのぼり、苦難の末に大和に到着しました。大和では、那賀須泥毘古を倒した饒速日命（ニギハヤヒノミコト）から政権を禅譲され、橿原神宮の地で初代神武天皇として即位しました。

即位の趣旨として、天照大神の子孫がこの世を治める正統性を書き記しています。つまり、神武東征の物語は、最初に天照大神の孫にあたる瓊瓊杵尊が「降臨」し、そのひ孫である神武天皇が苦労に苦労を重ねて大和に入り、饒速日命から大和における政権を禅譲されるという筋立てになっています。

戦いは苦難の連続でしたが、神のご加護があってようやく希望の地にたどり着き、政権を禅譲されました。全国統一を進める天皇勢力に、出雲が最も抵抗したためと思われますが、それにしても出雲の記述が多すぎるように思います。私は、記紀編纂の責任者である藤原不比等の父の中臣鎌足が滅ぼした蘇我氏の領土が出雲にあり、これを奪い取った負い目と蘇我氏の祟りを恐れて大きなスペースを割いたのではないかと思っています。それ故、蘇我氏の出自には触れず、神話の中に閉じ込めた気がするのです。

神武天皇は、九州から大和に進んで来ました。神武以前の神代は、九州が舞台です。高天原のモデルは日向の高千穂、宮崎県西臼杵郡高千穂町であるとされています。天照大神が隠れた天岩戸や、八百万の神が会議をした天の安川原などが観光名所となっています。天岩戸の対岸にある神社の宮司さんは「対岸には、奈良時代から誰も入っていません」と言われていました。この地が、奈良時代から天照大神がお隠れになった場所とされているようです。

天孫降臨の場所は、宮崎と鹿児島の県境で、霧島連山に位置する高千穂峰です。降臨した瓊瓊杵尊は、ここから良い場所を求めて、南さつま市の野間岬に行ったとされます。

天孫降臨の場所は、畿内大和や北部九州からあまりにも離れているので、かなり不自然な感じがします。天孫降臨をするなら、当時の都である畿内大和にすればよいと思うのですが、不自然だからこそ、かえって事実に近い歴史が潜んでいるようにも思えます。

降臨の場所を九州に求めるのなら、古代の最先端地域である北部九州のどこかにすればよいはずです。後々、朝廷に抵抗する隼人が住む南九州に降臨し、三代の長きにわたって住み続け、地元の豪族と通婚をした形跡まで窺えます。天皇の尊厳を傷つけかねない筋立てで、通常の感覚であればあり得ない設定です。しかしそれ故に、史実に近い内容を含んでいるとは思えないでしょうか。

神武天皇は、南九州から瀬戸内海を東に向かい大阪湾に到着します。そして河内平野で一度敗北するものの、紀州を南下して熊野川から苦心して大和に到着し、初代天皇として即位します。これを「神武東遷」と言いますが、８世紀の大和の人たちには「我々の先祖は南九州から来た」という記憶があったのだと思います。

記紀の記述を読み解くと、神武天皇の即位は紀元前660年という設定です。１９４０（昭和15）年に、「紀元二千六百年記念行事」の大イベントが開催されました。まさに「皇国史観」の全盛時代。戦争に向かって日本中が弾丸のように突き進んで行ったころで、政府は総力を挙げて取り組んだことでしょう。「建国二千七百年」にあたる西暦２０４０年はもうすぐやって来ますが、政府のイベントはないと思います。

大多数の方々は、神武天皇の実在を疑われています。第10代崇神天皇か、第15代応神天皇のモデルとする考え方が一般的であると思います。現在の令和天皇が126代ですが、名前に「神」の字が付いた天皇は、初代、10代、15代のみです。いずれも何らかの偉業があって、後世に神の字が当てられた方々であろうと思われます。私を邪馬台国の世界に導いてくださった元産能大教授の安本美典氏は、数理歴史学の立場から、神武天皇も欠史八代の天皇も実在すると述べられています。万葉歌人の柿本人麻呂や大伴家持の歌に橿原宮や神武陵のことが書かれているそうで、橿原の地に王宮が存在した可能性は高い気がします。

「欠史八代」とは、第2代綏靖天皇から第9代開化天皇まで8人の天皇を指します。この8人は、崩御したときの年齢が平均で百歳前後という長寿にもかかわらず、事績がほとんど書かれていません。このため、実在しない天皇という説が主流です。戦前は尋常小学校で、神武から順番に暗記させられたそうで、私の義父や叔父が懐かしく語り合っていたのを覚えています。王宮が置かれたとされる場所は全て奈良県で、2代目から順に現在の御所市、大和高田市、橿原市、御所市、御所市、田原本町、橿原市、奈良市です。フィクションである可能性は高いのですが、第7代から第9代の天皇の子孫から、歴史に名を残した方々が出ています。

第7代孝霊天皇の皇女が、邪馬台国畿内説で卑弥呼の第一候補とされる倭迹迹日百襲姫（ヤマトトトヒモモソヒメ）です。彼女は三輪山の神である大物主神の妻となり、纒向遺跡の南に位置する箸墓古墳に埋葬されたと伝わっています。彼女の異母弟が、第10代崇神天皇から四道将軍の一人として吉備に派遣された吉備津彦です。岡山県の古代史のシンボル的存在で、記紀には皇孫と書かれています。百済からやって来た鬼が住む鬼ノ城《きのじょう》を攻略した、桃太郎の鬼退治のモデルです。

第8代孝元天皇の子孫が、330歳まで生き、第12代景行天皇から第16代仁徳天皇まで5人の天皇に仕えたとされる武内宿禰《たけのうちのすくね》です。和歌山市には彼が生まれた時のものとされる井戸が残っており、紀伊徳川家も長寿を祈願して、その井戸水を産湯に使ったと伝えられています。

第9代開化天皇の5世孫が、神功皇后です。第14代仲哀天皇の后で、夫とともに熊襲征伐のため九州に赴きます。仲哀天皇は、橿日宮（現在の福岡市東区の香椎宮）を造営し、熊襲征伐をするつもりでしたが、神がかりした神功皇后を介して「新羅を攻めよ」との神託を受けます。しかし、天皇はこれを無視したため、神の怒りにふれて急死しました。一方、懐妊していた神功皇后は腰に石を巻いて出産を遅らせ、夫に代わって新羅を討伐し、多くの宝物を得て帰還しました。その後、筑紫の宇瀰《うみ》（＝現在の福岡県糟屋郡宇美町とされる）で出産します。生まれた子が誉田別皇子《ほむたわけのみこ》で、のちの第15代応神天皇です。地元の宇美八幡宮には、「応神天皇御降誕地」の石碑が立っています。

以上が、「欠史八代」の天皇の子孫である著名な人物たちです。ここに登場した4人の方々は、奈良県桜井市や岡山市、和歌山市、福岡県宇美町が生んだ古代史の象徴的人物として、観光の一翼も担っています。武内宿禰と神功皇后は明治時代、お札の肖像にも描かれました。実在しなかったとされる「欠史8代」ですが、今も「おとぎ話」や史跡観光など、さまざまな場面で生き続けています。

五　崇神天皇と日本武尊

第10代崇神《すじん》天皇は、実在した最初の天皇であるといわれています。日本書紀では、初代の神武天皇も崇神天皇も、「ハツクニシラススメラミコト」と尊称されています。

「スメラミコト」は天皇の意。「ハツクニシラス」とは「初めての」という意味です。神武天皇は初代なので「ハツクニシラス」も当然ですが、なぜ第10代崇神天皇にも付けられたのか、実に不思議です。

日本書紀における神武天皇の記述は、その多くを日向から出発して橿原神宮での即位に至るまでの「即位前紀」が占め、即位後の事績はわずかしか記載されていません。逆に崇神天皇は、即位に至るまでの「前紀」がほとんどなく、即位後の事績が大半です。2人の記述を合わせて「1人のハツクニシラス」であるかのように書かれており、8世紀の編者が意図的に「神武天皇は架空の天皇である」ということを暗示しているとも言われてきました。

また、同じ「ハツクニシラス」でも漢字が異なっており、神武天皇は「始馭天下（初めて即位した）天皇」、崇神天皇は「御肇国（初めて国を治めた）天皇」の意味になっています。崇神天皇は実在した最初の天皇（当時は天皇の称号はなく大王）で、神武天皇は天皇家の歴史を長く見せるために創作された「偶像」というのが最もポピュラーな解釈です。

崇神天皇の享年は、日本書紀によると120歳、古事記では168歳とされています。即位から5年経ったころ、都で疫病が猛威を振るっていました。国中の民の多くが亡くなる程の勢いで、そのために反乱も起こりました。万策尽きた天皇は、八百万の神々を招集して意見を聞いたところ、第7代孝霊天皇の皇女である倭迹迹日百襲姫が神がかりし、「私を祀れば国が治まる」という神託を告げたそうです。崇神天皇が「あなたの名は」と尋ねると、「大物主神である」と答えました。しかし、祀っただけでは疫病は収まりませんでした。そこで天皇は斎戒沐浴し、祭殿を浄めました。そして、神に教えを請うと「国が治まらないのは、私の心によるものである。私の息子の大田田根子に祀らせれば治まる」と語ったそうです。天皇がお触れを出して大田田根子を見つけ、彼を祭主にして祀ると疫病も反乱も治まったと書かれています。

私は、崇神天皇の即位は紀元前ではなく、西暦220〜230年ごろと推測します。卑弥呼の墓かと注目される箸墓が、崇神天皇の墓である可能性があると思っています。崇神天皇が崩御したのは西暦259年とする説があり、その可能性は大きいと思います。大和の纒向遺跡の「王都」造営は、西暦200年前後から始まります。崇神天皇は、諸部族の連合体であった纒向の政権を専制的国家に変えた、最初のリーダーだったと思います。

崇神天皇が専制君主的な体制を敷いたので、「政治都市」の纒向では反対勢力が出てきて大混乱になったと推察します。疫病もあったかも知れません。その混乱の中、天皇を助けたのは大物主神で、すなわち出雲の神。天皇は出雲の勢力の支援を得て纒向の大変革を行い、政権基盤を固めた可能性が高いと思います。

崇神天皇の次の第11代は、垂仁《すいにん》天皇です。皇后・狭穂姫《さほひめ》が兄と結託して反乱を起こし、垂仁天皇が鎮圧します。丹波《たには》の国から日葉洲媛《ひばすひめ》を後継の皇后に迎え、大足彦《おおたらしひこ》（＝のちの景行天皇）らが生まれました。記紀には垂仁天皇が出雲を攻めた話があり、不死の薬を探させた天皇でもあります。実在性は、五分五分といわれます。皇后兄妹の反乱が「纒向」の反乱ならば、出雲勢力の支配が未だ固まっていないのかも知れません。日本書紀では、垂仁天皇の時代、野見宿禰と言う人物が登場します。日本最初の相撲取りで、天皇崩御に伴う殉死の慣例を廃止し、陵墓に埴輪を並べることを進言した人物と言われています。

続く第12代景行天皇は、日本武尊《やまとたけるのみこと》を派遣し、熊襲や蝦夷を征圧した統一期の英雄として日本書紀に描かれています。天皇自身も九州に渡り、筑紫から日向に赴いたとされます。日向の本拠地とした高屋行宮については、西都市の黒貫寺と宮崎市の高屋神社が候補地として伝承されています。しかし、景行天皇の実在性自体が定かではありません。

景行天皇と日本武尊の親子関係は、古事記と日本書紀では異なっています。古事記では、凶暴な日本武尊を恐れた景行天皇が、先ず九州に派遣して熊襲を討伐させ、休む間もなく東国に向かわせます。それでも、父を慕う尊の悲哀が描かれます。しかし、日本書紀では、父子の間に軋轢はなく、優れた天皇と勇敢な皇子として描かれています。日本書紀は、いわば「国外向け」の正史なので、センチメンタルな物語にして涙を誘う「国内向け」の書物と内容が異なるのは当然とも言えましょう。

古事記によれば、景行天皇がある日、日本武尊に、朝夕の食膳に出て来なかった兄を諭すように申し付けたそうです。尊は、兄の所へ行って諭したのですが、言うことを聞かないので殺してしまいます。これを知った景行天皇は日本武尊が怖くなり、熊襲討伐に行かせました。尊は女装して宴会の席に紛れ込み、首長を誅殺します。九州から帰還する際には、出雲に立ち寄って出雲建《いずもたける》を騙し討ちにして殺します。日本人の多くが知る希代の英雄ですが、物語の前半ではあまり良い人物として描かれておらず、凶暴性が出ています。

尊が都に帰ると、休む間もなく景行天皇は東国平定を命じます。東征に向かう途中、伊勢神宮に立ち寄り、叔母の倭媛《やまとひめ》から草薙《くさなぎ》の剣を授けられます。このあと、尊は尾張で結婚しますが、新婚生活を楽しむ余裕もなく東国へ。焼津では敵の奸計にはまって野火に囲まれ、草薙の剣で脱出します。九州と異なり、東国は苦難の連続。相模から東京湾を渡って房総半島に至り、そこから現在の宮城県である陸奥国《むつのくに》へ。長野、山梨の両県域を平定して現在の愛知県である尾張国《おわりのくに》に帰ります。そこで、子ども（のちの第14代仲哀天皇）ができます。
日本武尊は、草薙の剣を尾張に置いたまま、岐阜県と滋賀県の県境に聳える伊吹山に向かいます。素手で伊吹山の神を仕留めますが、その毒牙に身体を犯されます。病魔に襲われながらも大和に帰りたい一心で懸命に歩きましたが、能煩野《のぼの》（＝現在の三重県亀山市とされる）で斃れ、息を引き取りました。丁重に祀られたあと、死した身は白鳥となって大和の方に飛んで行きました。次に掲げるのは、能煩野に至ったとき、尊が詠んだ望郷の歌です。

倭《やまと》は国の真秀《まほ》ば
たたなづく青垣
山籠《ごも》れる　倭し麗し

（倭は国の中で最も素晴らしいところだ。山々が重なり合った垣根のようで、その中にこもる倭は本当に美しい）

日本武尊は日本書紀に書かれた名で、古事記には倭建命や倭建御子と書かれています。新羅本紀によると、古事記と日本書紀が完成するほぼ半世紀前の西暦670年（天智天皇九年）、「倭国が国名を日本に改めた」とされています。古事記では従来の倭建命を使っていますが、日本書紀では国名が倭から日本に変わったことを諸外国に知らしめるため「日本武尊」と表記したと思われます。
日本武尊の弟は第13代成務天皇。そして、日本武尊の子が第14代仲哀天皇です。日本武尊と異母兄弟の成務天皇は皇子ができず、それまで全て父から子へと受け継がれた天皇位を初めて甥に委ねることになりました。

最後に、日本武尊が各地で窮地を脱する際、重要な役割を果たした「草薙の剣」に触れておきたいと思います。

この剣は、素戔嗚尊が八岐大蛇《やまたのおろち》を退治したとき、大蛇の尻尾のあたりから見つかったものです。素戔嗚尊は天照大神にこの剣を献上し、孫の瓊瓊杵尊が地上界に持ち込みます。以来、天皇家の「三種の神器」の一つになりました。崇神天皇は、この剣を倭姫に預け、倭姫が日本武尊に授けます。

私が不思議に思うのは、それほど大切な剣なのに、記紀はなぜ、災いの象徴的存在である素戔嗚尊が見つけて天照大神に献上した話にしたのかということです。天照大神が作らせたか、あるいは伊奘諾尊が禊などに使ったことにした方が、剣の価値が高まると思います。素戔嗚尊を絡ませた背景は、天照大神に対する完全なる恭順を強調するためと考えられますが、出雲に気を使ったようにも思えます。

神功皇后は他の箇所で何回も登場するので、この項では割愛します。応神天皇からあとは神話でなく、歴史の事象として考察して行きます。

第6章　邪馬台国論争

一　江戸時代以前の論争

記紀には、邪馬台国や卑弥呼のことは全く出てきません。わずかに、日本書紀・神功皇后摂政紀に、魏志倭人伝を引用する形で、倭の女王が中国に使節を送って朝貢した記事が見えるだけです。記紀の編纂にあたった文官たちは、邪馬台国や女王卑弥呼など魏志倭人伝の内容を知っていたと言われています。なぜ、書かなかったのかといえば、天照大神を皇祖とする神々の子孫の天皇家が、中国の王朝に朝貢したなどとは書けないからです。古事記は国内向けに書かれているので、この朝貢の事実を全く無視しました。しかし、日本書紀は外国向けで、中でも中国の歴代国家に対して書かれた正史なので、朝貢について記載しないと正史として認めてもらえないという認識があったと思います。

日本書紀を編纂した文官たちは、5世紀に書かれた宋書（中国・南朝宋）に書かれている「倭の五王」の最初の王を第16代仁徳天皇と想定。「倭の女王の朝貢」はそれから約150年前と推定し、2代前の神功皇后が卑弥呼と一致すると考えたと思われます。神功皇后は天皇家の子孫なので、邪馬台国は大和にあったと想定したと思います。

時代は下って、南北朝時代の1350年ごろ、後醍醐天皇を擁護し、『神皇正統記』を著した北畠親房も「畿内説」論者で、卑弥呼は神功皇后としています。天皇家を神聖化する親房ですから、中国への朝貢は認めたくない内容ですが、日本書紀の記述には逆らわなかったようです。

江戸時代、世の中が平和になると、「邪馬台国論争」が始まりました。1693年、国学者の松下見林が著書『異称日本伝』の中で「邪馬台国はヤマトと読む。邪馬台国は大和にあった。卑弥呼は神功皇后である」と唱えました。儒学者の新井白石は1716年、『古史通或問』で、魏志倭人伝に書かれている国名を実在の地名に比定しました。彼も最初は「邪馬台国は大和、卑弥呼は神功皇后」としました。しかし晩年に書いた『外国之事調書』では「九州説」に転じて、邪馬台国は北部九州の山門郡としています。

1784年には、現在の福岡市東区志賀島で、「漢委奴國王」と刻まれた金印が発見されています。それから十数年後、『古事記伝』を著した国学者の本居宣長は、邪馬台国九州説を唱えました。宣長は、魏書に書かれた卑弥呼を神功皇后と考えたものの、皇国史観の立場から日本の朝廷が中国に朝貢するわけがないと決めつけ、『馭戎概言』で「皇朝の使いではなく、筑紫（九州）の南のあたりで勢いを持つ熊襲のたぐいが神功皇后の名を騙った」と喝破しました。

二　皇国史観の時代

明治時代は天皇家を神格化した絶対王政の世になり、皇国史観が表舞台に出てきました。歴史学者の那珂通世氏は『日本上古年代考』で九州説を唱え、卑弥呼と神功皇后は別人と主張しました。同じく歴史学者の久米邦武氏は著書『日本古代史講義』で、福岡県久留米市の高良山や山門郡瀬高町（現みやま市）にある女《ぞ》山神籠石《やまこうごいし》が邪馬台国と関連があると表明しました。その後、昭和から平成にかけて佐賀県で吉野ヶ里遺跡が発見されるまでの約百年間、山門郡が邪馬台国九州説の第一候補地になったと思われます。久米氏は、神籠石は邪馬台国の遺跡としつつも、その都は八女市にあったと推定しました。

しかし明治時代といえば、何といっても内藤虎次郎（湖南）と白鳥庫吉両氏による大論争がハイライトです。

1910年、京都帝国大学教授で東洋史が専門の内藤氏は、魏志倭人伝の国々を近畿地方に比定して畿内大和説を発表しました。内藤氏は、卑弥呼は第11代垂仁天皇の皇女「倭姫」であるという新しい見解を提示したのです。ほぼ同時期、東京帝国大学教授の白鳥庫吉氏は「倭女王卑弥呼考」を著し、邪馬台国を熊本県内に比定して、卑弥呼は天照大神のモデルであると主張しました。今日の「畿内説VS九州説」の先駆となったのです。両者は真っ向から対立し、京大・畿内説と東大・九州説の対決構図が生まれました。

それにしても、内藤氏が倭姫、白鳥氏が天照大神をそれぞれ卑弥呼に比定されたのには、感心するばかりです。皇国史観全盛の時代に、「よくぞ言って下さいました」とお礼を申し上げたい気持ちです。特に、卑弥呼を天皇家の皇祖神である天照大神とされた白鳥氏には、驚嘆するばかりです。白鳥氏がこの見解を発表しなければ、のちの世の人たちは怖くて書けなかったかもしれません。長くタブーの領域でしたが、現代では多くの小説家や歴史作家が「卑弥呼＝天照大神説」を唱えています。私もこの説に賛成で、あらためて白鳥氏に感謝したいと思います。

大正時代の1920年には、倫理学の権威・和辻哲郎氏が、神武天皇の東征を史実としてとらえ、北部九州の勢力が大和に進攻して王権を築いたという説を唱えました。さらに1924年には、古代史家の笠井新也氏が「邪馬台国は畿内大和」「卑弥呼は第7代孝霊天皇の皇女の倭迹迹日百襲姫（ヤマトトトヒモモソヒメ）」とし、箸墓が卑弥呼の墓であると主張しました。これ以後は軍国色が強くなり、さすがに邪馬台国関連の著書や論文等は姿を消して行きます。

三　「皇国史観」から解放されて

戦後になって、国民が皇国史観の強制から解放されると、邪馬台国の研究成果がまた新聞を賑わすようになりました。

１９４７年、東大教授の榎一雄氏が、魏志倭人伝が記す伊都国からの行程を、直進的ではなく放射式に読む説を唱えました。この説は、今も九州説論者から厚い支持を受けています。同年、東大名誉教授の江上波夫氏が、『日本民族文化の源流と日本国家の形成』というシンポジウムで「騎馬民族征服王朝説」を発表。「日本は4～5世紀に、扶余系の騎馬民族によって征服された」と主張しました。騎馬民族の王のモデルが第15代応神天皇で、九州から大和に進んで新王朝を開いたというのです。

江上氏の著書には、▽それまで日本に馬はいなかったのに、応神王朝から馬具などが現れてきた▽数十人の騎馬隊があれば、小さいクニなどは殲滅される―などと書かれており、当時は私も信じたものです。しかし魏志倭人伝をよく読むと、馬が走れる大きな道路や牧にふさわしい草原もなく、前を行く人が木々で見えないような倭国の中で、騎馬民族が活躍できる場所はないだろうと思いました。

１９６３年には、推理作家の松本清張氏が邪馬台国をテーマにした小説『陸行水行』を発表しました。これ以降、清張氏は九州説の中心的な論者として活躍しました。

清張氏は当時、司馬遼太郎氏と並んで日本を代表する人気作家。推理小説の分野では、既に他の追随を許さぬ不動の地位を確立していました。清張氏が古代史の分野にも進出したことで、他の小説家も次々に参入し、邪馬台国ブームに火が着きました。

１９６７年には、長崎県島原市の作家・宮崎康平氏の『まぼろしの邪馬台国』がベストセラーになり、昭和40～50年代の出版界は邪馬台国の話題で沸き返っていました。奇想天外な内容の本も含め、邪馬台国関連のタイトルを付ければ1万部は確実に売れるというような風潮がありました。邪馬台国というテーマは、作家にとって経済的にも魅力的で、歴史小説に気軽に参入できる新分野だったと思います。

一方、１９８０年代からは「遺跡発見ブーム」ともいうべき時代が到来し、全国各地で次々に重要遺跡が発掘されます。１９８３年、島根県出雲市の荒神谷《こうじんたに》遺跡で、銅剣358本と銅鐸6個、銅矛16本が相次いで発見されました。出雲は、北部九州や畿内大和と並ぶ古代史の主要な舞台ですが、それまでは目ぼしい遺跡がなく出雲神話は架空の物語とさえ言われていました。

１９９６年には、荒神谷遺跡に近い加茂岩倉《かもいわくら》遺跡で、一括埋納された大小の銅鐸が39個も発見されました。荒神谷と加茂岩倉遺跡は、従来の出雲の常識を覆す大発見でした。

さらに北部九州では、１９８６年に弥生時代後期の巨大環壕集落である吉野ヶ里遺跡（佐賀県神埼市・吉野ヶ里町）、90年には多重環濠集落の平塚川添遺跡（福岡県朝倉市）が相次いで発見され、邪馬台国九州説が勢いづきました。しかし２００９年以降、纒向遺跡（奈良県桜井市）で東西の軸線上に建てられた大型掘立柱建物群や運河の跡、祭祀遺構などが次々に発見されると、学界や研究者の大勢は大きく反転し、「畿内説優勢」に移行して行きました。

ただ最近では、纒向遺跡の発掘があまり進まず、纒向＝邪馬台国説は少し影が薄くなったように感じます。それがあってか一時は意気消沈していた福岡県の朝倉市では近年、毎年2人の女性を観光大使「女王卑弥呼」に任命し、ブーム再燃をはかりました。平塚川添遺跡がある朝倉市は、現在も「卑弥呼の里」として売り出し中で、九州説復活の機会を窺っているように見受けられます。

しかし、纒向遺跡を邪馬台国の最有力候補地とする「畿内説優位」の状況は、なかなか逆転できないようです。

その最大の理由は、北部九州の連合勢力による女王国の「東遷」や、大和への軍事進攻などの痕跡が、今のところ見当たらないことであろうと思います。

第7章　伊勢神宮

日本の神社の中で、格式の高さの第1位は伊勢神宮です。天皇家の皇祖神である天照大神が祭られているからです。ちなみに第2位は大国主命を祀る島根県の出雲大社。第3位が京都の上賀茂神社、第4位が同じく京都の下賀茂神社、そして第5位は大分県の宇佐神宮とされています。

伊勢神宮は三重県伊勢市にあって、正式名称は伊勢という地名を冠しない「神宮」です。内宮《ないくう》と外宮《げくう》があり、内宮は皇太神宮、外宮は豊受大神宮とも呼ばれています。内宮の主祭神は天照大神、外宮には豊受大神が祀られています。

神宮では、1年間に千以上の祭事が行われているそうです。古代には、倭姫のような未婚の皇族女性が齋皇女《いつきのひめみこ》と呼ばれ、天皇に代わって祭祀を行いました。

神宮の祭事は、毎年定められた月日に行われる「恒例祭」と、20年に1度行われる式年遷宮にかかわる「遷宮祭」、皇室や国家に重大事が起こった際に臨時に行われる「臨時祭」に分けられます。恒例祭で、最も重要なのは10月の神嘗祭《かんなめさい》と6月・12月の月次祭《つきなみさい》で、これらは三節祭《さんせつさい》と呼ばれています。これに2月の祈年祭と、11月の新嘗祭を加えて五大祭と称されています。外宮で行われている「日別朝夕大御饌祭」は、1500年以上もの間、1日も欠かさず行われているそうです。1500年前を調べてみたら、何と継体天皇の在位年間でした。

これらのうち私が聞いたことがある祭事は、式年遷宮祭と新嘗祭です。遷宮祭は、690年の持統天皇の時代に第1回が執り行われています。戦国時代の中断期をはさんで、ずっと執り行われてきたそうです。直近では平成25年に遷宮が行われています。新嘗祭は11月23日に行われます。天皇陛下が、皇居で五穀豊穣を神々に祈って感謝されます。天皇は伊勢神宮に勅使を派遣され、勅使が神宮にお供え物を捧げます。多くの神職の方々が、行列を整えて神事に向かわれる様子がTVでも放映されます。

ところで、なぜ神宮には内宮と外宮があり、外宮に豊受大神が祀られているのか――。これについては、天照大神が一人では寂しいので、丹後半島から豊受大神（トヨウケノオオカミ）を連れてこられたという伝承があります。丹後の項でも書きましたが、近畿地方には元伊勢と呼ばれる宮が点在しています。丹後から伊勢までの間に24社あるそうです。豊受大神は本来、天照大神の食事をご用意する役目だったとされますが、今は食物や穀物、農耕、衣食住などにかかわる神として信仰を集めています。

内宮に祀られている天照大神は、別名「大日孁貴（オオヒルメノムチ）」と日本書紀に書かれています。これは「太陽の妻」という意味で、名前の文字を分解すると「日の巫女《みこ》」になるそうです。「ヒノミコ」とすれば、「邪馬台国の卑弥呼」を連想させます。また豊受大神は、卑弥呼の後継女王となった「台与《とよ》」を連想します。

私も最初、これを知った時は驚きました。多くの古代史の知識を頂いた、関裕二氏の著作を読んで知りました。関氏も指摘されていますが、これが偶然とすれば話が〝できすぎ〟ています。天皇家の皇祖神なので軽々しいことは言えませんが、偶然ではない気がします。明治の白鳥庫吉教授から始まって、現在では多くの歴史家の方々が、卑弥呼と天照大神の同一説を支持しています。

古事記には登場しませんが、私は天照大神と豊受大神は卑弥呼と台与だと思います。ここからは私の推測ですが、卑弥呼と台与が魏志倭人伝の時代、すなわち邪馬台国の時代に活躍したことを、8世紀の大和の支配者も認識していたと思います。しかし、皇国史観の立場から、古事記や日本書紀には彼女たちの事績を掲載できなかったのでしょう。

けれども「九州王朝」＝のちの大和政権樹立の立役者である彼女たちは決して忘れることのできない存在であり、伊勢神宮の内宮と外宮に祀られたのではないかと思います。

記紀によると、第10代崇神天皇は、天照大神を王宮に祀られていたのですが、のちに宮の外に移され、出雲の神である大物主神を宮の背後にある三輪山に祀ったそうです。崇神天皇は、出雲の出身か、出雲の支援を得て政権を運営していたことを窺わせます。

これに対し、次の第11代垂仁天皇は、天照大神を「正しき所に祀らなければならない」として、娘の倭姫にその任務を託します。倭姫は大和の宇陀に行き、近江、美濃を巡り、最終的に伊勢に行ったそうです。伊勢に着いて、倭姫が天照大神に伊勢の感想を聞くと、大神は「伊勢国は波の打ち寄せる傍国《かたくに》（＝都から離れている国）で美しい国。私は、ここに住みたい」と言われたので、この地に神宮を建てたとされています。

ここで私の見解を言わせていただくと、崇神天皇は、わざわざ大物主神の子である大田田根子を探し出して大物主神を祀らせており、出雲神を祀った可能性は高いと思います。そして、崇神天皇が出雲神を祀るために王宮の外に移した神は天照大神ではなく、吉備の神であったろうと想像します。天照大神が大和に入って来たのは、早くても応神天皇以降であり、崇神天皇は天照大神を認識していないというのが私の持論です。

一方、継体天皇が祭神を吉備の神々から天照大神に変えたのは事実かもしれません。政権交代によって祭神を変えることは、十分考えられます。継体天皇の出自は謎に包まれていますが、日本書紀に記されているとおり、「応神天皇5世の孫」であれば、卑弥呼を祀る事は十分ありえます。

話を元伊勢に戻します。丹後一宮《いちのみや》の籠《この》神社の祭神である豊受大神が、なぜ丹後の地におられたのかという理由についてです。私は、台与が北部九州から出雲経由で丹後の久美浜湾あたりに上陸し、現在の京丹後市峰山から天橋立を通って宮津市に入り、由良川沿いに福知山市付近に到着。そこから奈良大和に入ったというルートを想定しました。この台与の足跡と豊受大神が丹後一宮に鎮座されたことの間に、関係があるように思えてなりません。

江戸時代までは、籠神社よりも有名だったといわれる皇大神社も、由良川沿いに位置しています。伊勢の国は別として、元伊勢神社が丹後に多いのは、豊受大神すなわち台与が来たからでしょう。私は、台与は「国譲り」をさせるために出雲へ行ったと考えています。そして台与は、丹後で鉄器の製造か養蚕、米作りなど何らかの産業を広め、感謝されて祀られたように思えます。

第8章　邪馬台国を検証

魏志倭人伝と古事記、日本書紀の現代語訳を参考にしてこの本を書きましたが、現代語訳で読んでもこれらの文献は難解です。特に魏志倭人伝は、帯方郡から邪馬台国に至る里数や日数が現代の地図とは合わず、所在地を絞り込むのは極めて困難です。江戸時代の国学や儒学者らに始まり、明治以降は東大・京大などの学者、戦後は素人まで参戦して大論争が繰り広げられてきました。私は先賢のように頭脳明晰ではありませんが、叡智を集めても解けない難題に挑戦したいと思います。私は、４つのポイントを中心に、この謎の解明に挑んでみようと思います。それらは、①魏志倭人伝の解釈、②卑弥呼の宮殿、③女王国、④邪馬台国です。

一　魏志倭人伝の検証

まず魏志倭人伝をどう解釈して行くかですが、既に第3章でひと通りの説明をしました。第6章では、研究史やこれまでの学説、私が訪ねた邪馬台国関連の遺跡などを紹介しました。

倭人伝の解釈に関する書籍で、私が一番興味を覚えたのは孫栄健氏の『邪馬台国の全解決』（言視舎刊）です。中国・西晋の歴史家である陳寿が編纂し、西晋が正史として認めた『三国志』の『魏書烏丸鮮卑東夷伝倭人条』、いわゆる魏志倭人伝を独自の解釈で読み解いた書です。孫氏は、古代中国の言語や歴史、文献などに精通しておられます。この本の評価は賛否相半ばすると聞きますが、近年の邪馬台国本では大変注目された本なので、その内容と対比しながら私の見解を述べます。

孫氏の説は、一般読者にはかなり難解かもしれません。孫氏は魏志倭人伝の読み解きを、後漢書や晋書、宋書の分析、古代中国の「筆法」の研究などをもとに行っています。後漢書や晋書、宋書の原文を読んだことがある人は少ないと思います。私は孫氏の著書で、「筆法」という言葉を初めて目にしました。それなのに、孫氏が苦労して導かれた結論を論評するのですから大それたことです。しかし、この本をクリアしないと、私が邪馬台国について書く意味がない気がしたので、対比して書きたいと思います。

私はこの本を、知人の藤岡さんという方に勧められて読みました。読み始めた当初、地理的、歴史的に受け入れられない内容が多く、藤岡さんには「いい加減な本ですね」と感想を伝えました。以後、文通形式でお互いに意見のやり取りをしたのですが、藤岡さんからは私の疑問に一つ一つ丁寧に答えていただきました。そして、この本に対する私の疑問の多くは、文章の解釈よりも事実関係に関することであるとの指摘を受けました。この文通が、私を執筆活動に至らしめるきっかけともなりました。わたしの疑問に真摯に向き合って下さった藤岡さんには、今も感謝の気持ちでいっぱいです。

もし孫氏の著書のタイトルが『邪馬台国の全解決』ではなく、『魏志倭人伝の全解決』や『陳寿が書いた邪馬台国』などであったら、この本に抵抗感はなかった気もします。それどころか、多くの知識をいただき、感謝したかも知れません。大変よく調べてあるので、私もこの本を読んで、考え方を変えた解釈がいくつかあります。

しかし、タイトルを『邪馬台国の全解決』とするなら、日本の地形や地名、遺跡や歴史を加味して考えなくてはなりません。そう考えると疑問がいくつも生まれるので、敢えて論評したいと思います。孫氏は中国人の感覚で魏志倭人伝の内容を詳しく解説されているので、少々一方的とは思いますが、孫氏が書かれた内容を検証することで魏志倭人伝を読み解いて行くことにします。

◆孫栄健氏の説の要約

①魏志倭人伝によると、「其の国」は昔、男王を立てていたが70～80年前に争いが起こり、国々は疲弊した。

倭人伝には「合議の上で一女子を共立した。名を卑弥呼という」とある。孫氏によれば、「其の国」は単独の国ではなく北部九州にある連合国家である。後漢の時代、北部九州には百余国があったが、戦乱を経て30ヵ国になった。孫氏は「邪馬台国とは、女王連合30ヵ国全体の総称である」とする。

②魏志倭人伝には、帯方郡から女王国まで1万2千余里と記されている。一方、倭人伝の記述に沿って帯方郡から奴国までを計算すると、1万6百里になる。対馬国と一支国（壱岐）の陸地部分（島の広さ）は、倭人伝にそれぞれ「方四百余里可《ばか》り」と「方三百余里可り」と書かれている。島の海岸に沿って航行すると、対馬国（南側の旧下県郡）の大きさは東西と南北で計8百里、一支国は同じく6百里で、合計すると千4百里になる。この千4百里に、倭人伝に書かれた奴国までの1万6百里を加算すると、帯方郡から奴国まではちょうど1万2千里となる。これをもとに孫氏は「奴国が女王国である」と結論づけた。

③孫氏は、魏志倭人伝には原則的に誤記はないという前提で解釈している。倭人伝は邪馬台国の総戸数を「七万余戸」としている。さらに、対馬国から不弥国まで6ヵ国の合計戸数は3万。孫氏は、投馬国（5万戸）を邪馬台国連合とは別の場所にある連合国として除外し、残り24ヵ国の合計戸数を4万と推計した。さらに孫氏は、対馬国から不弥国までの6ヵ国と、投馬国を除く24ヵ国の総戸数は7万戸となるので、これら30ヵ国の連合が邪馬台国であるとした。

④孫氏は、「奴国が倭の極南」であると書いている。魏志倭人伝を普通に読めば邪馬台国が「極南」になるが、邪馬台国を北部九州連合と考えれば、奴国が連合の「極南」であるという解釈である。その基本にあるのは、倭人伝の里数記事（帯方郡～不弥国、小国家名の箇所）と日数記事（投馬国、邪馬台国への

水行・陸行の箇所）は連続しないという考え方。范曄が後漢書で書いた「倭国の極南界」について、孫氏は「（倭人伝の）里数記事の最南の国、奴国である」とし、范曄の記述は陳寿に呼応しており、「これぞ筆法の極み」と強調している。倭人伝は、列挙した21の旁国の最後に記載した奴国をもって邪馬台国の境界は尽き、その南に連合に属さない狗奴国があると記述している。孫氏は旁国の最後に記載された奴国と、2万余戸を有する「女王国の奴国」が同一の国であるとする。

⑤孫氏は、魏志倭人伝と魏志韓伝の距離表記は、実数の約10倍で記載されているとする。これは軍事関連の文書に使用される「露布の原理」に基づくもので、1里＝435メートルを10分の1の43・5メートルとして計算すれば、おおよそ実際の距離に近づくと言う。当時の軍人が1日に歩く距離は40里、1カ月間では千200里とされ、これを10倍で表記すれば1万2千里になる。また水行の日数は陸行の3倍と計算されるため、「陸行一月」は「水行十日」に匹敵する。これらにより孫氏は、魏志倭人伝に記載されている帯方郡から奴国までの距離1万2千里（途中の対馬国、一支国の沿岸部の行程距離を含む）と、帯方郡から邪馬台国までの「水行十日（または）陸行一月」の距離が「女王国である奴国」でピタリと一致するとしている。さらに、投馬国については位置を確定することは困難だが、倭人伝に「南、水行二十日」とあるので、薩摩あたりに存在した連合国家であろうと推察している。

⑥孫氏によれば、一大率（イチダイソツまたはイチダイスイ）という役職は中国にはないが「帥《すい》」と言う役職が烏丸伝や韓伝、鮮卑伝にあり、王と同等の権力を有していたという。孫氏は、魏志倭人伝の一大率は固有の官名ではなく、「倭国三十の諸国の王のうちの一人」であるとした。

⑦魏志倭人伝によると、女王国連合の30ヵ国で、女王の他に王がいるのは伊都国だけである（狗奴国にも王がいるが、邪馬台国連合とは敵対）。一大率は常に伊都国にあり、伊都国王が統治する。また、女王の宮殿には男弟がいて政治を補佐している。魏に朝貢した難升米は、王の位に次ぐ「率善中郎将」の称号と銀印を魏帝から授かった。これらについて孫氏は、「魏志倭人伝には卑弥呼の男弟である伊都国王が倭国の執政官（一大率）として津（港）に臨んで魏の使節と交渉したいきさつが描かれている」と解釈。「男弟と一大率と伊都国王と難升米は、同一人物である」と結論した。

⑧④との関連で、「倭国の極南」である奴国は里数記事28ヵ国の「極南」となり、奴国の領域と考えられている現代の福岡市から春日市あたりにかけての地域が「極南」に当たる理屈となる。福岡市の北には玄界灘が広がるが、孫氏は奴国の北に位置するはずの旁国の場所には言及せず、「今後の遺跡発見に期待する」と述べるにとどめている。

⑨孫氏は狗奴国について、「男王の卑弥弓呼を盟主とする小国家群の総称ではないか」と推定。防御性の強い高地性集落が瀬戸内海沿岸に集中していることなどをもとに、現在の熊本県、大分県などの中九州から四国、瀬戸内海沿岸にまたがる「連合国家」の可能性を示唆している。

⑩孫氏は、伊都国の都を平原遺跡付近、卑弥呼の墓は同遺跡で見つかった方形周溝墓と想定。不弥国を福岡市西区の周船寺付近とし、卑弥呼の宮殿は奴国と伊都国の境に位置する高祖山《たかす》にあったとした。

以上、孫氏の主な解釈をアトランダムに並べました。もちろん、これらが孫氏の全ての解釈ではなく、私が疑問を抱いた箇所をピックアップしたものです。

最初の疑問は、現在の福岡平野の周辺にあったとされる奴国が「女王国の南の境界が尽きるところ」とすれば、狗奴国はどこかということです。仮に両国の境界線を、一番自然であると思われる筑後川に想定すると、吉野ヶ里遺跡がある佐賀平野や平塚川添遺跡がある朝倉平野は、どちらの領土になるのでしょうか。

私は、「地形的に見て国境が不自然だ」と思ったのですが、魏志倭人伝の後に編纂された後漢書の著者・范《はん》曄《よう》が陳寿の記述をもとに「奴国は倭国の極南界」として、女王国と同一視しているらしく、孫氏は「これぞ筆法の極み」と表現しています。このあたりの感覚は微妙です。しかし、范曄は文筆の大家らしく、その後に書かれた晋書も同調しているそうです。そう言われると、孫氏の解釈に反論ができません。

もう一つは、魏志倭人伝の文章には誤記がまったく無いのかという疑問です。私は、何度も筆写されて版本になったものなので、誤記があると思っています。しかし、それを前提にしたら収拾がつかなくなるので、「あくまでも誤記はないと考えて解釈すべきだ」と考える研究者も多く、孫氏もその立場と推察します。しかし私は、誤記があり、それを見つけることも正確な解釈を導き出す重要な作業であると考えます。出発点から意見が異なりますが、私は「誤記はある」という前提で解釈して行きます。

◆孫氏の説に対する私の見解

（その1）晋書には倭人について「至魏時有三十国通好…戸有七万」と書いてあります。魏の時代、（倭人の国で）通好しているのは30ヵ国で、その戸数は7万戸という意味です。魏志倭人伝に書いてある「其の国は、男子を王としていたが70～80年前に乱れた。そこで諸国が合議して一女子を共立した。名を卑弥呼という」の文章と合わせると「其の国」は邪馬台国と読めます。そうすると邪馬台国は倭国30ヵ国の連合国家となって、孫氏の解釈が正解となります。

私が、魏志倭人伝の現代語訳で基本資料とさせて頂いた東京女子大の平野邦雄名誉教授の訳文も「其の国」を邪馬台国とされています。しかし、邪馬台国を北部九州の連合国家とすると、幾つもの矛盾が生じるように思えます。そこで恐縮ながら、平野氏が書かれた訳文もここだけ変更し、「其の国」を「女王連合国」としたいと思います。これでも文章は通じるので、私は「其の国」を女王連合国と意訳して話を進めます。

不思議なのは、邪馬台国の名前です。邪馬台国は何と読むべきか。ヤマトか、ヤマドかヤマタイか…。そんな地名が、奴国や伊都国、福岡市近郊のどこかにあるでしょうか。

倭人伝にある「對海（対馬）国」は長崎県対馬、「一大国（一支国）」は同壱岐、末盧国は旧松浦郡の唐津市周辺、伊都国は糸島平野周辺、奴国は福岡平野の那津《なのつ》の一帯。不弥国は糟屋郡宇美町周辺です。不弥国の宇美は確定していませんが、これらは全て現在の地名に通じるものばかりです。孫氏は投馬国《とうまこく》を薩摩に比定されていますが、その理由の一つは発音が似ていることでしょう。

しかし、福岡市周辺には、邪馬台国につながる地名がありません。九州説の「邪馬台」は、昔から旧山門《やまと》郡（現・みやま市）の山門です。九州歴史資料館の方に尋ねたところ、「山門は、日本書紀にも登場する古くからの地名で、吉野ヶ里遺跡が発見されるまでは九州説の揺るぎない候補地でした。しかし、山門郡のエリアは現在のみやま市一帯に限定されており、福岡市方面までを含む広域の地名ではありません」との説明でした。筑後川の南に位置する「みやま市」は、福岡市からは遠すぎます。

私は、魏志倭人伝の時代、筑後川以南は狗奴国の領土だった可能性が高いと思います。卑弥呼は、狗奴国の攻勢を受けて魏に助けを求めました。客観的に考えれば、卑弥呼を共立した「女王連合国」は狗奴国に筑後川を突破されて危機感が高まり、魏に助けを求めたと考えるのが自然です。卑弥呼の時代以前から、筑後川以南は狗奴国の領土だったと推測されるので、旧山門郡は魏志倭人伝に書かれた30ヵ国の地ではないと思います。孫氏の女王国＝奴国説ならば、現在の福岡市、春日市、大野城市、太宰府市、糸島市、糟屋郡一帯までが、昔から「邪馬台」と呼ばれていたという歴史的証拠がないと、到底受け入れられません。

歴史作家の井沢元彦さんの本には「邪馬台の発音はヤマドと発音する」と書かれています。邪馬台と山門は、発音も微妙に異なるそうです。昔から邪馬台国の候補地とされてきた旧山門郡は、邪馬台国とは結びつきません。地域の歴史に名前が登場しない邪馬台国が、福岡市周辺30ヵ国の総称だとする解釈は間違っていると思います。


（その2）孫氏は、「女王国は奴国」とされています。魏志倭人伝に、帯方郡から女王国まで1万2千里と書かれており、同郡より奴国までは1万6百里になります。不足の千4百里は、倭人伝に書かれていない対馬と壱岐の沿岸を回る距離としています。博多湾沿岸を邪馬台国に比定する方の多くが、この方法で計算されるそうです。加算した距離は、対馬が東西と南北各4百里、壱岐は同じく各3百里で、合計千4百里になります。邪馬台国・博多湾沿岸説の方々は、この加算を「大発見」としているようですが、私には無理矢理の数合わせにしか思えません。

「女王国である奴国」が、帯方郡から1万2千里になるよう、数字を操作したとしか思えません。対馬と壱岐の沿岸部分の距離を加算しなければならない特別の理由が、他に何かあるのでしょうか。陳寿は、帯方郡から女王国まで1万2千里、奴国までは1万6百里としているのです。素直に解釈するなら、女王国は奴国から千4百里先にあるはずです。陳寿は、壱岐と対馬沿岸の陸地部分の距離を入れないで、女王国までを1万2千里と書いているのです。

しかし孫氏の解釈では、「奴国が女王国」であると結論づけられています。これを前提とすれば、帯方郡から女王国までが1万2千里で、奴国までが1万6百里では、辻褄が合いません。そこで、魏志倭人伝に記載されている対馬の「方4百里」と壱岐の「方3百里」という記述に目を付けたのでしょう。「方」という表記なので、対馬は「4百里四方」壱岐は「3百里四方」という意味。そこで、対馬と壱岐それぞれに東西と南北で合計千4百里が加算されることになり、帯方郡から奴国までがピッタリ1万2千里に合うと計算したのです。

初めから「奴国が女王国」と決めてかかると、このような数字合わせをすることになります。「奴国を女王国としたのは、倭人伝で国名が重複している唯一の国など、いろいろな角度から検討した結果」と反論されるかもしれません。けれども素直に読めば、奴国までは1万6百里で、大多数の研究者は「女王国は奴国から千4百里先にある」と考えています。陳寿が書いた里数を、数字合わせのために変更するのは勝手すぎると思いませんか。

（その3）伊都国は、戸数が「千余戸」と書いてあります。しかし、伊都国の王都とされる三雲・井原遺跡一帯で見つかった出土品は、二万戸を擁する奴国と比べても遜色がありません。また、生口160人を連れて後漢に朝貢した帥升は伊都国王であるという説があり、「倭国大乱」以前の伊都国は北部九州連合のリーダー的存在であったと推察されます。160人の生口は簡単に集められる数ではなく、当時の船で帯方郡まで輸送するのも大変な難事業だったはずです。

また、伊都国は3つの外港を持ち、北部九州連合の交易と経済の中心地でもありました。「千余戸」の小国に、3つも外港があるでしょうか。

私は4〜5回、かつての伊都国があった糸島市周辺を訪ねました。一般に伊都国は糸島平野の中にあった国という印象ですが、実際は糸島市内のJR筑肥線・筑前深江駅から福岡市西区の今宿駅まで、東西15キロ以上にわたる広大な国なのです。ちなみに、奴国の領域とされる福岡市博多区のJR博多駅から筑紫野市の二日市駅までが15キロ弱で、国の面積でも奴国と遜色ありません。筑肥線の車窓から見える風景は、弥生時代の農地に適した田園が広がり、板付遺跡などに匹敵する穀倉地帯を形成していたと想像されます。

これらのことから総合的に判断すれば、伊都国は千余戸ではなく、「万余戸」の大国であることが歴然としています。魏志倭人伝を書く際、陳寿が参考にしたともいわれる『魏略』逸文には「万余戸」と書かれており、「千余戸」は編纂時の書き間違いか、後世の誤写でしょう。魏志倭人伝の記述を書き変えないのが「基本中の基本」とする方々は反論されるでしょうが、伊都国の戸数「千余戸」は、あまりにも実体と乖離しています。

ここで伊都国の戸数を「一万戸」とすると、孫氏が「邪馬台国は、倭の30カ国の連合で総戸数7万戸」と書かれていることに疑問が生じます。対馬国から奴国まで6カ国の総戸数が3万9千戸になり、残り24カ国の総計が3万1千戸になります。一支国が3千戸で末盧国が4千戸なのに、24カ国の平均戸数は千余戸で、「30カ国で総戸数7万戸」では戸数が足りない気がしてなりません。

不弥国も「千余戸」ながら、わざわざ陳寿が記載した国です。私は、御笠川の東一帯に広がる広大な平野を有した国であろうと思います。ここにはそれ相応の国がないと、奴国とのバランスがとれません。ここに強国があったからこそ、奴国は御笠川の東に領土を保有できなかったと思います。不弥国の外港とみられる福岡市東区の多々良込田《たたらこめだ》遺跡からは、舶載の出土品も多数見つかっています。筑紫平野から博多湾に出る場合、古代には御笠川を使っていたとも言います。不弥《ふみ》という国名から、発音が類似する糟屋郡宇美《うみ》町あたりに都があったと推定されます。多々良込田遺跡から宇美町までは15キロ以上あります。不弥国も、実際は千余戸でなく、万余戸であったとも考えられます。

不弥国の所在地を福岡市の御笠川以東の地と想定するなら、倭国大乱の時、奴国の隣に位置した国になります。わずか千戸の小国であれば、大国の奴国に滅ぼされたでしょう。実際に、奴国の西側にあったと推定されている「サワラ（早良）国」は奴国に吸収、併合されています。

また、魏志倭人伝には直接出てきませんが、福岡県の朝倉市甘木や盆地の飯塚市周辺、佐賀県の吉野ヶ里遺跡周辺などは、地形や遺跡の発見状況などから5千～1万戸程度の国々があった可能性が高いと思います。「倭国大乱」は何十年にも及んだわけで、千余戸程度の小国ばかりだったとすれば、戦乱はそれほど長くは続かなかったと思います。歴史的に見て北部九州30ヵ国の総戸数は、7万戸では少な過ぎます。魏志倭人伝には誤記があり、孫氏の「30ヵ国の総戸数7万」という解釈は間違っていると思います。

（その4）孫栄健氏の著著『邪馬台国の全解決』を読んだときの第一印象でも書きましたが、奴国を「倭国の極南」と解釈すると邪馬台国連合の国々の位置関係が極めて限定的になってきます。一般的に、春日市の須玖岡本遺跡を都とする奴国の南の境界は、那珂川と御笠川の水源地のあたりで、福岡県の那珂川市や筑紫野市と佐賀県の県境付近です。また、東は筑紫野市から飯塚市へ向かう国道200号線あたりになります。そうすると、吉野ヶ里遺跡（佐賀県神埼市・吉野ヶ里町）や平塚川添遺跡（福岡県朝倉市）は邪馬台国連合の領域から外れ、その南に位置する狗奴国の領土ということになってしまいます。つまり魏志倭人伝に記載された狗奴国は、筑後川を突破し有明海北岸に上陸して佐賀平野や筑後平野を蹂躙しているかの如き地勢となります。もしこれが事実なら、邪馬台国連合に勝ち目はなく、狗奴国に滅ぼされてしまったでしょう。それ故（これは孫氏の説ではありませんが）朝倉市甘木付近にあった邪馬台国が、狗奴国に追われて大分県の日田市や宇佐市付近に都を移したと考える方々が多くおられるのでしょう。

しかし、吉野ヶ里遺跡や平塚川添遺跡が狗奴国によって壊滅したという形跡は、遺跡調査からは窺えません。また、狗奴国が卑弥呼の邪馬台国連合に勝利して北部九州各国を統一したという情報も、魏志倭人伝には見当たりません。狗奴国についてはその後の情報が無く、逆に女王国については卑弥呼の後継者で宗女（親族）に当たる台与が西暦266年、西晋に朝貢したことを示す史書の記録があります。後ほど詳しく述べますが、平塚川添遺跡付近で暮らしていた人々が大挙して大和に移動し、大和政権樹立に関わったように見受けられます。卑弥呼の北部九州連合と狗奴国の戦いは、卑弥呼か台与が勝利したように思えます。私は、奴国が「極南」であったとしたら想定できない歴史が、これ以後に展開したと感じています。一般的に考えれば、奴国の「極南説」はあり得ません。

しかしながらこれは、北部九州の地形を熟知し、奴国の南の境界線を推定できるわれわれ現代人が検証した結果です。それに対し魏志倭人伝の記述は、帯方郡使の梯儁や張政が帰国後どのように報告し、それを陳寿がどのように解釈して書き入れたかという結果です。けれども「奴国＝極南」説について言えば、孫氏が北部九州の地形や後々の歴史まで検証して導き出した結論なのか、私には甚だ疑問であるように思えます。

（その5）前項で私は、奴国を「極南」と仮定すると、佐賀平野や筑後平野が狗奴国に占領されてしまい、後々の歴史が成り立たなくなると断言しました。それ故、「佐賀・筑後両平野に位置する諸国は、狗奴国の領土ではなく北部九州連合国を構成するクニグニである」ということを前提にして考えると、孫氏の説にまた新たな疑問が湧いて来ました。私は、北部九州連合国である邪馬台国は、対馬から壱岐、玄界灘沿岸、佐賀平野、筑紫平野、遠賀川流域、行橋市一帯あたりまでの国家群であると推察します。帯方郡からの距離は対馬まで8千里、伊都国までは1万500里、福岡県行橋市あたりまでは1万5千里前後と推測され、各国への距離は大きく異なっています。しかし魏志倭人伝は、帯方郡から邪馬台国までの距離を「水行十日（または）陸行一月」と、まるで単一の国へ行くかのような距離（所要日数）表記をしています。この疑問に、孫氏の説を支持する方々は「もちろん女王国である奴国までの距離である」と答えられるでしょう。しかしそれならば、「郡より水行十日陸行一月」で到着する国は奴国か女王国と明記すべきで、広大なクニグニの領域を有する「邪馬台国」を唐突に記述する必要はないと思います。却って人々を惑わすばかりで、何か別の意図があるということも感じられません。これも「春秋の筆法」でしょうか。何のための筆法なのでしょうか。

次に、投馬（つま・とうま）国についてです。孫氏は「南、投馬国に至る。水行二十日」という倭人伝の記述をもとに、薩摩半島あたりにあった「数十ヵ国の連合国家」とされています。薩摩地方に「五万余戸」という戸数は、いささか無理ではないかとの印象を受けますが、ここでは問題にしません。しかし、倭人伝で投馬国が記述されている箇所に関連して孫氏説には異議があります。

孫氏の解釈に従えば、投馬国は不弥国の後ではなく狗奴国の後に記載されるべきだと思います。投馬国については王の名も無く、不弥国までの国々と同じく長官と次官の名前が記されています。まるで、邪馬台国を構成する単一の国のような記述です。また倭人伝は、不弥国より先の国は「遠く隔たりがあり、国名しか知り得ない」と書いているのに、帯方郡から「水行二十日」を要する遠い投馬国については方位、戸数、長官・次官名などが明記されています。私には、孫氏の説が理解できません。

そもそも、陳寿は何故に投馬国を記載したのでしょう。邪馬台国が畿内であるならば、投馬国は途中にある大きな国ということで納得できます。しかし九州説で考えると、この国を記載した意味がわかりません。同じ倭種ながら邪馬台国とは異なる国なので、「邪馬台国を大きく見せるため」という解釈は該当しないと思います。私は、邪馬台国畿内説にとっては狗奴国の位置が、また九州説にとっては投馬国を記載した理由が、両説の最大の問題点であると思っています。しかし孫氏の説によれば、投馬国は倭人伝の中でほとんど記載された意味すらないような国という印象で、問題意識を欠いていると思います。

また孫氏は、邪馬台国へ至る「水行十日（または）陸行一月」は、露布の原理で軍隊が移動する距離を表していると唱えておられます。この日数は帯方郡より奴国までの1万2千里を指し、互いが連動していると強調されています。私は当初、日数表記と里数がピッタリ合ったという孫氏の説に驚きました。しかしその後、邪馬台国までの行程には「水行十日陸行一月」とあるのに、投馬国へは水行の日数の記述しかないことが不自然に思えてきました。投馬国へ「水行二十日」の行程なら邪馬台国と同じく「水行二十日陸行二月」

と表記すべきではないかと考えたのです。何故、投馬国については水行と陸行を連動させなかったのでしょうか。この両国の表記の違いを重視すると、私は邪馬台国までの日数記事と里数が合致したと強調されている点についても疑いたくなります。

なお、私は「春秋の筆法」と「露布の原理」をごちゃまぜにして使っていた面がありました。この場を借りて、ご指摘をいただいた古川悟氏に感謝申し上げます。

（その6）倭人伝は一大率について「中国の刺史のようである」と書いています。刺史について調べてみると、「前漢の時代にできた地方官の名称。魏や晋の時代には兵権を掌握して軍閥化するものも現れた」とあります。これを読む限り、かなり強力な軍事組織が伊都国に存在したように思えます。一大率は30カ国を検察し、諸国が恐れていたと書いてあります。その一大率の長官は一体誰でしょうか。女王か、男弟か、難升米か、それとも伊都国の王なのか…。難升米は、長官かどうかは別にして、一大率の中心メンバーなのでしょうか。私は一大率について、女王は直接の命令系統には入らず、男弟がトップに君臨していた可能性が高い気がします。

伊都国の「世有王（世々、王有り）」という記述は、当時で言えば現在形でしょうか、過去形でしょうか。もし現在進行形なら、伊都国王が一大率のトップであった可能性も十分あります。ただし、伊都国に王が存在していたとすれば、女王との関係について理解に苦しみます。合意の上で女王を共立した以上、男王が退いたあとの30カ国との関係は、互いに平等でなければなりません。それとも伊都国だけ特別扱いなのでしょうか。私の基本的な考えは、卑弥呼の時代に伊都国王は存在し得ないとの立場です。しかし、卑弥呼共立の前に男弟が伊都国の長官であったとしたら、宮殿がある伊都国を「特別国」とし、男弟を伊都国王に任命して一大率を兼務させた可能性も否定はしません。

一大率は何人ぐらいの構成だったのでしょうか。千戸や2千戸の小国なら簡単に滅ぼすことができるぐらいの軍事組織を持っていたのか。軍隊は、どこの国の人間で構成されたのか。30ヵ国から戸数に合わせて徴兵されたのか、それとも女王国の兵が大半を占めたのか。軍の編成は、筑後平野や佐賀平野の連合軍か、女王国と伊都国の連合軍か…。

いずれにせよ、魏志倭人伝に反映された魏使の報告からは、一大率が軍事力を背景に諸国を震え上がらせていた「恐怖政治」の姿が浮かび上がります。しかし、魏使にはそう見えたかも知れませんが、私には強権的な政治をしていたとは思えません。卑弥呼は大乱のあと、合議の上で共立された女王です。一大率は上から目線で各国の長官・次官に対処するのではなく、各国の意見や要望を吸い上げることを目指したと思います。

男弟は、女王国の経済力をバックに間者を雇い、独自の諜報活動をしていたと思います。一大率と男弟の諜報組織の活動は連動していない気がします。

（その7）倭人伝の「自女王国以北　特置一大率　検察諸国」の文章ですが、孫氏のように女王国を奴国とすると、一大率は里数が記載されている6ヵ国だけを検察し、他の21ヵ国は検察の対象としないのでしょうか。奴国を女王国とするのではなく、奴国から南へ千4百里行った所に女王国があると想定すれば、一大率は30ヵ国全てを検察して回れる組織になります。漢文をそのまま読めば、奴国を女王国とすると、一大率の検察対象は6ヵ国のみのように見えます。孫氏が想定した邪馬台国、つまり北部九州にある連合国家は、30ヵ国の合意で卑弥呼を女王に共立したので、6ヵ国だけを特別な国として区別するというのは腑に落ちません。特別の検察を受けるのであれば、それに見合う特別なアドバンテージがありそうですが、倭人伝からその様子は窺えません。6ヵ国のみが厳しい検察を受けるとしたら、大乱が再発しそうです。倭人伝にある「特」の文字が気になります。

（その8）孫氏の説に従い、女王国である奴国が倭国の「極南」で、都を福岡県春日市の須玖岡本遺跡あたりとすると、その北方には玄界灘が広がっています。一体どこに21ヵ国が存在しているのでしょうか。ここでは「極南」という地理的位置が問題なので、孫氏も21ヵ国の国々の想定地を部分的にでも提示すべきです。それがないので、21ヵ国は玄界灘にかつてあった島々で、今では埋没してしまったかのような奇妙な展開に陥るのです。それらの候補地を示さず、これからの発見に期待するというのは、あまりにいい加減で無責任です。著書のタイトルは「魏志倭人伝の全解決」ではなく、「邪馬台国の全解決」なのですから。

（その9）孫氏は奴国の「極南」に続き、狗奴国についても范曄の後漢書の説を取り上げ、九州の地形を無視した説を展開されています。孫氏は、北部九州に邪馬台国、南九州には投馬国という二つの連合国家があったとしています。その間に挟まれた中九州を治める国が瀬戸内海に進出し、東九州の海岸から50キロ先あたりに狗奴国が連合国家を作っていたとしています。地図を広げると伊予か周防の国々になるでしょうが、そんな連合国家は古代に存在できないでしょう。九州を統一していた国なら中国・四国地方に進出する可能性もありますが、敵対する北部九州と南九州の両国に挟まれた狗奴国が四国に進出したとすれば、険しい九州山脈を越えて往来しなくてはならず、現実には不可能です。

過日、大分県竹田市に行き、滝廉太郎の歌で有名な難攻不落の岡城に登ってきました。岡城周辺は平野が少なく、山と谷と川に囲まれた堅固な城です。仮に狗奴国を現在の熊本県とすると、瀬戸内海に進出するには竹田市を通って大分市に出るか、宮崎県の高千穂町から延岡市に出るかの二者択一になります。どちらのルートも、弥生時代には簡単に往来できる地形とは思えません。魏志倭人伝にも「（聞いた話によると）女王国の東の海を渡って千里のところに、また倭人の国がある」という伝聞情報を書いているだけで、「東の海」

の方角に狗奴国はまったく出てきません。

（その10）最後に、孫氏が不弥国を福岡市西区の周船寺《すせんじ》、卑弥呼の宮殿を糸島市の高祖山《たかす》に想定されたことを検証します。通説では、奴国は福岡県春日市の須玖岡本遺跡周辺を都にしていた国です。須玖岡本遺跡は奴国王墓がある国指定の史跡で、周辺に密集する遺跡群や発見された豊富な出土品も含め、ここ以外に奴国の都は考えられません。孫氏も、須玖岡本遺跡の重要性は認め、考古学的にはこの一帯が奴国の中心とされてきたと著書に書いています。

ところが孫氏は、末盧国・伊都国・奴国は連続的に隣接し「国間距離はゼロ」であるとして、糸島市にある高祖山を奴国＝女王国の中心、すなわち「卑弥呼の宮殿の所在地」に設定しています。

しかし卑弥呼の宮殿を伊都国内に設定し、何の注釈もなく、そこを奴国＝女王国の都としてよいものでしょうか。これも「筆法」なのでしょうか。どれもこれも「筆法」による説明のように思えます。

私は過日、高祖山を訪ねました。ここには、白村江の戦いに敗れた天智天皇が、大宰府防衛のため吉備真備に命じて築いた山城（怡土城）があります。防御のための山城なので、山は傾斜が険しく宮殿を造営するようなスペースはないというのが私の印象です。場所は伊都国と奴国の国境付近ですが、奴国から直接この山城を目指すには、２つか３つの山を越えなければなりません。須玖岡本遺跡から、ここを目指すなら、30キロぐらい歩いて奴国と伊都国の国境付近に位置する日向《ひなた》峠を越え、伊都国の都とされる三雲《みくも》・井原《いわら》遺跡の傍を通るしかありません。船であれば、博多湾の奴国の港から伊都国の今宿五郎江の港を通り、周船寺の港に上陸して高祖山に向かうことは可能です。しかし、環濠で囲まれ、兵士が常時駐留していたとされる伊都国の海の要衝である今宿五郎江の港を通過しなければなりません。奴国と伊都国が良好な関係なら問題ないのですが、万一関係が悪化したら奴国は宮殿に行くことさえ困難になります。全く理にかなわない高祖山に、女王国連合の宮殿を築くはずがありません。仮に奴国が女王国だとすれば、宮殿は奴国の領土内に造営するはずです。もし伊都国との関係を重視するなら、国境地帯の早良平野あたりに築けば良いでしょう。高祖山に宮殿を築くことが無理なのは、子供でも分かりそうなことだと私は思います。

次に、不弥国についてです。孫氏は榎一雄氏の放射説を採用して「奴国から東へ百里」の不弥国を福岡市西区の周船寺《すせんじ》付近に設定しています。ここは大宰府の出先機関である「主船司」の港が置かれた場所で、孫氏は一大率の津＝不弥国ではなかったかと推定しています。しかし、孫氏は大きな勘違いをして、周船寺付近を不弥国と想定されたと思います。それは「弥生時代後期、伊都国の怡土平野と、その北に位置する糸島半島の間には海峡のような糸島水道があり、唐津付近から博多湾まで北側の玄界灘を通らずに水行できた」という誤った認識があったからだと思います。

弥生時代の糸島半島は、2つの湾が東西から入り込んだ地形でしたが、その中央部は陸橋のような地形でつながっていました。周船寺は糸島半島の東側から、すなわち博多湾方面から入り込んだ湾の奥に位置しています。東側の湾口付近には伊都国の今宿五郎江の港があり、外洋から来た大きな船はここで小さい船に乗り換えて周船寺に向ったようです。大陸からの大型船は、西側の湾口に位置する御床松原の港に到着し、小型船に乗り換えて現在のJR波多江《はたえ》駅付近に上陸したと考えられます。仮に、高祖山に女王の宮殿があったと想定しても、魏の使節は御床松原に上陸して波多江駅付近から高祖山に向かったはずで、周船寺に上陸することは考えられません。

孫氏は、現地調査を行われなかったのでしょうか。地元で調査すれば、弥生時代の糸島半島が東西から湾が入り込んだ地形で、中央は陸地で繋がっていたことが簡単に分かったはずです。現地調査をせずに、不弥国を周船寺付近、高祖山を女王の宮殿に設定して書いたとすれば、やはり問題です。周船寺の東にある今宿五郎江の港が伊都国の領域にあったことは考古学的調査でも明らかで、その西側に位置する周船寺がなぜ不弥国になるのか、私には不思議でなりません。

孫氏が、周船寺が不弥国で、高祖山を奴国（女王の宮殿）と設定されたのは、念頭に「露布の原理」があったからでしょう。これに基づく邪馬台国論は、今まで知られていないので、孫氏が力説したいという思いが伝わってきます。しかし孫氏が、伊都国の都とした平原遺跡付近から奴国までと、奴国から不弥国までは、それぞれ百里と魏志倭人伝に書かれています。「露布の原理」に基づき、実数の十分の一で計算すると4・35キロしかありません。平原遺跡の平原1号墓付近から奴国との国境である日向峠までは約5キロあり、たどり着けません。周船寺には行けますが、今宿五郎江の港までは行けません。つまり、露布の原理で計算した倭人伝の百里（＝4・35キロ）というのは、伊都国の領域から抜け出せない距離なのです。露布の原理で押し通すための苦肉の策が周船寺＝不弥国、高祖山＝奴国（女王の宮殿）という設定でしょう。露布の原理を優先するあまり、伊都国、奴国、不弥国の地形や歴史を全く無視した、本末転倒の解釈であると思います。

以上述べてきたように、露布の原理は全く信用できなくなりました。孫氏の説に、ますます疑問がわいてきました。そもそも魏志倭人伝は、倭（日本）人のために書かれた書物ではありません。漢文が読めない私が言うのもおこがましいですが、中国の正史は史実に忠実であると、世界から高い評価を得ている書物です。「筆法」という事実を覆い隠すためのレトリックは、政権交代や軍事機密など以外には、あまり使われていないとも聞きます。東夷である倭国の小国の小さな事柄に、筆法などを使う意味があるのでしょうか。孫氏は、范曄と房玄齢が後漢書や晋書などに記した内容と、「春秋の筆法」や「露布の原理」にこだわりすぎて、日本の地形や歴史を疎かにしているように思えてなりません。

しかし、魏志倭人伝の解釈を詳細かつ克明に記した『邪馬台国の全解決』からは、魏志倭人伝の全容について多くを学ばせて頂きました。孫氏の解釈が北部九州の地形や歴史に符合していないので批判させて貰いましたが、ここで多くを学んだことで、私の脳裏には魏志倭人伝に託した陳寿の思惑や古代中国の歴史の真相が少し見えてきました。「検証」がどこまで出来たか少々不安ですが、これをベースに女王国連合と邪馬台国の実像などを探求したいと思います。

二　卑弥呼の宮殿はどこか

ここでは「卑弥呼の宮殿は何処にあったのか」というテーマで考えて行きます。私は過去に、卑弥呼の宮殿の所在地について詳細に書かれた本に出会ったことがありませんでした。このため、私独自の視点で推理してみたいと思います。

宮殿の場所は、それほど難しく考える必要はないと思います。なぜなら、私の考えでは魏の使節は伊都国までしか行っていないからです。魏志倭人伝には、対馬国から順番に一支国、末盧国、伊都国、奴国、不弥国、投馬国、邪馬台国と書かれていますが、伊都国以外の国に到着したときは「〇〇国に至る」と表記しています。邪馬台国も「至る」です。しかし伊都国だけは「到る」の字が使われています。また、先に榎一雄説で説明したように、伊都国までと伊都国から先では距離や方位、所要日数など行程の表記の仕方が異なっています。榎説によると伊都国までは直進的で、伊都国から先は放射式に読むことになります。それらのことから、魏の使節は伊都国までしか行っていないと推察されます。

伊都国だけ「到る」という字が使われているのは誤字ではなく、最終目的地なので意図的に使用したと考えます。私は、魏志倭人伝には誤字や誤記があるという前提で検証しています。ただ、倭国において「到」の使用は伊都国だけですが、釜山付近が比定地とされている狗邪韓国は伊都国と同じく「到」の文字が使われています。「魏の使節団は朝鮮半島と倭国の最終目的地に『到る』を使い、他の国々には『至る』の文字を使った」と考えれば、伊都国の「到る」は誤字では無いと考察します。

ここからは、私の想像をもとにした推理です。魏の使節である梯儁一行は、伊都国の外港である御床松原遺跡の港に到着。上陸したあと、大陸から来日した要人が宿泊する迎賓館のような施設に入ります。そして一大率が公務を行う公館で出迎えを受け、一通りの手続きを経て卑弥呼の宮殿に向かったと思います。

私は、奴国や不弥国の首長が、梯儁を「サワラ（早良）国」（現在の福岡市西部にあったとされる国）あたりで私的に接待した可能性も高いと思います。伊都国から奴国までは百里ぐらいなので、梯儁は私的に両国を訪問したかも知れません。それ故に、倭人伝に国名などを記載した感じがします。公式訪問していない国については詳細に書くことを避け、倭人から聞いた国名や里程、戸数などだけを記したのではないかと思います。公式訪問して会う人物は伊都国にいて、伊都国で公式の歓迎行事や皇帝からの詔書伝達などの式典が行われたはずです。

伊都国には、倭と帯方郡や朝鮮半島の国々との外交や貢ぎ物、返礼品等の管理を取り仕切る一大率も常駐しています。宮殿は、一大率が常駐する館から、それほど遠くない所にあったと思われます。宮殿までの距離が遠いと、一大率が検閲を終えた後も危険が及ぶ可能性があり、貢ぎ物等を運ぶ兵士は大変です。一大率が置かれた場所から、遠くても2～3キロぐらいの所に宮殿があったはずです。これらの条件を総合すると、宮殿は怡土平野の中にあったはずです。

もし卑弥呼の宮殿が畿内にあったとしたら、一大率が検閲した皇帝からの下賜品を、瀬戸内海を通って畿内大和まで持って行くのでしょうか。瀬戸内海は潮の流れが激しい難所が多く、海賊もいたことでしょう。仮に女王の都が機内であったとしても、女王は常に伊都国に居なければなりません。伊都国の隣の奴国が、「女王が都とする所」であれば、話は別かもしれません。しかし女王の都が、一大率がいる場所から20キロも30キロも離れていると、対外業務に支障をきたします。これらのことから、女王の宮殿は伊都国に造営されたはずです。

次に、卑弥呼の墓は一体どこにあるのかという問題です。宮殿が糸島平野の何処かにあるのですから、墓もこの平野の何処かにある可能性が高いと思います。私は、平原遺跡の平原1号墓が卑弥呼の墓だろうと考えています。このお墓の出土品は鏡や装飾品が多く、被葬者は女性と言われています。副葬品は2世紀末ごろ、中国で流行した耳璫《じとう》（＝ピアスのような耳飾り）や多種多様な玉類など、中国の貴婦人たちが身に着けていた品々が多いそうです。例えば、帯方郡を支配していた公孫淵あたりが、卑弥呼の朝貢に対する返礼品として送った品と考えても問題はないと思います。この墓に副葬された玉類の中には、地中海に起源を持ち、シルクロードを通ってもたらされた「連玉《れんだま》」と呼ばれる国内に類例がないガラス製品が有ります。魏がこれを贈ったとしたら、卑弥呼以外に誰か考えられるでしょうか。

　またこの墓には、弥生時代では国内最多となる四十面もの銅鏡が、ばらばらに破砕して副葬されていました。被葬者が強力な霊力を持っていたため、埋葬した人々は死後の世界から復活するのを恐れて銅鏡を割り、霊力を封印したように見えます。時代も一致し、多くの条件を満たしているので、ここが卑弥呼の墓だと思います。

　宮殿は、糸島平野の何処かにあったと確信しますが、それを実証できる遺跡は未だ発見されていません。私は、卑弥呼の墓とされる平原1号墓の南に位置する、曽根丘陵が有力候補だと思います。ここは「卑弥呼の墓」に隣接し

割れた銅鏡

卑弥呼の墓と思われる平原遺跡の平原１号墓

ており、河岸段丘で川辺より10メートルほど高い台地が形成されています。女王に仕える千人の巫女や奴婢、警護の兵士たちが暮らす大きな宮殿を建てるのに、十分な広さがあります。伊都国の都とされる三雲・井原遺跡とは、1～2キロの適度な距離で、伊都国の都と北部九州連合の都（女王の都）がそれぞれの機能と役割を発揮するのにも、良好な位置関係にあると言えます。

また、この丘陵は伊都国の外港で、大陸からの船が来航する御床松原遺跡の近くから、雷山川を上った地点にあります。私は、この雷山川沿いのどこかに、一大率が活動する館や大陸からの要人が宿泊する迎賓館的な施設があったと思っています。

しかし曽根丘陵は墓が多く、伊都国歴史博物館に聞いても、卑弥呼の宮殿の存在を窺わせる遺跡や遺物は発見されていないと言われました。周辺には既に多くの住宅が建っており、大きな開発計画でもない限り、調査は困難です。遺跡発見は容易ではありませんが、今後、何らかの大発見があることを期待します。

三　女王国はどこか

◆「女王国」は5回登場

次のテーマは、女王国の所在地です。邪馬台国を探すのがこの本の第一の目的ですが、魏志倭人伝に「邪馬台国」は1回しか出てきません。「南、邪馬台国に至る。女王が都する所…七万余戸可《ばか》り」という、この1カ所のみです。

この後に記載されている「其の国、本《も》と亦《ま》た男子を以って王と為し」というくだりの「其の国」は、倭国か邪馬台国か判断が分かれる箇所です。「其の国」を女王連合国と考えれば、「邪馬台国」という国名は約2千文字の魏志倭人伝に1回しか出てきません。しかし、邪馬台国と同義語と思われる「女王国」は5回出てきます。先ずは、1回しか出て来ない邪馬台国を探すより、5回出てくる「女王国」について検証して行くことにします。そこで魏志倭人伝に記載された「女王国」関連の文章をピックアップしてみました。

①伊都国は代々王がいたが、今は女王国に服属している。

②女王国より北の諸国は、その戸数と道里をほぼ記載できるが、その他の周辺の国々は遠く隔たっていて詳しく知ることが出来ない。

③（21の国々を列挙し）、次に奴国がある。女王が支配する領域の境界が尽きるところである。その南に狗奴国がある。男子を王として女王国には服属していない。帯方郡より女王国までは総計1万2千里余りである。

④女王国より北には特に一大率を置いて諸国を検察させている。諸国はこれを畏れ憚っている。一大率は常に伊都国に置かれている。

⑤女王国より東、海を渡ること千余里でまた国々がある。皆、倭種である。

以上の5カ所です。前章で「卑弥呼の宮殿は伊都国にある」と書きました。しかし、①の文章では「伊都国は代々王がいたが、今は女王国に属している」と書いています。従って、伊都国は女王国ではありません。原文は「世有王皆統属女王国」です。私が持っている資料では、「世有王」の訳を「伊都国には代々王がいたが」と過去形にしていますが、卑弥呼を共立した後も王が存在したと訳している本もあるようです。

歴史的に見れば、伊都国に王が存在すること自体が不自然で、伊都国にだけ王がいたら卑弥呼を共立した意味がなくなると思います。しかし「世有王」は現在形として読めるそうで、そうなると伊都国は30カ国の中で特別な国になります。

次に②の内容を検証します。既に解説したように、現在の福岡市から太宰府市あたりまでが奴国なので、その南に位置する筑後平野や佐賀平野の中に女王国の候補地を求めることが出来ます。吉野ヶ里遺跡や平塚川添遺跡に該当する国が、女王国の第一候補となります。

「魏志倭人伝」の項の繰り返しになりますが、投馬国から南に船で10日航行し、到着後1ヵ月歩いたところに邪馬台国が在るとされています。現代の地図に当てはめると、台湾辺りになるでしょうか。水行10日だけなら奄美大島や沖縄本島の方が距離的に合っていると思いますが、陸行（歩いて）で1ヵ月も行く場所がありません。台湾の基隆あたりに上陸して、1ヵ月歩くと高雄あたりが邪馬台国ということになります。

魏志倭人伝の別の項で「帯方郡からの距離を計算すると、倭国は会稽（郡）東治（縣）の東になる」と書いてあります、まさに台湾が位置的にピッタリです。魏にとって倭国が台湾か台湾の東海上なら、最大のライバルである呉に脅威を与える事が出来るので、陳寿は会稽・東治の東海上にある場所を想定して書いたかも知れません。

しかし現実には、邪馬台国は台湾にも沖縄本島にも奄美大島にも存在しないと思います。これらの地域を邪馬台国と推定されている方々には恐縮ですが、非現実的です。観光や地域おこしに活用するのは差し支えないと思いますが、歴史的観点からはあり得ない地域です。史書を信じる限り、邪馬台国は実際に存在した国なので、歴史があります。倭国大乱があって卑弥呼が共立され、都を置いた所です。卑弥呼の時代の西暦240年に帯方郡から郡使の梯儁が来訪し、247年には同じく張政が訪れています。かれらは現在の福岡県糸島市にあった伊都国を訪れ、卑弥呼に会ったはずです。

卑弥呼が亡くなると、彼女の親戚筋にあたる台与が女王になり、「女王連合国」を引き継ぎました。張政はその後も、しばらく倭国に滞在したようです。

卑弥呼が女王になって間もないころ、大和の纏向には「政治都市」が出現しました。ここで誕生した前方後円墳という墳形は、大和政権の勢力拡大とともに全国に広がって行きます。台与の時代からほぼ1世紀のうちに、九州から東北地方までが、大和政権の支配下に組み込まれて行きました。そう考えると、投馬国と邪馬台国、女王国の所在地は絞られそうです。

◆狗奴国の都は方保田東原遺跡

次に③の検証です。ここには重要なポイントが2つあります。▽女王国までの距離は帯方郡から1万2千里余りである▽国名だけが書かれている女王国に属する21カ国のうち、境界に位置するのが奴国で、その南に女王連合国に属さない狗奴国がある―の2点です。

　この奴国は、戸数「二万余戸」の奴国ではなく、筑後川北岸に位置する国と思われます。

　連合国の南端にある奴国の、さらに南に位置するのが狗奴国です。狗奴国については、現在の熊本県一帯を支配していた国とするのが最も一般的な解釈です。熊本県には球磨《くま》と呼ぶ地域があり、クナとクマは語感が似ています。また男王の名は狗古智卑狗（クコチヒク）で、菊池という地元の地名や後代の菊池彦《きくちひこ》を連想させます。熊本県山鹿市の菊池川沿いには、狗奴国の都ではないかと注目される方保田東原《かとうだひがしばる》遺跡があります。山鹿市の中心街から菊池川を上流方向に2～3キロ進んだ地点で、菊池川とその支流である方保田川に挟まれた台地の上にあります。

　この2つの川の合流点を頂点とする二等辺三角形を想像してみて下さい。頂点から伸びる二辺は菊池川と方保田川に沿っており、川と台地の

方保田東原遺跡

間は河岸段丘で5～10メートルの高低差があり、崖になっています。三角形の底辺に当たる直線には環濠が掘られています、弥生時代の遺跡の防衛能力としては第一級であったと考えられます。西暦100～300年ごろ（弥生時代後期から古墳時代前期）に最も栄えた遺跡だそうで、卑弥呼の時代と一致します。昭和60年に国の史跡になり、平成18年には追加指定で指定面積が約11ヘクタールに拡大しました。出土品も952点が重要文化財に指定されています。

出土品では、多数の鉄器と鉄器製作関連の遺物が注目を集めています。鉄器は、重要文化財以外も含めると合計647点出土しているそうです。鉄は朝鮮半島からではないそうで、江南の呉国との交易が盛んに行われていたことが証明されています。邪馬台国時代の山鹿市の位置、遺跡の規模や出土品、防衛能力などからみて、私は方保田東原遺跡こそ倭人伝に登場する狗奴国の都であろうと確信しました。雑誌『季刊　邪馬台国』（梓書院）139号の狗奴国特集によると、菊池川の上流では、うてな遺跡と小野崎遺跡、河口では外港とみられる大きな集落跡が発見されているそうです。菊池川流域こそが狗奴国の中心地であったと、いよいよ確信を深めました。

方保田東原遺跡はまだ知名度が低く、私も２０２１年秋に初めて訪れました。本で読んだ遺跡の場所がうろ覚えで、山鹿市役所を訪ねて確認しました。邪馬台国に興味がある方は是非一度、訪問をお勧めします。きっと「ここが狗奴国の都だ」と実感されるでしょう。

というわけで、私は狗奴国の都を熊本県山鹿市とし、薩摩や国東半島、瀬戸内、尾張などの候補地は否定します。このうち「尾張国《おわりのくに》」の領域には、東海地方最大の弥生時代の環濠集落である朝日遺跡（愛知県清須市・名古屋市）があります。尾張は、邪馬台国畿内説の最有力候補地とされる纒向遺跡（奈良県桜井市）に、近畿地方以外では最大の人員を送り込んでいたと推測される国です。尾張国は纒向とは良好な関係が見られ、戦争をしている状況には見えません。伊都国からははるかに遠く、卑弥呼が狗奴国の攻勢を受けて魏に支援を要請したという倭人伝の記述には合致しないと思います。尾張＝狗奴国説は、倭人伝の記述を無視しています。張政の事績が記されている箇所は梯儁の紀行文に沿った記事で、最終目的地はやはり伊都国でしょう。女王がはるか遠い伊都国にいるのに、「女王国」である畿内大和が尾張の攻撃に怯え、魏に応援を請うというシナリオは、成立しないと思います。

◆「女王国」は畿内に非ず

次に④の検証ですが、一大率は原文が「常治伊都国」となっており、伊都国に常駐しているのではなく伊都国を治めているようにも読み取れます。畿内説において伊都国は、単に30カ国の中の一国というのではなく、北部九州連合においては特別な国で、邪馬台国が直接統治している「女王国」になります。畿内にあった邪馬台国が伊都国に一大率を置いたとする設定が畿内説の根幹でしょうが、女王国を畿内に設定すると矛盾が露出します。卑弥呼が亡くなったあと再び争いが起こり、男王では収拾がつかないので、また13歳の女性を王にしました。女王が亡くなると直ぐに争いが勃発したので、一国による絶対的な権力が確立していたようには思えません。各国は、相応の力関係で均衡しているように見えます。畿内にある大国の邪馬台国が九州の伊都国を治め、周辺各国をも傘下に置いているようには思えないのです。女王国が畿内にあるなら、戦況悪化で魏に支援を請う前に、まず畿内の各国に軍隊の増強を要請するでしょう。女王国が畿内にあるとすると、魏志倭人伝の記述は成り立ちません。

次に⑤の内容を検証します。倭人伝には「女王国の東、海を渡って千余里でまた国々があり、みな倭種である」と書かれています。魏の使節が耳にしたいくつかの国々が書いてあり、その後に「これらを含めて倭地の様子を尋ねると、海中の島々に離れ離れに住んでおり、あるいは離れ、あるいは連なり、それらの周囲は5千里ほどだろう」と書かれています。

まず「女王国の東、海を渡って千余里で」の箇所ですが、この「海」は九州説では瀬戸内海になります。女王国を佐賀平野や筑後平野に求めれば、大分県の宇佐市か中津市あたりから見える東の海です。仮に女王国が奴国とすれば、「東、海を渡って」の箇所に適合しない感じがします。筑後平野から中津へ行くのは少し大変ですが、「海を渡って千余里」は、愛媛県松山市付近か山口県光市の島田川流域あたりと考えられます。

一方、畿内説では、伊勢湾が「東の海」の第一候補とされます。現在の三重県全域を指す伊勢は女王国のグループで、倭人伝に記載されている21カ国の中の国ということになります。しかし大和から見て、愛知県の知多半島か渥美半島あたりという想定は、「千余里」では遠すぎる距離です。

次の「倭の地は…周囲5千里ほどだろう」と書かれた文章ですが、5千里は狗邪韓国から女王国までの里数と一致するので、瀬戸内海ではなく朝鮮半島から玄界灘を見た風景とする方もいます。しかし、このくだりは「聞いた話」として書かれており、対馬や壱岐を含む地域をわざわざ二度書く理由も見つかりません。「5千里」は偶然の一致で、この箇所は玄界灘の光景とは異なります。文章全体が伝聞に基づく話で、それを確認した形跡もありません。従って女王国の東にある海は伊勢湾ではなく、瀬戸内海だと思います。遠く伊勢湾まで及ぶような話が、梯儁の耳に伝わったとは思えません。

さて、長々と女王国を検証してきました。女王国と邪馬台国は同一の国か、それとも異なる国か—については次の項で触れるとして、この項では女王国のみを考えます。女王国は北部九州にあったのか、それとも畿内かという疑問には、「北部九州にあった国」と結論づけたいと思います。

帯方郡から女王国まで1万2千里で、帯方郡から伊都国までが1万5百里、奴国までが1万6百里と書かれています。私は「1万2千里」という記述を金科玉条のように主張する人間ではありませんが、魏志倭人伝にこれほど明確に書かれていたら無視することはできません。畿内説に立ち、帯方郡から1万2千里の国を大和に持って行くことは、どう考えても出来ません。女王国を、福岡県か佐賀県以外に想定することは不可能なのです。

大国である伊都国と奴国は、魏志倭人伝の記述に従えば、女王国ではないと思います。私が、「女王国は北部九州一帯、現在の福岡県と佐賀県の何処かにあった」と断定する決め手は、狗奴国の存在です。先述したように、狗奴国が熊本県山鹿市の方保田東原遺跡を都とする国とすれば、狗奴国に脅かされている女王国は伊都国の近辺にあるはずです。奴国から南に千4百里、30〜60キロぐらいの佐賀平野か筑後平野に女王国があると思います。卑弥呼が亡くなった西暦247〜248年ごろ、女王国は狗奴国軍に筑後川流域のどこかを突破されたか、あるいは佐賀平野の南海岸に上陸され、危機的状況に陥ったと推察します。

◆女王国は「甘木・朝倉」

狗奴国は、現在の熊本県にとどまらず、福岡県の筑後川以南や宮崎・鹿児島両県域の一部も領有し、魏の最大のライバルである呉とも通じて交易していたという説があります。それほど強大な国ゆえ、女王国も苦戦したのでしょうが、歴史的にみて、薩摩や日向が狗奴国の領域であったとは思えません。その理由は、第9章の「天孫降臨」の項で触れます。

ここで私は、「女王国は福岡県の甘木・朝倉地域（現在は朝倉市に編入されている旧甘木市と朝倉郡の一部）一帯にあった国である」と提起したいと思います。私は、元産能大教授の安本美典氏が邪馬台国の比定地とされた「甘木」こそ、最も女王国の条件に合致していると考えます。その理由を以下に箇条書きにします。

①女王国は、帯方郡から1万2千里。奴国が帯方郡から1万6百里なので、女王国は奴国から千4百里先に行った所にあると思います。長里や短里の違いで、実際の距離は微妙ですが、福岡市から50キロ前後の場所と考えられ、甘木・朝倉地域は想定内のエリアと思えます。

②北部九州連合では、奴国と伊都国が覇権を争っていました。魏志倭人伝に書かれている「倭国大乱」は、

鉄の分配をめぐる争いと推察します。この両国が対立していた可能性もあり、各国が連合を組むに当たり、収拾策として第三国から王を出す案が浮上したとしても不思議ではありません。

③奴国と伊都国は、青銅器生産や交易などで北部九州連合をリードしていました。しかし卑弥呼の時代になると、他の地域、特に有明海沿岸や筑後川流域で水運が発達し、佐賀平野や筑後平野が豊かな穀倉地帯として発展し始めました。これらの地域では交易も活発化し、連合内での勢力図に変化が生じた可能性が高いと思います。

④朝倉市甘木の平塚川添遺跡周辺には、未調査の遺跡が数多く眠っており、これらを含めると吉野ヶ里遺跡を凌ぐ規模であるとも言われます。甘木・朝倉を含む筑後平野は、古代に有明海が吉野ヶ里遺跡付近まで迫っていた佐賀平野より、米の生産量が数倍多いと推定されます。古代の甘木は米生産が拡大して多くの人口を抱え、豊かな農産物を背景に外交戦略を展開することが出来る国に成長して行ったと考えられます。

平塚川添遺跡

⑤平塚川添遺跡は弥生時代の遺跡には珍しく、低湿地に立地しています。近くには水害から避難できる台地があり、台地上には大規模な集落群が存在した可能性が大きいと思います。低地に集落を構えた理由は交易を重視したためと考えられ、農業に加えて商工業の隆盛も窺えます。また、筑後川との間を結ぶ運河のような水路は発見されていないようですが、吉野ヶ里遺跡の3～4倍の規模ともいわれる遺跡群全体の景観は、さぞ壮大だったことでしょう。

⑥甘木を流れる夜須《やす》川は、適度な水量を有して筑紫山地からゆっくり流れ、朝倉平野（筑後平野の北半部

で、甘木・朝倉地方の平野部の通称）を潤して筑後川と合流します。朝倉平野は弥生時代の理想郷の感があり、上流の秋月城付近には岩山も見られます。夜須川と天安河原の地名が類似しており、安本美典氏が唱えられたように「高天原」がここにあった可能性は大きいと思います。

⑦古墳時代最古の豪族居館跡の発見で話題を呼んだ大分県日田市の小迫辻原《おざこつじばる》遺跡は、平塚川添遺跡の勢力に対抗するため、大和の纒向連合が築いた「居城」であると思います。筑後平野には、奴国や伊都国などの連合本体とは別の北部九州連合の勢力があり、小迫辻原遺跡はそれを牽制するために築かれたと考えられます。現在の福岡・大分両県境付近を挟んで、女王国と纒向連合のにらみ合いがあったと推察します。

⑧安本氏の説で有名になりましたが、甘木・朝倉周辺の地名と畿内大和の地名に共通するものがかなりあります。安本氏によれば、平塚川添遺跡がある地点は、大和の橿原神宮の地点に相当するそうです。古事記によると橿原神宮は、神武天皇が九州から大和に向かい、苦難の末に初代天皇として即位した場所です。地名の一致から想像するに、甘木・朝倉地域に住んでいた有力者たちが大挙して大和の橿原神宮付近に移住したと想像されます、彼らは、地名や山々の名前を決めることが許されるような高位の人物で、政治の中枢にいたと思われます。台与の大和進出をモデルにしたのが「神武東征」とすれば、台与は大和の政治の中心に座っていたと考えられます。台与は卑弥呼の宗女で、甘木はこの二人が生まれた地であると思います。

私は、「女王国」というのは簡単に名乗れる国ではないと思います。たとえ卑弥呼のような霊力に長けた女性が存在しても、戸数が千や2千の小国では各国の王が承服せず、女王国にはなれないと思います。卑弥呼が共立されたのは、卑弥呼が生まれ育った地に、それ相応の人口と経済力が備わっているからです。

連合の運営に必要な経済的負担は、30ヵ国が分担すると思われるかも知れません。しかし、例えば奴国のような豊かな経済力を有する大国から援助を受け、宮殿建設から警護の兵士に至るまでを丸抱えで負担してもらったとしたら、本末転倒のような気がします。かえって女王の身の安全が心配です。女王はスポンサーに気を使い、思うような発言が出来なくなるでしょう。

◇　◇

ここで話がまた逸れますが、今日でもアメリカや中国に気を使い、偏った発言を繰り返して顰蹙を買う国際機関をテレビで見かけます。コロナ禍でもそんなシーンがありました。夏のオリンピックを、なぜ真夏の暑い時期に開催しなければならないか、みなさんはご存知でしたか。ジャーナリストの池上彰さんがMCを務めるTV番組を見て、私も裏の真相を知った次第です。

1964年の東京五輪は、10月10日が開会式でした。過去の東京の気象データを調べ、最も雨の確率が低い日が選ばれました。これを見る限り、当時はJOCが開会式の日程を決定しています。今回も、本来なら酷暑の夏ではなく気候が良い秋にしたかったでしょう。米国以外のオリンピック委員会もそれを望んでいたと思います。

しかし、最近の夏季五輪は真夏の開催です。理由はアメリカの放送局であるNBCが、7～8月以外ならIOCとスポンサー契約をしないからです。NBCの契約料が莫大な金額なので、IOCも世界各国も渋々従っているのです。NBCがなぜ真夏にこだわるかといえば、米国のプロバスケットボールリーグが6月まで行われ、9月からはアメリカン・プロ・フットボールリーグが始まるからです。このため、夏季五輪は7～8月に開催しないと都合が悪いのです。真夏の開催なので、暑さで倒れるマラソンランナーが続出しました。世界ランクナンバー1のテニスプレーヤーからは、「暑すぎる」とクレームも出ました。

しかし世界中の批判を浴びても、開催時期を変えたらNBCは莫大な放送権料を払わないでしょう。世界的な五輪より自国のプロスポーツリーグ優先という状況は、中国かどこかの大手メディアがNBCと同額ぐらいの放送権料を払うまで続くでしょう。世界中が感動するオリンピックも、米国の一放送局の意向に、世界中が渋々従っているというのが実情です。

◇　◇

話を「女王国」に戻します。どれほど霊力に優れた女性がいても、護衛や侍女たちにかかる膨大な経費の半分か少なくとも3割程度を負担できる経済力がないと、女王国は維持できないでしょう。卑弥呼は、長く女王として君臨しました。私は卑弥呼の秀でた霊力の根源は、男弟が各地に配した密偵の情報力だと思いますが、その費用は女王国が全て出費したでしょう。

そう考えると、北部九州連合の30ヵ国の中でこれらの条件を満たせる国、卑弥呼のような女王を擁立することが出来る国は、5つしかないと思います。それは伊都国、奴国、不弥国と、「現在の飯塚市を中心とする国」、そして「朝倉市の甘木・朝倉地域を支配する国」の5ヵ国です。

この中で奴国や伊都国、不弥国は、倭人伝が記す帯方郡からの里数が合いません。残る2つの国のうち、「飯塚市周辺」は伊都国の港を使わない「別世界」の国のような気がします。出雲や畿内に対抗するため、北部九州連合の一員としての役割を果たし、筑豊地方の国々を束ねる主要国であったと思いますが、伊都国との関係は他の4ヵ国とは異なるように感じます。もし「飯塚」が女王国であれば、宮殿を伊都国に造営するとは思えません。やはり甘木・朝倉地域が、卑弥呼や台与を輩出した「女王国の地」だと思います。

最後に奴国の可能性をもう一度否定して、女王国の検証を終わります。里数で否定した奴国を、なぜ再び引き合いに出すかといえば、この地を邪馬台国と考える方が多いからです。その方々の主張によれば「邪馬台国が奴国」なので、女王国も当然奴国ということになります。何回も登場している孫栄健氏も「女王国は奴国」としています。

先に、奴国は倭人伝の記述と「里数が合わない」と書きました。しかし、奴国＝女王国と考える人たちは、対馬と壱岐の陸地部分の距離が倭人伝に記載されていないとしてこの里数を加え、整合性をとっています。倭人伝に書かれている「帯方郡から女王国まで1万2千里」という箇所を、絶対条件としているのです。私はこれまで、里数が合わないことを理由に奴国は女王国ではないと強調してきましたが、加算した方々は里数がピッタリ合うので奴国が女王国だと言います。このままでは水掛け論なので、里数以外の条件で奴国が女王国ではないことを証明しなければなりません。

さて卑弥呼の時代、「連合」を運営する中枢は伊都国です。私の考えでは、魏の使節は伊都国までしか行っていないので、宮殿は伊都国の何処かに築かれています。一大率も伊都国に常駐しています。もし奴国が女王国ならば、宮殿を伊都国に築くでしょうか。外交使節の迎賓館や一大率の官衙を伊都国に建てるでしょうか。

卑弥呼が女王になる以前、私が奴国の王だったと仮定しましょう。卑弥呼が奴国の生まれで、彼女が合議の上で女王に共立されたとしたら、奴国王の私は宮殿を国内のどこかに造営します。官衙や迎賓館も伊都国につくると経費が倍増するので、当然奴国内です。女王の警護など安全面も考え、伊都国に宮殿は建てません。「倭国大乱」の時に、奴国は隣の「サワラ（早良）国」を併合しており、土地はいくらでも有ります。奴国は一見、青銅器やガラス工房群を抱えた「工業国」に見えますが、大きな水田地帯もあり、農工業が発展した30カ国で最強の国です。この最強の国が女王国とすれば、当然、自国の中に宮殿を築くでしょう。

しかし実際には、宮殿は伊都国に造営されました。伊都国が連合国の政治の中心だからです。ただし伊都国に宮殿を築いたのは、伊都国や奴国、不弥国ではありません。例えば不弥国は、多々良込田遺跡という外港を保有しているので、不弥国が女王国であれば宮殿を伊都国に建設する必要はないでしょう。宮殿を伊都国に築いたのは、甘木・朝倉にあった女王国です。内陸の朝倉地方にあって港を持たない女王国が、伊都国との緊密な関係を深め、宮殿や外交使節の迎賓館、一大率の役所などを伊都国に置いたと考えるのが自然です。以上のことから、奴国は女王国ではないと思います。

ただ私は当初、奴国は伊都国に宮殿を作ったかも知れないと思ったことが一点ありました。それは、船が停泊する外港のことです。奴国の中心とされる須玖遺跡群の近くには、外港とみられる遺跡が見当たりません。これに対し伊都国には、外洋を渡る船が停泊する港が３つもあります。西側から深江井牟田、御床松原、今宿五郎江の各港湾遺跡です。

戸数が「二万余戸」で８〜10万人の人口を抱え、古代のハイテク工業地帯とされる奴国に、国を代表する外港が見当たらないというのは不思議に思えました。このため私は、「奴国は、伊都国の港を活用して経済活動をしていたのかもしれない」と考えたのです。それなら、奴国が女王国で、宮殿が伊都国にあっても納得できます。しかし、春日市の奴国の丘歴史資料館などに尋ねたところ、考古学的にそれを証明する事実はないということでした。

過日、私は福岡市の海岸線を走る都市高速道路を、東から西へタクシーで走りました。都市高速からは、博多湾が一望できます。海の中道から陸続きの志賀島と湾内に浮かぶ能古島が、外洋の玄界灘と博多湾の間を遮っていました。これなら、北風や荒波をかなり食い止めてくれると感じ、博多湾は良港であると思いました。仮に湾内が遠浅でも、干潮時に砂を掘って水深を確保し、桟橋を沖合に延ばせば、それなりの港はつくれます。しかし、それよりも志賀島などに外港を作っていた可能性が高いと思います。奴国は大陸と交易をする外港を国内に築いていたことを確信し、あらためて奴国は女王国ではないと感じました。

これらの考察の結果、女王国はやはり「甘木・朝倉」にあり、玄界灘沿岸に領土がないので北部九州連合の本拠地を伊都国に置き、宮殿を築いて政治を行ったと考えるのが一番自然であると考えました。ただし、伊都国は甘木・朝倉からかなり距離があるので、伊都国より近い不弥国の外港を活用し宮殿を置いたかもしれないという疑問も浮かびます。

一方で、大陸側から来る使節にしてみれば、玄界灘に突き出た糸島半島を回って博多湾に向かうより、糸島半島の西の入り口にあって天然の良港である伊都国の外港の方が便利でしょう。女王国連合の分裂や狗奴国の侵攻など、思わぬ有事が発生した際、女王が大陸に避難する場合にも伊都国の外港を使った方が逃げやすいはずです。

以上、総合的に考えて、伊都国に女王国の宮殿を構えることが最善の選択であったと推察します。

四　邪馬台国はどこか

最後に「邪馬台国はどこか」を検証します。この本の前半を締めくくる部分で、クライマックスです。普通なら、ここで本を読み終える感じでしょうが、私は卑弥呼の時代より後の「謎の4世紀」や飛鳥時代についても書きたかったので、こんな構成になりました。

◆「修正なし」で解決は不可能

さて先述したように、魏志倭人伝に「邪馬台国」という国名は1回しか出てきません。倭の女王の使者・難升米が魏の都である洛陽まで行って皇帝に謁見したことを受け、皇帝は正始元年（西暦240年）、卑弥呼に詔書と印綬を届けるよう帯方郡の太守・弓遵に命令します。弓遵は、使者として建中校尉・梯儁を倭国に派遣しました。梯儁一行は、現在のソウル付近にあった帯方郡を出発して朝鮮半島西岸を船で南下し、あるいは東に水行して現在の釜山市周辺にあった狗邪韓国に到着します。帯方郡から約7千里の行程でした。

このあと使節団を乗せた船は外洋に漕ぎ出し、対馬国、一支《いき》国、末盧国を経て伊都国に到着します。伊都国は、現在の福岡市西区と糸島市にまたがる怡土平野です。一行は伊都国に滞在し、公式には他の国を訪問していないと思います。

倭人伝では、伊都国に続いて奴国と不弥国が書かれています。奴国は、春日市の須玖岡本遺跡附近を都とし、福岡市から太宰府市に及ぶ国です。不弥国は、福岡市東区香椎から糟屋郡宇美町まで、御笠川東岸に広がるＪＲ香椎線の沿線一帯であろうと思います。

ここまでは、大した問題はありません。不弥国の所在地は諸説ありますが、遠くても奴国から百里なので、現在の宗像市か飯塚市あたりまでにあった国だろうと思います。飯塚市には立岩堀田《たていわほった》遺跡があります。現在は丘の上に石碑が立っているだけですが、弥生時代には大きな集落遺跡があったそうです。奴国との深い関係を示す出土品もあるそうで、ここを不弥国の候補地とする研究者は、「宇美説」よりも多い気がします。特に考古学の見地から、遺跡重視の研究者に支持されていると感じます。

不弥国までの6ヵ国を経て、そこから「水行二十日」で投馬国です。そして、ここから日本の歴史上、最大の謎が始まります。その謎の解明に、私も一石を投じることができて幸せです。

以下、邪馬台国までの行程に関する魏志倭人伝の要点を列挙します。

▽不弥国の後に「南へ、投馬国に至る。水行二十日」とし、長官と次官名に続いて、戸数は「五万余戸ばかり」と書いています。

▽続いて「南へ、邪馬台国に至る、水行十日陸行一月、女王が都とする所である」とし、長官・次官名に続いて「七万余戸ばかり」があると記します。

▽更に続けて「女王国より北の諸国は、その戸数と道里をほぼ記載できるが、その他の旁国は遠く隔たっていて、詳しく知り得ない」とし、21の国名が列挙されます。

▽21ヵ国の最後に奴国が記載され、「ここまでで女王の境界はつきる」としています。「その南に狗奴国が

あり、男王がいる。長官の名は狗古智卑狗。女王国には服属していない。帯方郡から女王国までは総計1万2千余里となる」と記しています。

これらの他に、邪馬台国の位置を探索するための鍵となる記述がいくつかあります。

▽帯方郡からの道里を計算すると、倭は会稽（郡）東治（縣）＝現在の中国福建省福州市周辺＝の東にあたることになろう。

▽物産などは儋耳や朱崖（いずれも中国の海南島に置かれた郡名）と同じである。

ところで、邪馬台国の位置を探るには、編纂者である陳寿が置かれていた環境にも目配りをする必要があります。

陳寿は、中国・三国時代の蜀の国の出身。蜀は劉備玄徳や諸葛孔明が活躍した国ですが、魏に滅ぼされます。その魏も西暦265年に滅亡し、西晋が支配しました。滅ぼしたのは魏の将軍であった司馬懿の子孫です。

魏の皇帝から中国東北部と朝鮮半島の統治を任されていた公孫淵が独立して燕王を名乗り、怒った魏帝は司馬懿を派遣して討伐します。司馬懿は公孫淵の兵を自軍に取り込み、魏国随一の大将軍になりました。

そこへ朝貢してきたのが倭の女王・卑弥呼の使節です。卑弥呼は公孫淵にも朝貢していたので、淵が滅ぼされるとすかさず魏に使者を送って朝貢しました。公孫淵討滅をきっかけに朝貢してきた卑弥呼は、司馬懿の株を上げる格好の材料になったはずです。魏の都では司馬一族がお膳立てし、倭国は大国として迎えられたという気がします。中国の歴代王朝は、僻遠の地から蛮夷の国が朝貢して来ることを「吉兆」として歓迎したといわれ、魏の皇帝も大いに喜んだでしょう。使者の難升米は、皇帝から謁見も許されています。

魏が崩壊したあと、実力があった陳寿は西晋の役人に採用されましたが、本来は消滅した蜀の出身者です。西晋に恩を感じており、司馬懿の功績を讃えるために、倭国が大国であるように誇張して「三国志」を書いたと思います。

さて、以上のような事柄をもとに、検証を進めて行きます。魏志倭人伝を素直に読めば、投馬国は不弥国から船で南に20日行った所にあります。邪馬台国は、投馬国から南に船で10日進み、上陸してから1ヵ月歩いた地点にあると記されています。

両国はそれぞれ、「不弥国から船で20日」、「投馬国から船で10日と陸行1ヵ月」という長い日数をかけないと到達できない遠い国なのに、不弥国までの国々と同様に方位や距離、長官名や戸数が書いてあります。伊都国から千5百里の距離にある女王国は、奴国や不弥国から遠いので「よく分らない国」のはずです。しかし、投馬国と邪馬台国は戸数や距離等が分かっている近隣諸国の一つであるかのように書かれています。

魏の使者は、実際には邪馬台国を訪問していないので伝聞の話ですが、彼らは投馬国と邪馬台国を伊都国から見て近隣の国と思ったのでしょうか。

私は既に、「女王国は甘木・朝倉地域にあった」と結論を下しました。奴国から千4百里南に行った所です。投馬国と邪馬台国は、そこより北にあるはずですが、伊都国から船で20日以上を要する国。しかも奴国の「二万余戸」に対し、それぞれ「五万余戸」「七万余戸」もある大国です。今、改めて読み返すと、この文章をどこも修正を加えずに解釈するのは不可能のような気がします。

伊都国から千5百里行った女王国が邪馬台国と同一であるとすれば、伊都国から船で10日航行し、上陸後1ヵ月歩いた所が、私が女王国とする甘木・朝倉の平塚川添遺跡一帯と同じ場所ということになってしまいます。「魏志倭人伝の検証」の項で書いたように、伊都国から50キロぐらいの所に位置する女王国と、伊都国から合計で「水行十日、陸行一月」に位置する邪馬台国が同一の場所に存在しなければなりません。

しかし、孫栄健氏が指摘された「一日の陸行距離は40キロ」「水行一日は陸行の3倍の距離」という計算を当てはめれば、合計4800キロの所に位置する邪馬台国が女王国と同じ場所にあることになります。孫氏は「見事に解決した」と力説されていますが、邪馬台国は福岡市周辺に存在した形跡が見られず、私には矛盾だらけに思えます。問題は、倭人伝のどこを、どのように読み変えて邪馬台国にたどり着くかです。

ここに出てくる日数について、伊都国からではなく「帯方郡から計算する」という孫氏の説は新鮮でした。「女王国である甘木・朝倉まで、帯方郡から水行で10日、陸行で1カ月もかかりますか？」と聞かれたら、私は「水行は良いとしても、陸行は1カ月も必要ありません。1日で十分です」と答えます。帯方郡から伊都国まで10日航行したあと、伊都国から女王国までなら1日で何とか行けそうです。早朝に日向《ひなた》峠を越えれば夜までには甘木・朝倉へ到着できるでしょう。倭人伝の「陸行一月」の箇所を「陸行一日」に訂正すれば解決しそうです。

私は一時期、孫氏の説で解決できるかも知れないと思ったこともありました。また榎一雄氏の放射説をもとに、伊都国から西回りに長崎県の平戸島に行き、そこから南下して島原半島南端を通過し、福岡県の旧山門郡瀬高町（現・みやま市）あたりに上陸して、そこから歩いて1日で女王国に到着するというルートも考えました。私が昔から思っていた苦肉の策の行程です。しかし、方向も日数も訂正することになり、これは無理に無理を重ねた解釈です。

ここまで、いろいろな疑問と、考えられる回答を羅列してきました。そこでは「邪馬台国は女王国と同一の国なのか」「邪馬台国は北部九州にあったのか」ということを念頭に置いたつもりです。しかし、それぞれの国への距離と戸数、歴史的背景などを考えれば、「邪馬台国は北部九州にはなかった。北部九州に存在しない邪馬台国は女王国と同一とはいえない」という結論に達しました。

私は全国を旅しましたが、佐賀平野と筑後平野を合わせた筑紫平野の広さは、西日本最大であると思います。しかし、甘木・朝倉地域を含む同平野にあった卑弥呼の時代の国は、全体を合わせても戸数は1万前後であったと推測します。これでも弥生時代としては巨大な戸数ですが、筑後平野で「七万余戸」というのは無理のような気がします。この数字に固執して、邪馬台国を佐賀平野と筑後平野を合わせた筑紫平野の穀倉地帯全域に設定し、しかも女王を戴く国家とすると、「邪馬台国と30人の小人たち」みたいなことになり、連合国家を維持・継続できるか疑問です。私は、古代において、そんな不釣り合いな連合国家の存続は無理だと思います。

◆邪馬台国の女王は誰か？

ここで畿内説を、もう一度検証します。投馬国を吉備か出雲に比定して、邪馬台国を畿内大和とすれば、戸数や行程・日数は修正する必要は無さそうです。畿内説では、女王国と狗奴国の位置が問題です。魏志倭人伝の解釈によれば、女王国は「伊都国から千5百里」の場所で、奴国や不弥国の南です。女王国より北には特に一大率を置いて諸国を検察させ、一大率は常に伊都国に常駐しています。

これらのことから女王国は北部九州に位置する国で、畿内にあるとは思えません。しかし邪馬台国の「邪馬台」を、ヤマトかヤマドと読むなら、畿内に設定するべきです。大和の語源を調べてみると、「ヤマトは山のフモト」の意と言います。古代大和において、「ヤマ」とは三輪山のことです。従って、ヤマトとは、三輪山の麓の意味になります。

現在は桜井市になっていますが、平成の大合併前の三輪町から、纒向遺跡を挟んで天理市の南部にある黒塚古墳のあたりまでを「ヤマト」と呼んでいたそうです。纒向遺跡が繁栄していた時代からそう呼んでいたらしく、ヤマトやヤマドの地名が福岡市近郷になければ、ヤマトは三輪山の麓と考えるのが自然な気がします。

邪馬台がヤマトで、畿内の大和ならば、投馬国は吉備か出雲のいずれかが考えられます。歴史学者の門脇禎二氏の著書『出雲の古代史』などを参考にすれば、卑弥呼の時代、江《ごう》の川から倉吉市の天神川あたりまで同じ文化圏が広がっていた出雲と、豊かな平野を背景に栄えた吉備は、いずれも倭人伝が書く戸数「五万余戸」もあり得る大国です。「女王国」は九州にあったはずですが、邪馬台国は方位を別にすれば畿内大和と考える方が受け入れ易い気がします。倭人伝に書かれている内容は北部九州の国々の様子ですが、邪馬台国はどう考えても北部九州には設定できません。とすれば、卑弥呼と邪馬台国は関連していないことになります。「女王国」の女王は卑弥呼ですが、「女王が都とする所」である邪馬台国の女王は別人であるという気がします。

以前は常識にとらわれて考えもしなかったことですが、最終的に「邪馬台国は卑弥呼の都ではなく、女王国と邪馬台国は別々の国である」という結論に至りました。私の考えでは、魏志倭人伝に登場する人物で「邪馬台国の女王」に該当するのは台与以外には考えられません。「女王国」である甘木・朝倉で生まれた台与が、成人して大和に進出し、大和で女王として君臨した…そう解釈するのが最も自然に思えます。私がこの本のタイトルとした『卑弥呼は邪馬台国の女王に非ず』は、奇想天外なことではなく、史実性を帯びていると思います。

五　投馬国と邪馬台国を削除

以上のように「女王国は九州で、邪馬台国は畿内大和」という結論になり、「邪馬台国の女王」は卑弥呼ではなく台与としました。そこで、ある実験を試みました。魏志倭人伝に書かれている投馬国と邪馬台国の記事を試しに「削除」して読んでみたのです。漢文は苦手ですが、これらの箇所だけ他の国の記述から浮いていて、後から取って付けたような印象を持っていたからです。

以下に、倭人伝で伊都国の次に出てくる奴国から先の要約（長官と次官名は省略）を掲げてみます。

「（伊都国からは）東南、奴国に至るのに百里。二万余戸がある。（長官と次官名）同じく東、不弥国に至るのに百里。（長官と次官名）千余家がある。女王国より北の諸国は、その戸数と道里をほぼ記載することができるが、その他の周辺国は遠く隔たっていて詳しく知り得ない。故に国名のみを列挙すると…」。

投馬国と邪馬台国のくだりを外してみましたが、違和感がありますか。文章が繋がっているとは思いませんか。

私には投馬国と邪馬台国が書かれている現代語訳よりも、これらを削除した文章の方が、ごく自然に読めます。「女王国の北に位置するらしい奴国と不弥国までは戸数や方位、長官名などの情報を得た。しかし、その周辺の国は遠く隔たっていて情報がない。国名だけは判るので列挙する」という解釈になります。

投馬国と邪馬台国のくだりを入れると理解不能になるのに、これを省くと自然な文章です。

「奴国と不弥国は、関係者に会って戸数や長官名などを聞くことができた。また奴国と不弥国の南に女王が生まれた国があるらしい。しかし、女王が生まれた国を含め、その周辺の国は遠く、国名しか解らない」

日本古代史上、最大の謎と言われる部分を取り除くと、あまり問題が発生しない文章になったと思います。

実はもう１つ、削除しても文章が繋がっていると思える箇所があります。原文で、「帯方郡から女王国まで一万二千里余り」と書かれた箇所の数行後に、「道里を計ると、倭は会稽郡の東冶縣の東にあたる」と書かれている部分です。

ここを省いて前後を繋げると、「倭の諸国の入れ墨は国々によって異なり、身分によっても異なる。倭の風俗はきちんとしており、男子は冠をかぶらず木綿で頭を巻き…婦人は…」となります。これでも文章は繋がりそうで、それほど不自然さは感じません。しかし、原文にはその間に、道里を計算すると倭の位置が中国大陸のどの辺に当たるかという文章が挿入されています。

その前段には入れ墨や風俗のことが書かれており、後段の内容も風俗関連です。もしこの間に「倭人の風俗を見れば、倭国は長江の南、会稽郡の東冶縣の東くらいになろう」と書かれているなら、文章は繋がっていると思います。しかし「道里を計ると」という文言が突然、前後の風俗記事を分断するかのように挿入されています。

「会稽」で文章が繋がっているようにも見えますが、この「道里」は1万2千里でしょうか、5千里でしょうか。「道里を計る」とは、どこからどこまでを計算したものなのでしょうか。道理を計る起点は帯方郡からか、洛陽か、それとも伊都国か。終点は、会稽郡か東治縣か…。あるいはまた、帯方郡から直線的に南下した地点と、船で南や東に向かい、島伝いに到達した場所が同じだと言っているのでしょうか。

このくだりも、どうやら後から書き加えた臭いがします。私は初め「使者の梯儁たちは、『倭国は我々が想像したより南に位置している』と考え、長江よりも南の台湾あたりの気候と思っていたのかな」と考えていました。しかし、これを当時の中国、特に中原に住む知識人や軍関係者が読んだら「倭国は呉の背後を突ける重要な国だと気づくかも知れない」と思いました。さらに、その重要な大国である倭国を「朝貢させた将軍・司馬懿はさすがだ」と感嘆するのではないか、と考えたのです。私は、それを狙って陳寿が新たに文章を書き加えたという気がしました。

私は「女王国は甘木・朝倉」としましたが、邪馬台国を北部九州に設定することが、どうしてもできません。しかし、投馬国と邪馬台国が後から書き加えられた箇所と考えれば、モヤモヤが一気に無くなる気がします。

最近、福岡県筑後地方の山門があらためて注目されているようですが、山門と邪馬台国との関連はないと思います。ただ、念のために「福岡市にヤマトの地名はないか」もう一度探してみると、JR筑肥線の姪浜駅と今宿駅の間に下山門という駅がありました。「シモヤマト」と読みます。福岡市博物館で確認すると、下山門の歴史は古く室町時代まで確認できましたが、鎌倉時代以前には無いとのことです。

さらに、佐賀市と柳川市に「大和」という地名があります。これらもヤマトと読みます。これらも気になったので、佐賀市と柳川市役所に尋ねましたが、両方とも明治以降に合併してできた地名でした。北部九州に「邪馬台」は見つからず、やはり邪馬台国は畿内大和と考えざるを得ません。

私は、記紀が天皇の祖先を九州とし神武東征を記述していること、出雲や畿内の銅鐸文化が消え去ったことなどから、３世紀末から４世紀ごろ、九州の勢力が大和に進出したと推察します。投馬国は吉備か出雲かで少し迷いましたが、出雲と判断しました。その方が、魏志倭人伝の記述と合致するからです。「投馬」の読み方から見ても、出雲の方が有力です。投馬の読みはトウマやツマで、ツモとも読めそうです。日本人が「イズモ」と発音して中国の人に聞いてもらうと、「イ」の音は聞き取りにくいと言います。倭人の「イズモ（出雲）」という発音を、魏の使節は「ツモ（投馬）」と聞いたのではないでしょうか。

広島県福山市の鞆の浦は、昔から「トウマ」と呼ばれ、畿内説における投馬国の有力候補地です。北部九州から畿内大和に船で行くなら、通常は荒波の日本海より波静かな瀬戸内海を航行するので、「投馬国は出雲ではない」という人が圧倒的に多いと思います。しかし、卑弥呼の時代、瀬戸内の中心地は、現在の岡山市から総社市にかけての吉備地方です。鞆の浦は吉備国が支配地する外港でしょうが、帯方郡の郡使である張政は、吉備国を投馬国とは報告していないと思います。

京都府の宮津市付近に、台与が残した「痕跡」が残っています。台与を「豊受大神（トヨウケノオオカミ）」と仮定した場合です。私は、台与は北部九州を出発して出雲に行き、出雲から丹後に上陸して大和に到着したと推測しています。そうすると魏志倭人伝の記述で不弥国の後に書かれている「南、投馬国に至る水行二十日」「また南、邪馬台国に至る水行十日陸行一月」の記述が、南を東の方向に変えるだけでピタリと一致します。

しかし、「南を東に変えてはいけない」という九州説の方々の声が聞こえて来そうです。原文を修正せずに研究されている方からも批判を受けそうです。九州説の立場からすれば、「南」と書いてあるから九州内に候補地を探しているわけで、南を東に変えるのは絶対に侵してはならないタブーでしょう。

しかし仮に、台与が北部九州から出雲を通り、丹後半島から大和に向かったとします。北部九州から出雲までが「水行二十日」、出雲から丹後半島の久美浜湾あたりまでが「水行十日」で水行の合計１カ月間は東に向かっています。しかし、丹後の久美浜から畿内大和までの「陸行一月」は、南に向かって進む行程です。半分の行程は南に向かっています。

船で行くより自分で歩く方が、土地の印象が強く残るとも言います。行程の後半、畿内までの最後の「陸行一月」が使節団の記憶に残り、陳寿の元に届いた資料に、九州から大和に行く行程が「南」と書いてあったとしても不思議はありません。半分は南に進んでいるからです。陳寿も「畿内大和は北部九州から南の方向にある」と思ったことでしょう。北部九州から大和までの合計日数が、台湾の西にあたる会稽郡の東治縣までの道里なので、陳寿の頭の中のベクトルは南を向いています。彼の頭の中に、「東」はあり得ないのです。そうしないと、倭国が魏の最大のライバルである呉の背後を突くことは出来ません。

◇　　　◇

ここからは想像の世界になりますが、台与は一体何をするために出雲に行ったのでしょうか。私は、台与が国譲りの誓約書を取り交わすために出雲に行ったと思います。北部九州連合国の女王として、大切な任務のため大和に行くというのに、波穏やかな瀬戸内海を通らず、荒海の日本海に向かったはずです。台与は、戦争をするために行ったのではありません。戦争が終わって戦後処理に行ったと思います。もちろん敵地に行くわけですから相応の軍隊は同行し、女王を警備する精鋭部隊が乗船していたはずです。

私は、台与がその任務を終えたあと、丹後の久美浜湾付近に上陸したと想像します。そこには大和の地で、およそ1年前、戦いに勝利した北部九州の精鋭部隊と、北部九州に友好的な丹後の精鋭部隊が女王を迎えるために待っていたと思います。その部隊とともに、女王は丹後から大和に入城したでしょう。台与に付き添い、北部九州から出雲へ、出雲から丹後へ同行した部隊の多くは、出雲に帰ったあと新しい出雲の建設に参加したと思います。

◇　　　◇

再び倭人伝の記述に戻りますが、陳寿はなぜ、使節団の報告にはなかった内容を書き加えたのでしょうか。

陳寿は西暦285年ごろに、『三国志』を完成させました。魏が滅亡したのが265年です。翌266年、台与とみられる「倭の女王」が西晋に朝貢しています。西晋建国の1年後には朝貢したのですから、情報収集力が半端ではありません。

当時の倭国は未だ不安定で、後ろ盾となる中国皇帝の詔書は政権運営に必須のアイテムでした。それだからこそ台与は、西晋の建国後すぐに朝貢したのでしょう。しかしクーデターで政権を簒奪した西晋は、最大のライバルである呉が健在だったこともあり、不安定な状況がしばらく続いたと思います。

私の推測ですが、陳寿は帯方郡使である梯儁と張政が提出した資料をもとに倭人伝を書いたと思います。魚《ぎょ》豢《かん》が書いた『魏略』も参考にしています。倭人伝は、三国志「魏書」の最後に出てくる東夷伝の一節で、普通なら適当に書いて済ませる箇所ですが、陳寿はここで西晋の祖である司馬懿を持ち上げなければならず、神経を注いだと思います。私の想像では、全65巻の長編が完成間近のころ、台与が大和に入り、倭国を統一したという情報が陳寿のもとへ持ち込まれたと思います。それは、西暦275年前後でしょうか。ほとんど書き終えた後に届いた情報で、魏が滅んだ後の出来事ですから、普通なら無視したはずの文書です。

ところが、陳寿はそれを見て、司馬懿将軍の功績を讃える絶好の材料であることを直感したのだと思います。台与の大和入りで、「卑弥呼の倭国」が更に強大になったからです。本当に呉の背後を衝けるような大国に成長し、軍事戦略上、重要な国となった倭国について、具体的な行程・日数などの情報が手元に届いたのです。このため陳寿は、倭国の新しい情報を何とか倭人伝に挿入したいと考えたと思います。

しかし、卑弥呼の継承者たる台与が戦いを征し、畿内大和に進出したということならば意味がありません。卑弥呼の時代から、倭国は南に延びている大きな国で、その国が朝貢してきたことに価値があるのです。このため陳寿は、台与が大きくした倭国について、新たに投馬国と邪馬台国を挿入し書き加えたのだと思います。『邪馬台国の全解決』の著者・孫栄健氏は「中国の歴史書には筆法が多く使われている」と書いていますが、私はこの箇所が「陳寿の筆法」で、後世の人々の解釈を混乱させたのではないかと想像します。

六　邪馬台国「狂言」説に一言

この章の最後に、東洋史学者の岡田英弘氏が唱えられた「邪馬台国虚像説」「狂言説」について私見を述べさせて頂きます。世界文化社が２００５年に発行した『日本史の謎』に、岡田氏が寄稿された文章を読みました。

「候補地」の項でも書きましたが、魏志倭人伝の邪馬台国の記述は大月氏国とのバランスを考慮して書かれたもので、司馬懿を曹爽と同格に持ち上げるため、拡大解釈して書かれています。ここまでは岡田氏の説に賛成です。

しかし、私が思うのは「投馬国と邪馬台国の名前は、どこから出て来たのか」ということです。「帯方郡使・梯儁の報告書には両国の名前はなかった」というのが私の解釈です。

梯儁は、東国の情報については「女王国の東に海が有り、千里先にも倭人が住んでいるらしい」程度の認識で、投馬国や邪馬台国に関する知識は無く、記述は出来ないでしょう。けれども張政の報告書には、両国が記載されていても不思議ではありません。戦争をしている相手国の都の地と、連合国を支え動かしている強国の名なのですから。仮に、張政の報告書をもとに陳寿が記述したとしても、両国は一定の情報に基づいて記載されたわけで、岡田教授が主張される狂言説には当てはまらない気がします。

もちろん投馬国が出雲で、邪馬台国が畿内の大和に存在したことが前提ですが、両国が突然、あるいは偶然に出て来た名前ではないことを強調したいと思います。特に「南、邪馬台国に至る、女王が都とするところ」は、勝手に作って書かれた文章と言えるでしょうか。私は、現在の福岡市北岸から日本海に出て出雲を通り、丹後から陸路を行軍して大和へ行くルートであれば、距離も合っており、何かの資料を基にして書かれた文章であると思います。故に「狂言説」は間違いだと思います。

さらに一歩進めて、私は倭人伝に書かれている両国の名前や位置、距離、官の役職名などは、張政の報告や台与の朝貢で得た情報ではないと思います。

先ず、魏志倭人伝には「また南、邪馬台国に至る水行十日陸行一月、女王が都とする所」と書かれています。大和に邪馬台国があり、女王（台与）が君臨したのは西暦270年以降というのが私の持論です。それは、張政が帰国した265〜266年よりも後年のことになります。このため、私は投馬国と邪馬台国の記述は張政の報告書によるものではないと考えています。日数も、私が福岡市東区の香椎周辺にあったと考える不弥国から出雲までが「水行二十日」、出雲から大和までが「水行十日陸行一月」で、倭人伝の記述に合致します。このように、投馬国が出雲、邪馬台国が大和とすれば日数と方向と歴史が一致し、西暦275〜280年頃に陳寿のもとに持ち込まれた情報で、彼が両国の名を書き加えたと推察します。私には、情報も無く、漠然と出て来た国とは思えません。

第9章　北部九州連合VS纒向連合

前章で、女王国と邪馬台国の位置を確定し、卑弥呼と邪馬台国は関連が無いという説を披歴しました。ここから先は、2世紀の「倭国大乱」から奈良時代までの歴史を概説して行きます。

私の考えでは、卑弥呼と邪馬台国と大和朝廷は一本の線で繋がっています。九州各地や出雲・吉備・大和などを何度も訪ねて得た知識や情報、多くの資料で学んだことなどをもとに、その考えに行き着くことが出来ました。私は、奈良時代に邪馬台国が事実上終焉したと思っているので、「天武系の断絶」をもって一連の考察は終わります。古事記や日本書紀とは異なる解釈がたくさん出てきますが、この解釈こそが史実に最も近い歴史であると自負しています。

一　倭国大乱

前章の最後は、3世紀後半、陳寿による魏志倭人伝の「創作」箇所を推理して終わりました。ここでは、それよりも歴史を160年程度、昔に戻します。

それは魏志倭人伝に「倭国大乱」と書かれた時代で、北部九州の国々は西暦110〜120年ごろから戦争を繰り返していました。しかし、180〜190年ごろに、合議を経て一女子を共に立て、内乱を終結しました、その女子の名は卑弥呼と言うと書かれています。

私は、卑弥呼の前に連合の宗主だったのは、伊都国王の帥升であると考えています。かつては光武帝から「漢委奴国王」の金印を授かった奴国王と思っていました。しかし、「委奴」は倭の奴国ではなく「イト（伊都)」国と読む説もあるようです。逆に帥升も、奴国の人という説があります。いずれにしても、奴国と伊都国が北部九州のリーダーとして台頭し、奴国は「工業都市」、伊都国は良港を背景とした「商業都市」や政治・外交拠点として連合の中枢を占めていました。

倭国大乱の原因は、漢帝国の衰退も大きな要因ですが、鉄の分配をめぐるトラブルが第一の原因である気がします。鉄は倭国では産出せず、製錬もできないのに、需要の方が急速に拡大。このため、奴国と伊都国が鉄を独占的に入手していたことに、それ以外の北部九州各国が強く反発したと考えられます。奴国と伊都国の争いも考えられますが、それよりも奴国と甘木・朝倉の国や、奴国、伊都国と筑後平野や佐賀平野の国々との対立の可能性が高い気がします。

後漢書によると、倭国王帥升等が西暦107年に生口を160人連れて朝貢しています。これに対して皇帝が、詔書や印綬を授けたという記録はありません。朝貢に対する返礼が何も書いていないのは非常に不思議です。

生口160人は、当時としては大変な数で、倭国としては最大限の貢物です。160人を集めるのも大変ですが、集めた生口を帯方郡まで輸送するのは、もっと大変だったと思います。何艘の船で運んだのでしょう。船が難破するかも知れないので、生口は200人ぐらい用意した可能性もあります。生口も船を漕いだでしょうが、生口以外に少なくとも100人以上の倭人が同行したでしょう。とにかく大変難儀な朝貢であったと推測します。

160人もの生口を献上したのは、鉄器の材料となる板状鉄斧《いたじょうてっぷ》などの鉄素材を入手するためでしょう。私は、それ以外の朝貢の目的を思いつきません。それ故、後漢は破格の貢物を差し出した帥升に対し、詔書や印綬を含めて返礼品を一切渡していないと考えます。鉄を入手するために、各国は生口の確保を割り振られたはずです。それに見合う鉄の供給がなかったから争いが発生したのか。それとも、伊都国と奴国が一手に生口を集め、鉄の交易権を独占したからか。ただ、このころには吉備を中心に瀬戸内海の交易ルートも開拓されていたようで、争乱の原因は北部九州に限らないかも知れません。いずれにせよ私は、この生口による朝貢と倭国大乱が、密接に関連していると思います。

一方、朝鮮半島では生口を容易に調達できたので、「160人」という人数を困難な数字とみる必要はないという説もあります。当時、倭国が朝鮮半島を支配下においていた事実はないので、もし朝鮮で生口を調達するなら交易で入手するしかないと思います。しかし鉄の需要は急速に高まっています。出雲も鉄を取りに来ているはずです。容易に生口が調達できたとも思えず、とにかく鉄が原因で倭国大乱が勃発しました。互いに喧嘩していたので鉄の供給は思うようにいかず、以前よりも状況は悪化したでしょう。そこで大乱を収拾せねばならなくなった理由が、3つ考えられます。

①長い戦いが続き、みな疲弊した。
②大乱で各国は軍事力や経済力を高め、時には連合して奴国や伊都国に挑んだため、両国はこれを押さえ切れなくなった。
③北部九州以外の国からも、鉄の需要が急増。畿内や吉備、出雲などの勢力が朝鮮半島に進出して鉄の争奪戦が展開され、北部九州の国々が内部分裂している場合ではなくなった。

私は「女王国」の地を福岡県の甘木・朝倉と特定しました。卑弥呼や台与は、ここで生まれたと思います。倭国大乱の最大の原因は鉄の供給量をめぐる争いと考え、奴国や伊都国に反発したのは、「甘木・朝倉」をはじめとする筑後平野や佐賀平野の国々だと思います。

北部九州連合では、奴国が最初に宗主国となり、次に伊都国がこの地位に就いたようです。しかし、帥升が連合のリーダーだった西暦100年ごろから、平塚川添遺跡を中心とする「甘木・朝倉」の勢力が広大な農地を背景に米生産を拡大。それを基盤に青銅器や鉄器などの製造と交易を発展させ、奴国や伊都国に迫る強国に成長したと思います。また吉野ヶ里遺跡など佐賀平野の国々とも連携し、「穀倉地帯連合」ができたとも考えられます。この連合は、奴国や伊都国を脅かす勢力になり、最終的には伊都国が「甘木・朝倉」と手を組んだ可能性が高い気がします。

以下は私の推理ですが、伊都国は倭国大乱までは北部九州連合の宗主国で、大乱を引き起こした当事者なので、次の王にはなれません。伊都国は、奴国が次の宗主国になると、得意とする交易分野を奴国に取られそうで心配です。しかし「甘木・朝倉」を女王国にし、「穀倉地帯連合」軍に伊都国の良港を開放してやれば、感謝されて港も発展します。そして、女王の宮殿を伊都国に持ってくれば、奴国に対峙する伊都国にとって「鬼に金棒」となるでしょう。以上は想像ですが、魏志倭人伝の記述を分析すると、歴史は伊都国中心に動いていたように思います。

卑弥呼が亡くなったあと、連合国は後継者問題で紛糾しますが、卑弥呼の縁者の台与が女王になり、後継選びでも奴国は主役ではなかった気がします。奴国も手を握る相手を探したはずですが、形勢は伊都国有利で推移しました。

ところで、遺跡の出土品など考古学的な観点から、奴国と伊都国は互いの交易品や宝物を交換し、良好な関係を築いていたという指摘もあります。確かに良好な時代もあり、両国の間で王族の婚儀が交わされたことが何度もあったでしょう。しかし伊都国の東端にある今宿五郎江遺跡（福岡市西区今宿）と、奴国の西端にある野方遺跡（福岡市西区野方）にはいずれも環濠があり、ともに兵士が常駐していた形跡が見られます。

「甘木・朝倉」から壱岐や対馬に米を送るなら、伊都国の港より不弥国の港の方が近くて便利です。「甘木・朝倉」から大陸への交易品は、まず不弥国の外港である多々良込田遺跡を経由して今宿五郎江遺跡に搬入。それを一大率が検閲して陸路を移動して御床松原遺跡の港に運び、そこから大陸に運べば奴国を通さずに輸送することが可能です。万一、奴国が反旗を翻しても、甘木・朝倉の勢力は不弥国を通って伊都国の御床松原の港まで交易品を流通させる体制が整っていたように思えます。

私がここで強調したいのは、卑弥呼の時代の北部九州連合30ヵ国は、連合の形態をとりつつも、互いに疑心暗鬼の緊張関係にあったと思うのです。連合下の各国は、万一の事態に備え、それぞれにグループを形成していたでしょう。その第一の目的は、農業生産も充実し最強の軍団を有する「奴国」の暴走を牽制するためです。伊都国は、それを最も警戒したはずです。連合内の最強国が、国々の共存共栄を脅かす行為をすれば、収拾がつかなくなるからです。

◇　◇

この状況を、現代の世界に置き換えてみましょう。国際社会で超大国アメリカが暴走したら、他の国は手出しができません。近年は、覇権的な動きをする中国が、南沙諸島で好き勝手に振る舞っています。オランダのハーグにある国際司法裁判所の裁定を無視した行為です。「一国二制度」という香港統治の原則も反故になりました。そのため、アメリカを中心に、「中国包囲網」が築かれつつあります。しかしその一方で、中国を外した世界経済は成り立たず、国際社会は中国との外交を断絶することも出来ません。

2022年、ロシアはウクライナに侵攻しました。NATO（北大西洋条約機構）は全面戦争を恐れて軍事介入はしない方針ですが、一触即発の状態です。世界は、ロシアの暴挙を鎮圧する手段を持たず、ウクライナの都市や原発、文化遺産がことごとく破壊されました。

ロシアに対する経済制裁強化で、この侵略が止まるでしょうか。ロシアと中国が手を組み、中国が台湾に武力行使をしたら、西洋諸国は対処できるでしょうか。しかも、この最悪のシナリオは、日本にとっても他人事ではありません。中国が台湾から沖縄に、ロシアが北方領土から北海道に同時侵攻したら…。期を同じくして、北朝鮮の中距離弾道ミサイルが次々に飛んで来たら、自衛隊と米軍はこれらに対処できるのでしょうか。考えただけで空恐ろしくなります。

◇　◇

さて話は北部九州に戻りますが、仮に奴国が暴走したら、伊都国が一番困るでしょう。このため「甘木・朝倉」が国力を高め、奴国と対抗できる国へ成長したことは、伊都国には大変、喜ばしいことであったと思います。私は、伊都国と「甘木・朝倉」、それに不弥国は、緊密な関係であったという気がしてなりません。ただし、この3カ国が奴国と敵対関係にあったというのでもありません。伊都国と、「甘木・朝倉」の女王国、不弥国の戸数は、それぞれ一万戸前後だったと推測します。私は、この3カ国がトライアングルを形成して、三方向から奴国を囲んで牽制したと思います。

その3カ国の連携があったからこそ▽「甘木・朝倉」は奴国に気を遣わず玄界灘に面した友好国に港を持つことができた▽不弥国と伊都国は奴国の侵略を防ぐことができた▽宮殿を伊都国に置き、卑弥呼を女王とする連合国が長く存続できた—など牽制の効果が生まれたのでしょう。

仮に、奴国と甘木・朝倉が手を組んでいたら、伊都国は困ったと思います。甘木・朝倉も、奴国に宮殿をおいて奴国が益々発展すれば、万一、暴走した奴国への対処が困難になる気がします。甘木・朝倉は、奴国か伊都国かという選択を迫られたら、やはり伊都国を選んだと思います。

魏志倭人伝に書かれている「代々、王が居たが、今は女王国に服属している」という記述は、奴国を抑えて連合の政治的中心となった「伊都国勝利」の姿であると推察します。伊都国は、巧みに奴国の横暴を防ぎ、牽制していました。ただし、あくまでも牽制で、対立ではありません。奴国と福岡県飯塚市周辺にあった国は、遺跡の調査結果から親密な関係が窺えるそうで、奴国もあの手この手で勢力拡大に動いたことでしょう。

二　纒向連合

日本列島で鉄が本格的に使用され始めると、強力な武器が生まれて軍事力が向上し、農業生産も飛躍的に発展しました。鉄の威力を知った国々の首長たちは「いかにして鉄を確保するか」に腐心したことでしょう。

当初、日本列島には鉄が無く、北部九州連合が独占的に鉄素材を輸入していましたが、倭国大乱のころから北部九州以外にも多く供給されるようになりました。それ故、北部九州諸国は戦いを終結し、2世紀後半ごろ、卑弥呼を女王として共立して北部九州連合を復活させます。北部九州連合が鉄を再び独占するため、「関門海峡を封鎖した」と考える研究者がいます。関門海峡の封鎖により、畿内は一時的に鉄不足に陥ったことが、畿内の遺跡の調査から窺えるそうです。

纒向遺跡（奈良県桜井市）の「都市」は西暦200年ごろから建設が始まったと言います。北部九州では倭国大乱の後、卑弥呼を共立してから10年ぐらい経ったころだと思います。

なぜ纒向遺跡に、列島各地の国々から人が集まって来たのかについては、諸説あるそうです。私は各国が、いかにして鉄を入手するかという目的で集まったと考えます。弥生時代から古墳時代へ移行しようとしていたこの時期、幾多の戦乱を勝ち抜いた各国の首長たちが鉄を求めて集まり、「纒向連合」ができたと考えるのが最も自然です。北部九州連合が関門海峡を封鎖し、畿内の鉄不足が深刻化した時期と重なるのではないかと思ったからです。何故、纏向に政治都市を作る必要があったか。纏向という地が選ばれた理由は、西は吉備や出雲、東は尾張までの中央に位置し、軍事的に優れた地点であったからでしょう。政治都市を建設した背景には、北九州が連合体を組織したという情報から、戦乱の弥生時代を終結させたいという意識を各国それぞれが持ったのだと推測します。しかし、鉄をどうにかして確保したいと言う各国の思惑が無かったら、日本初の政治都市が出来上がったかどうか、私は疑問に思います。

各国は、大きな経済的負担を課して首長クラスや護衛の人々を纏向に送り込んだことでしょう。国といっても、現代の市町村で言えば2つか3つ程度の地域集合体が多く、戸数が5千～1万程度の国々が大半でしょう。そんな国々が纒向に多人数を送り込み、居館を構えるのは大きな負担です。それでも纒向に来て長期に滞在した目的は、「鉄の入手」以外には考えられません。纒向遺跡の一帯は後年、大和政権誕生の中心地となりますが、日本初の「政治都市」が築かれた最大の理由は鉄の確保だったと思います。「鉄の確保が、日本列島統一の要因になった」といっても過言ではありません。

纒向遺跡はまだ全体の3％程度しか発掘されていないので「現段階で答えを出すのは無理」という意見もあると思いますが、「鉄」以外に「纒向詣で」の理由が考えられるでしょうか。「国土の統一」とか「領土保全」などは、信頼できる強力な国家が出現した後の考え方で、列島初の「政治都市」が生まれた直接の原因とは思われません。

纒向の「連合」の中心にいた国がどこかについても、遺跡の調査からはまだはっきり分かりません。しかし私は、吉備と出雲の勢力が中心だったと思います。畿内には、それに匹敵する強大な勢力が見当たりません。流通の大動脈である大和川の重要地点（現在の大阪府八尾市付近）には大きな国があり、近江や尾張、越、丹後、播磨なども有力な国であるとは思いますが、国力の大きさから言えば、やはり1位と2位は吉備と出雲です。

纒向遺跡の中心にある大型掘立柱建物群の付近からは、吉備の土器が多く出土していると言います。出雲は当時、現在の島根県東部と鳥取県の地域をも制覇し、領土的に他を圧していました。纒向遺跡の「政治都市」は、吉備と出雲が他の有力な国々に呼びかけて出来たような気がします。共通の祭神が必要だったので、吉備の祭祀形態を採用したのでしょう。

纒向の勢力は当初、連合体の体制で始動したと思いますが、西暦230年ごろに「大王」が登場したと思います。記紀の記述の中で、実在した最初の天皇ともいわれる第10代崇神天皇だと推察します。彼の政権は、イリ王朝と言われています。イリとは、「入り婿」のこと。彼は三輪山の大物主神を信仰し、出雲に婿入りしたか、出雲から大和に入った大王のように思えます。記紀には、疫病が蔓延して天皇は窮地に陥ったが、大物主神をその息子である大田田根子に祀らせたところ、疫病が終息したと書かれています。

北部九州の国々が、倭国大乱のあと卑弥呼を共立して安定したように、纒向の勢力も紆余曲折を経て崇神天皇を担ぎ、政権を安定させたようです。ここでいう「疫病」は、鉄不足による国々の混乱と対立の暗喩であるという気もします。崇神天皇が出雲出身かどうかは不明ですが、出雲の勢力を背景として強固な基盤を構築したのでしょう。一方の吉備は関門海峡を封鎖されて苦境に陥り、出雲の傘下に入ります。纒向連合は、スタート時の合議制から、出雲が支配する専制的な国家に変貌して行ったと推察します。

このころの出雲は、江の川から天神川に至るまで同じ文化圏が形成され、「因幡の白兎」神話に象徴されるように、因幡をも攻略したと思います。糸魚川のメノウ採掘の権利も獲得し、朝鮮半島から北陸地方までの広大な地域と交易する強大な国家に成長していました。しかし、西暦230年ごろ、出雲のシンボルともいうべき四隅突出型墳丘墓の築造が終焉を迎えました。なぜ、突然終息したのかについて、私は出雲の王が大和に移動したからであると考えます。その「王」とは、日本書紀に登場する大国主命。大国主命は、大物主尊と親子か同一で、崇神天皇のモデルになったと推察します。四隅突出型墳丘墓の終焉と、大国主命や崇神天皇に関する記紀の記述は、時代的に一致すると思います。

北部九州が関門海峡を封鎖し、瀬戸内海から鉄が入ってこなくなりましたが、出雲は日本海ルートを開拓して大和まで鉄を供給していました。鉄の需要が増え続ける中で、安定供給してくれる出雲は、纒向連合にとってみんなで祭り上げなければならない国になったことでしょう。

纒向連合は当初、吉備と大和の二大勢力で作り上げた連合国家でしたが、230年ごろからは出雲中心の統一国家に変質して行ったと推測します。記紀によると、強固な基盤を築いた崇神天皇は、まず東国の安定を確立するため東海、北陸へ出兵したと書かれています。最終目的は北部九州連合の解体であったろうと推察されますが、そのためには背後を盤石にせねばならず、東国から出兵を開始します。西国（西道）には吉備津彦を派遣しましたが、吉備の平定は九州進攻への第一歩だったと見るべきです。

230年前後から東国・北陸への出兵が始まり、240年ごろからは中国・四国地方へ出兵したと推察します。これらの出兵は、日本武尊が日本中を駆け巡って活躍したという記紀の記事と、どこかでリンクしていそうです。纏向連合は中国・四国地方を征し、西暦250年前後に九州に上陸し、日本統一を目標に進撃を本格化させる戦略でした。「統一」の最大の障壁として立ちはだかったのは、卑弥呼を女王とする女王連合国です。関門海峡封鎖の解除をめぐって、纏向連合と北部九州の女王勢力との間で、和平交渉は行われたのか。それとも纏向連合は、一切の妥協をせず、問答無用で九州上陸を敢行したのか―。240年ごろから進攻が始まったとすれば、両勢力の間で一定期間の交渉はあったと推察します。

両者の本格的な衝突は西暦260年前後から始まったと思いますが、それに先立って纏向連合が九州に足を踏み入れたのが福岡県行橋市から大分県の宇佐市付近の豊の国だったと思います。北部九州連合の精鋭部隊が配置されている関門海峡を避け、先ずは宇佐か中津あたりに上陸して日田を目指したでしょう。纏向連合は北部九州連合攻略にあたり、攻撃と防御の両方の目的で日田を制圧し、拠点を構えたと思います。

さて、崇神天皇について少し調べてみました。名前に「神」の字が付く天皇は、初代神武天皇、第10代崇神天皇、第15代応神天皇だけです。神武天皇は橿原神宮に祀られていますか。応神天皇は、宇佐神宮や石清水八幡宮に祀られています。しかし崇神天皇が祀られている神社を、私は知りません。そこで2022年2月、私は崇神天皇が宮を構えたとされる磯城端籬宮《しきのみずがきのみや》伝承地を訪ねました。

日本最古の神社とされる三輪山の大神《おおみわ》神社から、徒歩で10～15分のところです。伝承地は、古代の官道で南北に縦断する山辺《やまのべ》の道が、南側の最終地点で、大和と伊勢を結ぶ初瀬街道と接する地点から500

磯城端籬宮《しきのみずがきのみや》伝承地

～600メートルの距離にあります。街道沿いに天理教の巨大な建物群が並んでいて場所が分かりにくく、地元のご婦人から丁寧に教えてもらわなければ、見つけるのはかなり困難であったと思います。

天理教建物群の奥に、80～100メートル四方の小さな森があります。誰も手入れをしていない様子で、荒れ果てた印象でした。入るのを躊躇するほど雑然とした状態で、観光で訪れる人やウォーキングで立ち寄る人もいないのでしょう。森の真ん中が少し開けていて小屋があり、簡単な説明板があるだけでした。少なくとも、戦後は見向きもされなくなったという感じです。

ここは日本最古の皇宮の跡とされている場所なのに、本当に残念な光景でした。出雲にある須賀神社は、古事記に「日本初の宮」と書かれています。しかし、須賀に都を造ったとされる素戔嗚尊は、神話の中の神様で、史実性は希薄です。これに対し崇神天皇は、神代から歴史の時代に切り替わるころの大王で、実在した可能性が高いと言われています。少なくとも、大和で最初にまつりごとを行った場所と思われます。桜井市に問い合わせたところ、宮内庁が管轄しており、あくまで「伝承地」であるということでした。宮跡かどうかが確定していないので、このような扱いになっているのでしょう。

「神の名」が付いた偉大な天皇なのに、崇神天皇を祭る神社は知られていません。そこで、日本神社協会に尋ねてみると、「北海道の旭川市にあります」ということでした。奈良や京都では聞いたことがなく、少なくとも江戸時代までは祀られていないと思います。明治政府も、神武天皇や天智天皇とは違い、崇神天皇については宮跡の整備に消極的だったのでしょう。

崇神天皇について日本書紀の編纂者は「出雲の勢力を背景に国内統一を目指した偉大な大王」としつつも、「北部九州連合との戦いに敗れ去った」という認識があった気がしてなりません。どこか、大国主命とイメージが重なります。

三　小迫辻原遺跡

大分県北部の内陸部に日田市があります。江戸時代は天領で、ここで産出する日田杉は秋田杉とともに日本一を競いました。阿蘇山に源を発して流れる筑後川は、日田盆地でいくつもの川と合流。大河となって筑後平野の東端に流れ込み、平野を横切って有明海に注ぎます。日田は美しい水郷ですが、川は雨季になると危険水域に達して洪水を引き起こすことがあります。水の都と水害は表裏一体です。各方面からの道も合流し、交易の拠点となって商業が栄えました。福岡・黒田藩に大金を貸し付けていた豪商もいたそうです。

日田は、古代から軍事拠点としても大変重要な場所でした。日田盆地周辺の丘陵地で、近畿や山陰の土器が多く出土する遺跡が発見されました。小迫辻原《おざこつじばる》遺跡といいます。この遺跡は、石器時代から中世までの複合遺跡ですが、台与が政権を引き継いだ西暦250年前後の地層からは九州以外の外来系土器が多数見つかりました。結論は出ていませんが、私は纒向連合の九州における最前線基地だったのではないかとみています。

私が女王国と定めた「甘木・朝倉」から筑後川沿いに東進し、日田を攻めるのは非常に困難であると思います。大分と福岡の県境には山々が迫り、大河は急流と化して筑後平野に流れ込みます。日田盆地は、朝倉側からは容易に攻め込めない、難攻不落の自然の要塞といえましょう。纒向連合は日田を押さえたので、関門海峡から玄界灘沿岸と筑後川上流からの二手に分かれて北部九州連合を挟撃する計画を立てたと思います。逆に北部九州連合は、兵力が分散されてしまい、筑後平野や佐賀平野の国々は日田への防御と南の狗奴国への防御に苦労したことでしょう。卑弥呼が死の直前に狗奴国に苦戦していた原因の一つが、小迫辻原遺跡の存在だった気がします。卑弥呼が死んで台与の時代、纒向の本体は関門海峡を渡って宗像あたりから博多湾に向かい、日田からは第二の勢力が筑後平野を襲ったと思われます。

小迫辻原遺跡（国指定史跡）では、弥生時代終末から古墳時代初頭にかけての環濠集落や方形の環濠に囲まれた建物群などが見つかり、古墳時代最古の首長居館跡として注目されました。遺跡は、九州横断自動車道・日田インターに隣接した小高い丘陵にあり、頂上は広く平です。ここからは日田の市街地を見下ろすことができ、縄文時代から人々が住んでいたそうです。２千や３千人ぐらいは住める広さですが、竪穴式住居跡の数は意外に少なく、ここに駐屯した纒向の兵士の数は意外に少なかったかも知れません。また、筑後平野の一番東に当たる東峰村からは車で10分程の距離で、この遺跡は最前線基地というより、筑後川流域部隊の本部があった場所のように思えます。兵士は小迫辻原から東峰村まで10キロ内外の区域に分散して駐屯した可能性が高いようです。ここに西暦260年前後、畿内・纒向連合の基地があったことはおそらく間違いないでしょう。

四　天孫降臨

「古事記・日本書紀」の項で触れた天孫降臨神話について、もっと具体的に検証してみたいと思います。高天原（天界）の主の天照大神が、孫の瓊瓊杵尊を地上に降臨させ、葦原中国《あしはらのなかつくに》を治めさせる物語です。記紀によれば、瓊瓊杵尊は鹿児島県と宮崎県の境にある霧島連山の高千穂峰に降臨します。そして、歩いて薩摩半島の西端にある野間岬に到着します。記紀には、「高千穂峰」と書かれていますが、天孫降臨した場所は他にも存在します。私が知るのは、高千穂峰の他に、宮崎県の高千穂町と奈良県の御所市です。どちらも「高天原」があり、天孫降臨したとされる場所があります。いずれも長い歴史がある土地ですが、私は薩摩の地に天孫が降臨したという伝承に真実性を見ているので、他の候補地については割愛します。

私はかつて、日向と薩摩の国境にある高千穂峰に天孫が降臨することなどあり得ないと思っていました。しかし、考察を進めていくうちに、この伝承には何らかの史実が隠されていると考えるようになりました。

8世紀の奈良の支配者である天皇家にとって、天孫降臨の地は大和で良いはずです。三輪山でも、香久山でも良いと思います。これらの山が低くて少し物足りなければ、葛城山系の葛城山や金剛山は雄大で天孫降臨にぴったりです。吉野も大峰山も候補地になり得ます。左上部の写真は、御所市から写した葛城山系です。左下部は崇神天皇の宮跡から写した音羽山です。いずれも、天孫降臨に相応しい山という気がします。

パレスチナに住むユダヤ人が、聖書にアララト山を記したように、少し離れた場所や普段の生活では行かない山であれば、伊吹山か富士山を選んでもよいと思います。自分たちの祖先は北部九州から大和にやって来たという意識が強ければ、福岡と佐賀の県境にそびえる脊振山こそ、伊都国から見えてピッタリという気がします。ほかには、阿蘇山や九重連山もあり、両山は雄大さとともに神秘性を感じる山です。

そう考えると、8世紀の人々は「我々の祖先は北部九州からではなく、南九州から大和に来た」という記憶を継承していたと思います。そうでなければ、はるかに遠い薩摩に降臨することはありません。何らかの史実に基づいた話であろうと感じます。

数年前、「天孫降臨は狗奴国を挟み撃ちにするために起した行動である」と書いた記事を見つけて納得しました。それまでも、薩摩と日向の県境に天孫が降臨したことに不自然な気がしてい

葛城山系

音羽山

ましたが、それ以上に不思議だったのは降臨後に野間岬に行ったことです。

記紀は、良い土地を求めて野間岬に行ったと記述していますが、野間岬は「良い土地」には見えません。近くの旧加世田市（現・南さつま市）周辺には良い土地がありますが、それならば野間岬と書かずに加世田と書くべきです。野間岬と書いた理由は、瓊瓊杵尊が朝倉から有明海を南下して野間岬に上陸したからであると考えられます。それ以外に野間岬が記紀に登場する理由を思いつきません。

瓊瓊杵尊は、狗奴国を「挟み打ち」にするために野間岬に上陸したのです。挟み撃ちは中国の軍事戦略の常套手段なので、帯方郡から来た使者・梯儁の策である可能性が高いと思います。梯儁の提言とすれば、西暦230年代後半から狗奴国の脅威が存在していたと推測されます。記紀には良い土地を求めて行ったと書かれていますが、「良い土地」であれば、険しい山を何度も越えて行かなくても広大な都城盆地が目の前に広がっています。この記述に真実性は全く感じられません。

そして、ここから「日向三代」の世が始まります。瓊瓊杵尊の子供が山幸彦と海幸彦。山幸彦の子が鵜葺草葺不合命（ウガヤフキアエズノミコト）、その四男が磐余彦（イワレビコ）で後の神武天皇です。天照大神からは5代目にあたりますが、この勢力がどこかで天皇家になったとみるべきです。

「挟み撃ち」によって、狗奴国は滅びたか、北部九州連合に併合されたと思われます。そこで「天孫降臨」の年代ですが、卑弥呼が悌儁に言われて実行したのならば、西暦240年前後、狗奴国の滅亡か併合ならば250年前後と推察します。記紀は長期のスパンで日向三代を描いていますが、私は10～20年の短いスパンが妥当であると思います。戦略は効果覿面で、短期間に狗奴国を攻略したと推察します。この事実が無ければ記紀の記述はあり得ないと思います。

瓊瓊杵尊を祖とする南九州の勢力は、狗奴国を挟み撃ちにして滅亡か併合し、纒向との全面戦争勝利に貢献しました。その後、南九州勢力は、北部九州勢力と共に瀬戸内海を東進します。瀬戸内諸国ほかの同盟国を従えて畿内勢力を駆逐します。南九州勢力は新しくできた政権内に確固たる地位を築いたと思われますが、東遷の主役たる応神天皇は、瓊瓊杵尊の子孫である南九州勢力ではない気がします。しかしながら、この南九州の一族から天皇が輩出したことは間違いないでしょう。そうでなければ、記紀は日向三代や神武東遷などの事績を書かなかったはずです。南さつま市から指宿市、鹿児島市、姶良市、霧島市、都城市、宮崎市、西都市、美々津港へと繋がるルートが、南九州を征服して行軍した彼らの足跡であると推察します。神武天皇が誕生したとされる現在の高原町は、鹿児島県霧島市と宮崎県都城市の間に位置しています。

私は2021年秋に、高千穂峰の麓にある霧島神社から野間岬へ車で移動しました。その前に宮崎から都城に入ったのですが、都城盆地に入った時、広大な盆地の中に一つだけ天に向かってそびえる山がありました。それが高千穂峰でした。都城から見れば、天孫降臨にピッタリの山です。近くにそびえる韓国岳の方が標高は高いのですが、韓国岳は都城盆地からは見えません。高千穂峰以外に天孫降臨する場所はないと断言できるぐらい、天に向かって威容を誇っています。この山の素晴らしさは、後世まで伝わっていたのでしょう。

霧島神社から野間岬までは、直線にして70～80キロ前後。曲がりくねった道路を進めば、100キロ以上の距離です。歩けば3～4日の行程になるでしょう。霧島神宮から空港までは、かなりの山道が続きます。鹿児島空港インターから九州自動車道に入り、指宿スカイラインを南下しました。ここも山また山で、高千穂峰から西へ向かうルートは考えられないと、あらためて感じました。最終のインターを降りたところに、この旅行で是非訪れたい場所がありました。戦時中、特攻基地だった知覧です。

私は仕事で鹿児島県を40～50回訪れていますが、訪問先はほとんど鹿児島市内でした。鹿児島市以外では大口市と川内市に1～2回程度。中学と高校の修学旅行で池田湖や指宿の砂風呂、桜島、佐多岬などには行きましたが、知覧は初めてでした。

知覧平和公園の「知覧特攻平和会館」に展示されている特攻隊の遺品や写真を見て、涙が止まりませんでした。17歳の名古屋出身の隊員が書いた遺書には「叔父さんから聞いたのですが名古屋が空襲され、大きな被害が出ているそうですね。私が戦艦に突撃して借りを必ず返します。それでは、お父さん、お母さん、さようなら」とありました。誰が17歳の子供に、こんなことを書かせる教育をしたのだと怒りと悲しみがこみ上げました。

野間岬は、南さつま市の中心である加世田から車で45分の距離にあります。掲載した写真は岬の突端ですが、この近くに瓊瓊杵尊が降臨した場所があると後で聞きました。切り立つ崖だそうです。「瓊瓊杵尊」をモデルとする軍勢が上陸したのは野間岬ではなく、加世田寄りの大浦湾か、北の吹上浜であろうと思います。「笠沙の宮」が加世田の町はずれにありました。山幸彦が海幸彦の釣り針を失くしたのは、吹上浜と伝えられています。鵜葺草葺不合命が加世田で生まれたという伝説も地元に残っています。また指宿には、塩土老翁（シオツチノオジ）が山幸彦を竜宮に行かせるために作った船と浦島太郎の伝説があるそうです。「日向三代」の神話で、瓊瓊杵尊と山幸彦・海幸彦の伝説は、南さつま市と指宿市を含む薩摩半島が舞台であるという気がします。

野間岬

薩摩における記紀の伝承は、鵜葺草葺不合命の誕生で終わっています。鵜葺草葺不合命は、加世田から指宿を通り錦江湾へと、薩摩半島を北上した模様です。このあと「日向三代」の舞台は宮崎県に移ります。神武天皇も高千穂峰付近で誕生しています。

宮崎県北部の高千穂町は高天原伝承の地。伊弉諾尊が黄泉の国から帰って禊をしたのが、宮崎市にある禊池です。瓊瓊杵尊の一行は、隼人を伴って都城から宮崎に入ったと伝えられています。狗奴国とどこで戦ったかはわかりませんが、瓊瓊杵尊の子孫は宮崎で確実に力をつけ、船団を美々津に集結させて大和に向けて進発したと思います。野間崎に上陸して美々津港から出発するまでには、20～30年の期間があったと思われます。

仮に日向三代の話が架空の物語とすれば、なぜ記紀の編者はこんな絵空事を記したのでしょうか。彼らが作り上げた架空の話の舞台を、南九州の僻地に設定した理由を聞いてみたいものです。記紀を編纂した8世紀の大和の文官たちは、何の史実もないのに、野間岬や笠沙の地名を記すことが出来たでしょうか。無理矢理に挿入するとしても、何の理由もなく出て来る地名ではありません。8世紀の大和からすれば、笠沙や野間岬は最果ての僻遠の地です。そこに北部九州連合の軍勢が上陸したからこそ、記紀の編者が記憶にとどめていた地名であると推測します。すなわち、瓊瓊杵尊による天孫降臨神話とは、狗奴国を挟み撃ちにした歴史的事実をモデルとする物語なのです。

五　卑弥呼死す

時代が前後しますが、卑弥呼は西暦190年ごろ、倭国大乱で疲弊した北部九州連合で共立され女王になりました。彼女の霊力は、当時の社会でどれほどの権力を有するものだったのでしょう。宮殿の奥深くに隠れるように住み、太陽の光と希少な銅鏡を駆使した祭祀で人々を幻惑し、おのれの宗教的価値を高めていたと想像します。卑弥呼の女王としての権威は、それ程高くはなく、安定したものでもなかったと思います。霊力は当てにはならず、予言や占いで失敗すれば自分の身に危険が及ぶことを、卑弥呼自身が一番よく知っていたでしょう。このため卑弥呼は政治を担当する自分の弟と情勢を分析し、2人で示し合わせて「神のお告げ」を演出したであろうと思います。男弟は各地に密偵を放ち、日夜、情報収集に奔走したはずです。

魏志倭人伝が伝える「卑弥呼以死」の箇所は、「すでに卑弥呼は死んだ」「卑弥呼が死んだので」「これよって卑弥呼は死んだ」などと解釈されています。

この表現は古代中国独特の「筆法」で、中国の知識人が読めば、病死などの自然死なのか、あるいは殺されたのかが解るのでしょうか。残念ながら、日本人が書いた書物では、どう解釈すべきか明確には判断しかねているように見えます。

倭人伝には、正始八（西暦247）年、帯方郡使の張政が倭国を訪れ、「黄幢《こうどう》（＝黄色い軍旗）を難升米に授け、告諭《さと》した」と書いてあります。私はこの時、卑弥呼はまだ生きていたと思います。張政が「告諭した」相手は卑弥呼であると考えるからです。

卑弥呼の政権基盤は脆弱なので、遼東の公孫淵が楽浪郡の支配者になったときにはこれに朝貢し、公孫淵が滅びたら魏に朝貢するため使者を洛陽まで行かせています。権威を高めるための大変な努力が感じられます。しかし狗奴国とは負け戦の連続で、卑弥呼の晩年には多くの批判を浴びていた気がします。昔から、巫女は高齢になると霊力が衰え、引退させられるか殺されています。

当時、北部九州で日食があり、不気味な現象を全て卑弥呼の仕業にして殺害したという説もあります。しかし私は、病死か、事故死などで、前触れもなく突然死んでしまった可能性が高いだろうと思います。

卑弥呼は国々が共立した女王なので、殺害するには合議が必要です。警護も強固で、単独で殺せるのは男弟ぐらいでしょう。卑弥呼が突然死んだので、「女王国」である甘木・朝倉の長官が王を代行したが、反対する国々と争いになって千人を越す死者が出た―と考えるのが最も自然な気がします。後継の男王は、女王国の長官ではなく、奴国の長官だったかも知れません。

倭人伝には「国が乱れたが卑弥呼の宗女にあたる13歳の台与を共立して国が治まった」と書かれています。卑弥呼が突然亡くなり、女王国か奴国の長官が職務を代行しましたが、争いが勃発しました。これを記紀神話に当てはめると、女王国の長官が「高御産巣日神」で、その娘が「万幡豊秋津師比売命」になります。娘の名に「豊」の文字があります。この字だけで判断するのは短絡的ですが、彼女が卑弥呼の宗女の台与ではないかと考えられます。

卑弥呼の生まれ故郷である「女王国」のトップが代行を務めたら争いが勃発し、娘の台与なら丸く治まったというのも滑稽な話です。男王では収拾がつかなかったので、卑弥呼の宗女である台与を形式的に王座に就かせ、張政を実質的トップにして「落としどころ」としたのではないでしょうか。纒向勢力が九州に迫っており、内部分裂は避けなければならないというのが至上命題だったでしょう。

六　台与は神功皇后

13歳の台与が、政治を行うことは無理なので、北部九州連合は帯方郡使・張政の帰国を遅らせて実権を委ねたと思います。そのために男女の生口30人や貢物を帯方郡に献上しています。もし卑弥呼を殺害したのなら、いくら霊力があっても彼女の宗女（一族の娘）を女王にはしないと思います。卑弥呼の墓は伊都国の平原遺跡（福岡県糸島市曽根）の1号墳丘墓だと思います。副葬した鏡は、ばらばらに破砕されています。彼女の霊力を畏れてのことでしょう。彼女が死の直前まで「強い霊力を保持している」と信じられていた証拠ではないでしょうか。このことからも、彼女は突然に亡くなったと思います。突然の病や事故死、あるいは日食に起因する「自殺」なども考えられます。強い霊力を認めている卑弥呼を、各国の長官が合議の上で殺害するでしょうか。私は、疑問に思います。

さらに私の想像ですが、台与を女王にする条件として、彼女の結婚相手を奴国の男性か、奴国サイドに近い国の男性とするように決まっていたのではないかと思います。そう考えなければ、国々のパワーバランスが取れないからです。甘木・朝倉出身の卑弥呼が亡くなり、甘木・朝倉の長官である「高御産巣日神」が後継の王になったが、争いが勃発。そこで卑弥呼の縁者である娘を女王にしたら国中が収まった。これでは、甘木・朝倉ばかりが王を独占し続けることになり、反対勢力が妥協できるとは思えません。台与の婚儀の相手を奴国あるいは奴国に同調する北部沿岸諸国から出すことで、妥協したように思えます。私には甘木・朝倉の勢力が奴国を大きく凌駕しているように思えます。卑弥呼の死後に国が乱れたあと、本来なら奴国が王座に就く局面ですが、またしても王が共立されたのは甘木・朝倉からでした。それほど、女王国と不弥国や伊都国の連携が強固であったと推察します。

さて卑弥呼が死んで、台与が西暦248年ごろに共立されたとすれば、彼女は235年ごろの生まれになります。一方、私の手元にある洋泉社発行の『歴史REAL』によると、第15代応神天皇の在位は西暦270年から310年と書いてあります。これは記紀の記述をもとにしたもので、在位は41年間の長きにわたっています。私は、かなり若年で即位したと考え、応神天皇は西暦255年から260年ごろに生まれたと推定しています。270年に即位した時の年齢は10～15歳だったのではないでしょうか。西暦255年～260年は、台与が20歳から25歳ごろに当たります。何が言いたいか、もうお分かりだと思いますが、私は台与が応神天皇の母である神功皇后であると考えるのです。

記紀に書かれている年代、特に「神代」の年代は参考にはならないという反対意見が返ってきそうです。神話の時代は、確かにその通りだと思います。

私は実を言うと、「応神天皇の在位期間は270～310年」という記事を見て、この本を書こうと思いました。即位が270年ならば、邪馬台国と記紀が繋がっていることになります。台与と神功皇后がピタリと一致することになるのです。ほかの本からも「鉄が弥生時代を動かした」、「纒向は日本初の政治都市」「天孫降臨は狗奴国を挟み撃ちにする目的で実行された」「伊勢神宮の内宮と外宮に祀られる天照大神と豊受大神は卑弥呼と台与」等々の記事を見て、執筆意欲が益々高まりました。

西暦270年という年代をきっかけに、私の頭の中に歴史の実像が浮かんできました。記紀に書かれている仲哀天皇から神功皇后、その子である応神天皇に至る記述が、実に不自然極まりないのです。神功皇后は、戦前にはお札のモデルになった有名な女性です。記紀によると、彼女は第9代開化天皇5世の孫とされています。幼少時代の彼女は記紀には載っておらず、突然のように現在の福井県敦賀市に現れます。敦賀市に気比神宮がありますが、この神社と彼女は関係がありそうです。第14代仲哀天皇は、敦賀まで神功皇后に会いに行きます。この時、神功皇后は既に后になっています。彼女に会った仲哀天皇は、そこから熊襲を征討するため、長門の国の穴門（現在の山口県下関市）に向かいます。そこに豊浦宮を造営して神功皇后を待ちます。2年後に神功皇后が訪れ、その後、現在の福岡市東区の香椎宮《かしいのみや》に移り、熊襲討伐の本拠地としました。

仲哀天皇にはもう1人の妻として、第12代景行天皇の孫である大中津比売命が大和にいると記紀は記しています。そして忍熊王と香坂王と言う2人の息子も大和に残っています。天皇は熊襲を征伐するため大和から九州に行軍し、この地で神を招くために琴を奏でます。しかし、神は神功皇后に乗り移り「熊襲を攻めるより、金銀財宝に恵まれた新羅を攻めなさい」と告げます。ところが仲哀天皇は「高い所に登って見渡したが新羅は見えない」と神託を疑い、琴を弾くのをやめてしまいました。神は「この国は、そなたが治めるべきではない」と激怒し、仲哀天皇は神の怒りに触れて急死しました。

そこで神は、臣下の武内宿禰に「この国は皇后の胎内にいる子がおさめるべきだ」と告げます。武内宿禰が神の名を尋ねると、神は住吉三神であると告げました。そこで神功皇后は神のお告げ通り、軍船を率いて新羅に出撃し、新羅王は恐れおののいて恭順の意を示しました。身重の神功皇后は、既に陣痛が始まっていましたが、石を腰に巻き付けて出産を遅らせ、那津《なのつ》に帰航した後、宇彌《うみ》（＝福岡県糟屋郡宇美町とされる）の地で皇子（のちの応神天皇）を生んだと記されています。

常識では考えられない話ばかりです。仲哀天皇の2人の妻のうち、正妻は大中津比売命でしょう。彼女は景行天皇の孫です。結婚も、彼女の方が早かったように見えます。息子が2人いて、普通ならばこの2人から後継者が出るべきだと思います。神功皇后は第9代開化天皇の5世の孫で后になる資格は低いように見えます。

神功皇后は都から離れた敦賀に突然のように現れ、后になっています。母親の系統は新羅系で、鉄の製造を手掛けた天之日矛の子孫です。皇后は妊娠していながら、九州までやって来ました。その上、臨月なのに朝鮮半島に出兵し、新羅を征服するなどあり得ないことです。神は、臣下の武内宿禰に神功皇后の胎内にいる子に「この国を治めさせよ」と告げています。この神は天照大神の兄弟にあたる住吉三神です。皇后は、新羅から帰国して皇子を出産したあとも、熊襲を支配下に置き、筑紫の地で土蜘蛛の女酋を討伐します。いくら何でも、やり過ぎでしょう。

これらの内容から隠された事実を探すのですが、私はどう考えても神功皇后が大和の人とは思えません。仲哀天皇（正確には仲哀天皇のモデルとされる人物）は、「纒向連合」の九州における最高司令官であったと思われます。大和の大王が、自ら熊襲討伐のため九州まで赴くこと自体が不自然です。大王がしなければならないのは、都での政務です。それを何年も投げ出して熊襲討伐に行けば、都は混乱して政治機能は麻痺するでしょう。後の斉明天皇も九州に来て、百済支援の指揮をとっていますが、常識ではあり得ないことです。さらに、天皇の后である神功皇后が九州まで来たことが、さらに不自然です。

熊襲征伐のため九州に来るのは、どんなに地位が高くても大王の次男や三男、或いは甥などでしょう。各地の豪族の中で最も有力な首長だったかもしれません。纒向の大王が九州の地へ賊を討伐しに来るのは不自然で、まして皇后による親征などは到底考えられません。神功皇后はどう考えても九州の人間で、部族の女性首長だったのでしょう。それ故に、神功皇后と仲哀天皇との間には、実際の夫婦関係はないと思います。大和の纒向連合の大王と九州の女首長が結ばれ、子をなすことなどあり得ない話です。

武内宿禰が応神天皇を抱く像

応神天皇は、神功皇后と武内宿禰との間に出来た子供であろうと推察します。宇美八幡宮には神功皇后と幼い応神天皇の母子と武内宿禰の三人が楽しそうに、くつろいでいる壁画が飾られています。香椎宮には武内宿禰が幼い応神天皇を抱いている像があります。父親の武内宿禰も、実際は仲哀天皇の臣下ではなく、纒向連合の総大将を仕留めた北部九州連合の青年将校のような人物で、連合内のバランスをとるために台与と夫婦になった奴国の王子でありましょう。

記紀は、万世一系の天皇という編纂の基本的な立場から、第14代の仲哀天皇と第15代応神天皇が親子関係にあると書いています。しかし、仲哀天皇紀や神功皇后紀に書かれている内容からは、とても親子であるようには思えません。魏志倭人伝に書かれた卑弥呼の宗女・台与が神功皇后で、彼女は「武内宿禰」という名前の奴国の王子と結婚し、宇美町近辺で息子（のちの応神天皇）を出産しました。台与は、何年か後に大和に進出して応神天皇を即位させ「九州王朝」を打ち立てた、と考えるのが可能性として最も高いと考えます。

七　北部九州VS纒向の全面戦争

私はこれまでに、台与が卑弥呼から受け継いだ北部九州の連合国家と大和纒向の連合国家が全面戦争をしたとする本を、読んだことがありません。しかし記紀には、神武東遷や神功皇后の大和凱旋などが描かれており、箸墓が台与の墓であると主張する人も多いと聞きますので、そのような本もあると思います。大和の勢力が卑弥呼の北部九州勢力を殲滅したと書いた本は読んだ記憶がありますが、台与が大和勢力を撃破して新しい王国を築いたという内容の本は知りません。纒向が九州勢力に軍事侵攻された形跡は見つかっていないので、九州勢力の東遷はあり得ないと考える人が多いと思います。しかし私は、「東遷」が事実に基づく事件で、応神天皇の即位が西暦270年であると確信した理由を提示したいと思います。

前項で書きましたが、出雲系で崇神天皇のモデルとなった人物は、西暦230年ごろから日本統一を目指して動き出したと思います。なぜ統一を目指したかといえば、北部九州連合に関門海峡を封鎖され、「このまま事態を放置すれば大陸との交易に支障をきたし、ゆくゆくは大和を攻撃されて滅亡する可能性もある」と判断したからでしょう。特に、畿内への鉄の流入を阻止するため、関門海峡を封鎖されたことに強い危機感を抱いたと思います。

このころから、北部九州連合を滅ぼすことが纒向連合の最重要課題となったのです。事態打開のため、まず列島各地に四道将軍を派遣しました。最初に東国に派遣して北陸や東海地方を平定、西暦240年ごろから中国・四国地方に進攻。250年前後から九州に上陸し、現在の大分県日田市付近に出城を構えました。これと符合するように、記紀では日本武尊が大活躍します。日本武尊は、日本各地に派遣されて帰らぬ人となった兵士たちの象徴であろうと思います。彼は、第12代景行天皇の息子とされているので、崇神天皇から始まった北部九州連合壊滅作戦は20～30年は続いたと推察します。第14代仲哀天皇は、帰らぬ兵士たちの象徴として描かれた日本武尊の次男です。象徴として描かれた英雄的偶像の息子なので、実在性は乏しいと思います。

仲哀天皇は、天皇の系譜を応神天皇に繋ぐために作られた偶像だと思いますが、北部九州まで攻めて行った纒向連合の最高司令官は実在したはずです。ここでは、話を解りやすくするために最高司令官を「仲哀天皇」と呼ぶことにします。

北部九州連合と纒向連合の直接戦争が始まったのは、西暦260年前後と推察します。日本書紀に書かれた応神天皇の即位から逆算し、日田市の小迫辻原遺跡から出土した畿内系土器の形式などから推定した年代です。また、この倭国内の争乱が中国の文献に見られないのは、中国国内が混乱していた西暦260～270年ごろの紛争だったためと解釈しました。

最初の戦場は、関門海峡あたりと推測します。準備万端の纒向連合は強力で、容易に関門海峡を突破したと考えられます。連戦連勝でほとんど兵を失わず、玄界灘沿岸の宗像付近まで進みました。補給路や退路も確保しつつ、順調に福岡市東部の香椎付近まで攻め入ったでしょう。纒向連合が予想以上に強力なので、北部九州連合は単発の戦いでは無理をせず、敵を自軍の中心地まで誘い込んだはずです。そして香椎で挟み撃ちにし、纒向連合軍を撃破したと想像します。

その理由は、古事記に仲哀天皇が香椎で亡くなったと書かれているからです。福岡市が発行した郷土史の冊子によると、香椎の地名は仲哀天皇の棺を椎の木で覆ったことから名付けられたそうです。また、あるテレビ番組では、福岡出身の大物タレントが「仲哀天皇が亡くなり、天皇軍の士気が落ちると困るので、武内宿禰が戸板に亡き天皇を括り付け、体の回りを臭いが強い椎木で囲んで死臭を消し、後ろから宿禰が声を発して天皇が生きているように装った。死臭を隠せるほど椎の木の香りが強かったので、この地を香椎と名付けた」と語っていました。ただし、香椎の地名の由来については異説もあるようです。

ともかく、「仲哀天皇」という名前で古事記が記した纒向連合の総大将が、香椎の地で亡くなったと思われます。

話は変わりますが、「住吉三神」の実体は、壱岐島で交易に従事した海人族であると聞いたことがあります。住吉大社は大阪市に本宮があって、全国に約四千もの社を有する全国屈指の神社ですが、特に壱岐と福岡、下関、大阪がそれらの代表格とされています。何故にこの四社かというと、壱岐は海人族である「住吉」の故郷、福岡は「住吉」が大活躍をして形勢を逆転させた場所、下関も最終決戦で纒向連合を畿内に追い返した場所、大阪は「九州王朝」の都における本宮とした場所と考えられるからです。

それはそれとして、北部九州連合軍は香椎付近に来た纒向連合軍を背後から挟み撃ちに攻めたと想像されます。この攻撃に「住吉」とともに戦ったのが志賀島を本拠地とする安曇族でした。さらに、朝鮮半島にいた倭人集団や渡来人のテクノラートも参戦した可能性があると思います。安曇族もこれ以後、全国各地に拡大します。

想像がさらに膨らみますが、纒向連合軍は香椎で、御笠川か多々良川をはさんで武内宿禰が率いる奴国・伊都国・末盧国等を主力とする北部九州の本軍と対峙。糟屋郡宇美町方向の側面からは、不弥国や飯塚、甘木・朝倉の軍勢に、また背後からは住吉や安曇の軍団に囲まれて敗北したと思います。張政が指揮をとったとすれば、兵力に劣る北部九州連合の戦い方は、このような戦術になると考察します。

北部九州連合も、この戦争に周到な準備を重ねて臨んだことでしょう。西暦240年ごろから大和の勢力が西進してきましたが、取りあえず目の前の狗奴国を滅ぼさなければなりませんでした。このため、「敵の敵」である薩摩に「瓊瓊杵尊」を派遣し、狗奴国を挟み撃ちにして撃破し、分裂気味の北部九州を団結させたと思います。卑弥呼の時代には、30カ国は互いに疑心暗鬼の状態だったと書きました。しかし、台与の時代には完全に統一されていました。日田に纒向連合の堅固な城を築かれ、大和の勢力がヒタヒタと押し寄せて来ていたので、団結するのはそれ程困難だったとは思えません。北部九州連合は、生きるか死ぬかの状況に追い込まれていたと思います。

北部九州連合の国力は高まっていたと思いますが、さらに類いまれなる2人の統率者がいたので、戦力が格段に向上しました。その1人は帯方郡から来た張政です。卑弥呼が亡くなり、男王が即位するも倭国は乱れました。北部九州連合は、合議の上で13歳の台与を女王に共立します。霊力はあるものの、権力からは最も遠い少女をトップに据えたのは、北部九州連合の運命を張政に託したからでしょう（張政の帰国した年は諸説ありますが、私は張政が暫く北九州に滞在した説を採用します）。

張政は北部九州の人ではなく、魏の国の有能な軍人です。張政が代表的な存在となったことで北部九州連合は統一され、卑弥呼の時代よりもさらに強力な連合国家になったと思います。彼は有能な軍人で、中国の兵法を身に着けていたはずです。西暦248年、分裂していた北部九州連合に向かって纒向連合がじわじわと押し寄せていたさ中、張政は「三顧の礼」で軍師に迎えられたと思います。彼は、早々に狗奴国を滅ぼすか、併合することに成功したと推察します。強固な纒向連合を、奴国の縁辺の香椎あたりまで引き寄せて殲滅させた戦略の冴えは、まさに中国の兵法を見るようです。張政は、北部九州30カ国のどの国とも軋轢が無く、均等に話し合い、命令を下したので、みな一丸となって戦うことが出来たのでしょう。

そして2人目は、「台与の夫」です。私は、台与共立の条件として玄界灘沿岸の国から夫を選ぶことが盛り込まれていたと想像しています。それは、各国間のパワーバランスをとるためです。その男の名前は、武内宿禰です。台与の夫に決まったのは、西暦250年ごろ。彼は奴国の王子であった可能性が高いと思います。女王が甘木・朝倉で、夫が奴国の王族であれば、バランスがとれます。

武内宿禰は後々まで、女王のパートナーに徹し、応神天皇と仁徳天皇の補佐役となって一生を終えます。古事記は、景行天皇から5代の天皇に仕えた臣下の理想像として描いています。300年も生きたと記され、いかにも非現実的です。実際の武内宿禰は、応神天皇が成長するまでは、大和の実質的な大王であった可能性が十分にあります。しかし、記紀は万世一系の大原則から、武内宿禰が大王であるとは書けません。

私は最近まで、武内宿禰は玄界灘沿岸の宗像の出身だろうと思っていました。第一の理由は宇佐神宮です。宇佐神宮の祭神は三柱あり、中央に比売大神、両端が神功皇后と応神天皇です。この両巨頭を両脇において中央に鎮座できるのは天照大神で、他の神様はあり得ないと思っていました。しかし、実際は宗像三女神だそうです。宗像三女神が天照大神の代役かとも考えましたが、武内宿禰の代役ではないかと思ったのです。中央が父親で、両脇に母と息子の鎮座を想像しました。

第二の理由は、宗像市の神湊《こうのみなと》です。私は全国津々浦々を回りましたが、神湊という地名は、ここ以外に知りません。出雲にも、大和にも、伊勢にも神様はたくさんおられます。それなのに、どうしてここが「神の湊」なのでしょう。宗像大社の外港が神湊と呼ばれ、大和政権はなぜそれを認めたのでしょうか。宗像に巨大な人物がいた感じがしました。しかし香椎まで纒向連合を引き寄せて撃退したことや、海人の安曇族の出身が志賀島であることなどを考えると、武内宿禰は宗像ではなく、やはり奴国の王であったと思います。

宗像に行って調べてみると、弥生時代の宗像にはあまり大きな集落遺跡はありません。現在、平野部になっている水田地帯は、弥生時代には海か湿地帯だったと聞きました。宗像が繁栄し始めるのは、古墳時代後期からだそうです。弥生時代の宗像には大きな国はなく、やはり武内宿禰は奴国の王子であったと確信しました。武内宿禰は張政の下で経験を重ね、誰もが認める王子に成長して北部九州連合のリーダーとなったのでしょう。

宗像大社

8世紀の記紀の編纂者は、万世一系の筋書きに沿って、虚構と知りつつも、武内宿禰を3百年生きて5人の天皇に仕えた忠臣として描きました。何故、そのようなことをしたかといえば、仲哀天皇と応神天皇が親子関係にあることを示すためです。纒向と北部九州の全面戦争や、卑弥呼と台与を女王とする九州王朝の東遷が無かったことにし、事実を隠蔽するために、無理を重ねて偽りの物語を作り上げたのです。

記紀が伝える仲哀天皇と神功皇后の事績は、史実から大きく逸脱した物語で、後世の人々に「ここで王朝が変わったぞ」と暗示するために創作された歴史絵巻のように見えます。

第10章　女王国連合の東遷

一　ベクトルは九州から大和へ

ここでは「女王国」の東遷について考察して行きます。邪馬台国・畿内説の論者には、東遷を否定される方々が多いと思います。今のところ考古学的知見では、九州の勢力が畿内の纒向に軍事進攻した形跡はなく、近畿地方で弥生時代終末期〜古墳時代初頭の戦跡や「九州王朝」の痕跡とおぼしき遺跡なども発見されていません。このため「東遷はなかった」という見解が多いと思いますが、私は以下のような理由から女王連合国の東遷は史実であると考えます。

①8世紀、記紀の編纂に携わった文官は「自分たちの祖先は九州から大和に来た」と認識していたと推測します。記紀には大和ではなく、九州の地に天孫が降臨したと書かれています。

②編纂者たちは「東遷」に関する何らかの資料を保有していたので、神武天皇による東遷と、神功皇后の大和凱旋の記録を記紀に残したと思います。箸墓が卑弥呼の墓で、邪馬台国の延長が大和政権という認識であれば、天孫降臨の地は大和の山々にすればよいことです。それを大和以外の地にすると、政権の威厳が損なわれると思います。

③畿内や出雲で集中的に見られる銅鐸文化は、ある時期から急に消滅しています。その原因については諸説ありますが、九州起源の政権（九州王朝）が発足したので、畿内や出雲の人々はそれまでの銅鐸による祭祀を取り止めたのだと思います。

④魏志倭人伝には、当時の日本列島にあった「倭国」のことが書かれています。北部九州のことが書かれている倭人伝の「倭国」と遣隋使の時まで国名として使われた「倭国」には継続性が見られます。聖徳太子の時代まで、中国で「倭国」という国名が使われていたことからも、北部九州勢力が大和に政権を築いた可能性が高いと考えられます。
⑤太陽信仰は、北部九州から畿内に伝わったと言われています。
⑥織物の技術も、北部九州から西日本各地に伝わっています。
⑦北部九州の地名が、大和盆地に多く存在しています。古墳時代から奈良時代にかけての代表的な豪族の発祥地と目されている地名も、北部九州に多く存在します。多くの九州人たちが大和に移り、しかも地名を決める権限を持っていたと推察します。
⑧弥生時代に発掘された鉄製の武器や農耕具、工具などの量は、九州が畿内を圧倒的に上回っています。鉄器の文化も九州から大和に移行しています。

私は以上のような理由で、北部九州勢力が大和へ東遷したと思います。『物部氏の正体』や『蘇我氏の正体』などの著作で多くの知識を頂いた関裕二氏が、「潮流は東から西に向いている」と書かれた記事を読んだことがあります。関氏は著書の中で「大和の軍勢が大分県日田市の小迫辻原遺跡を占拠したので、北部九州連合は戦意を失い、降伏した。卑弥呼だけが久留米市の高良山付近で抵抗したが、敦賀から来た神功皇后よって殺された」と書いておられました。

しかしそれならば、北部九州の多くの文化が畿内へ移動したでしょうか。瓊瓊杵尊が薩摩に降臨して曾孫に当たる磐余彦が日向から大和へ東遷し、初代の神武天皇として即位するという神話が生まれたでしょうか。伊勢神宮に祀られている天照大神が卑弥呼で、豊受大神が台与ということになるでしょうか。

私は関氏の本から、多くの知識を得ました。私が関氏を批判するのはおこがましいことですが、北部九州連合が負けたとしたら、記紀の記述は大幅に変わっていたとは思いませんか。九州が勝利して政権を勝ち取ったので、8世紀の編者たちは「我々の先祖は九州から来ている」という認識のもとに、伊勢神宮の祭神を「卑弥呼と台与」にしたと思います。

安本美典氏が指摘された「九州の地名と大和盆地の地名の一致」や、澤田洋太郎氏が説かれた「豊後地域と丹後の宮津一帯の地名に一致するものがある」という説も、北部九州が畿内に進出した証拠ではないでしょうか。

記紀にある神功皇后の記事のように、天皇の后が大和や敦賀から九州へ来ることはあり得ないでしょう。北部九州の女王が戦後処理のために出雲に行くことは考えられますが、皇后がわざわざ畿内から九州にやって来て土蜘蛛を討伐するという話に史実性は感じられません。7世紀には、女帝の斉明天皇も朝倉の地で亡くなったとされますが、神功皇后の存在をより現実化して見せるために女性天皇を九州の地に赴かせたか、天智天皇の母の偉大さを強調するための創作でしょう。天皇が都の飛鳥を離れ、九州に赴くことは考えられません。

逆に、台与を女王にいただく北部九州連合軍が、大和の連合軍を九州で撃破して畿内に進出し、「九州王朝」を打ち立てたという歴史が存在するとすれば、8世紀の記紀編纂者たちは今に残る日本書紀のような内容を書いたと思います。関氏の卑弥呼や神功皇后に関する記述は、この部分の解釈に関しては記紀に忠実過ぎる気がします。

話を、仲哀天皇が香椎宮《かしいのみや》（＝現在の福岡市東区香椎）で亡くなられた時代に戻します。仲哀天皇のモデルである纒向連合の総大将が香椎で亡くなり、纒向連合軍は敗走します。この総大将は崇神天皇の可能性も考えられます。いずれにせよ、総大将の死によって形成が逆転したと思われるので、相当な権力、指導力を有していた実力者であると思います。総大将が戦死か病死したため、軍は戦意を失い、引き返すか敗走する事態に陥ったと想像されます。

西暦230年ごろ、出雲の四隅突出型墳丘墓が、突然に築造されなくなってしまいます。これは出雲が纒向を征した証明で、出雲の王が纒向に移ったと考えられます。このことが崇神天皇の即位に関係があるとすれば、彼は西暦200～210年ごろに生まれた可能性が高い人物です。とすれば、香椎での決戦時は50～60歳で、総大将となることが可能な年齢です。後継者の息子を大和に置いて、崇神天皇自身が北部九州連合を討滅するために九州に遠征した可能性は十分に考えられます。大和の大王は熊襲征伐には来ないと思いますが。北部九州連合との全面戦争となれば、自ら前線に出て来る可能性があります

ただ、纒向連合は挟み打ちにされて完敗したのに、大和へ敗走する余力はあったのかという疑問は残ります。しかし纒向の軍勢は、東海、畿内、出雲、吉備などの連合軍です。おそらく北部九州軍の3倍ぐらいの兵力で攻めて来たと思います。博多湾岸まで攻め入って来たのですから、補給路も周到に確保していたはずです。記紀の記述によると、仲哀天皇が亡くなったとき、ご遺体を下関まで運んで葬ったとされるので、中心となった後方基地は下関の豊浦宮にあったと考えます。仲哀天皇は、敦賀から博多に向かう前にも下関で神功皇后を待っています。天皇の死後も、関門海峡を挟んで纒向連合と北部九州連合が対峙した時期が、しばらく続いたと思います。

二　最終決戦地は下関

大分県日田市の小迫辻原遺跡は、纒向連合のもう一方の前進基地でした。ここから「女王国」である甘木・朝倉の勢力を牽制したはずです。難攻不落の日田ですが、博多で勝利した軍勢も加わり、甘木・朝倉軍は日田を陥落させたかも知れません。あるいは、香椎で纒向連合軍の総大将が討ち死にした情報が伝わり、纒向

側は士気も低下して、軍勢は下関へ退却したとも考えられます。

私は、日田から想定される退路を現地に行って調べてみました。というのも、日田は周囲を山に囲まれた盆地で西からの防御は強固ですが、ここから移動するのは全て山越えになり、退却は困難であったろうと想像したからです。小迫辻原遺跡に駐屯していた纒向軍が、どのルートから撤退したのか、興味津々でした。

私は宇佐から日田方面に入ったことがなかったので、２０２１年秋、現地を確認するために駅館《やっかん》川を上っていきました。しかし玖珠までの峠は標高が高く、玖珠から日田までの約20キロは筑後川沿いに大渓谷の連続。道なき道のような地形が連なっていて、とても大軍が退却できるルートではないという印象でした。地元の人から「筑後川沿いを通らず、山越えをして玖珠へ抜ける道がある」と聞き、車で走ってみました。川沿いを進むよりも可能性があるとは思いましたが、山越え、谷越えの連続でした。

さらに、日田から西に向かってJR夜明駅を通り、２０１９年の集中豪雨で大きな被害を受けた東峰村から日田英彦山線沿いを北上して、九州東岸の行橋市に逃れるルートを考えました。しかし、東峰村は筑紫平野の最東端に位置する場所で、ここから逃避しようとすれば甘木・朝倉軍と衝突する可能性があり、退却ルートにはならないと感じました。

一方、地図をみると旧山国町から英彦山《ひこさん》に向かうルートがあり、また車を走らせました。しかし英彦山付近の峠道は、かなり険しいものがあります。

やはり山国川を下るルートが、一番可能性が高いと思いました。大石峠を越えることになりますが、それほど険しい峠には見えません。山国川も峠近くは急流ですが、退却するための道幅は確保できそうです。

途中に「青の洞門」と名付けられた観光名所があります。江戸時代、ここは山が迫って道が作れず、村人が困っていたので、地元の僧侶が長い歳月をかけて粗末な道具で掘り抜いたというトンネルです。確かに山国川の一方は絶壁が400〜500メートル続きますが、対岸は退却可能な地形があり問題はなさそうです。

周防灘沿岸の中津平野に入って北上し、現在の豊前《ぶぜん》市から行橋《ゆくはし》市に到達した可能性が強いと思いました。宇佐や安心院《あじむ》に拠点があったとしても、目的地は下関なので中津平野を北上したと考えます。途中に豊津《とよつ》という町があります。ここが豊前国《ぶぜんのくに》の港でしょう。昔から豊前、豊後《ぶんご》の豊国《とよのくに》は、台与と関係があるともいわれています。行橋市か京都《みやこ》郡には、豊の名前が付いた古い神社があったと思います。台与が率いる軍隊が行進したヴィクトリー・ロードであるが故に、豊の地名があちこちに残っているという印象です。

退路とは関係ありませんが、卑弥呼もしくは台与が魏帝から授かったと伝わるダンワラ古墳出土の「金銀錯嵌珠龍文《さくがんしゅりゅうもん》鉄鏡（国指定重文）」と日田市との関連を述べたいと思います。

天領日田資料館（日田市豆田）に問い合わせの電話をしたところ、佐々木祥治さんを紹介してもらいました。佐々木さんは、地元の歴史研究家で邪馬台国・日田説を唱えておられます。私は日田説には賛成しかねますが、夕食を取りながら2時間以上も語り合いました。翌日は、鉄鏡が出土した場所とレプリカが展示してある天領日田資料館を案内してもらい、レプリカを手にすることもできました。また佐々木さんから、関裕二氏の『卑弥呼 封印された女王の鏡』という本に、この鉄鏡の詳細が書いてあると教えてもらいました。

佐々木さんと語り合い、本も読んでみたのですが、この鉄鏡を受け取ったのはどう考えても卑弥呼ではない気がしました。魏志倭人伝に鉄鏡の記述はなく、狗奴国との戦いの最中なので卑弥呼自身が日田を訪れたとは考えにくいからです。やはりこの鏡は、台与が266年に西晋に朝貢して授かった鏡で、台与が甘木から日田、中津経由で下関に進行する過程で日田に持ち込まれたと考えるのが自然であると思います。台与が、小迫辻原の纒向連合を駆逐した日田の豪族に授けた可能性も考えられます。

しかし、鏡の本場・中国でも王侯クラスが持つような豪華な鏡を、台与が一介の豪族に与えたというのも不思議です。「漢委奴国王」の金印が奴国のはずれの志賀島で発見されたのと同じく、この鉄鏡は本来、大和で発見されるべきものだったと思いました。台与が下賜された鏡であれば、大和の箸墓か神功皇后陵などから出土するのが自然です。この鉄鏡が発見された場所は、ＪＲ豊後三芳駅近くの「ダンワラ古墳」という伝承があり、祭祀が営まれた可能性もある場所らしいのですが、謎は深まるばかりでミステリーは今後も長く続くことでしょう。

さて、下関に博多と日田から敗走して来た軍勢が集結し、戦はなおしばらく続いたと思います。いくら大敗を喫し、総大将を失っても、北部九州に劣らぬ勢力が未だ残存していたと思います。彼らの最大の目的は関門海峡の開放であり、そのためには北部九州連合軍を壊滅に追い込む必要があったからです。その目的達成まで、下関に集結した纒向連合軍は、畿内に戻ることを許されなかったかも知れません。士気は低下したでしょうが、軍勢はおめおめと帰るわけにもいかず、補給路なども確保されていたと思います。

そして、下関で北部九州連合と纒向連合の最終決戦が行われ、北部九州連合が勝利したと思います。こんなことを言うのは私が初めてかもしれませんが、西暦260年代に関門海峡を挟んで大決戦が行われたと思うのです。その理由は以下のとおりです。

①纒向連合は関門海峡の開放が第一目的であるため、香椎で敗れはしたものの、関門海峡だけは死守すべく下関に留まったと思います。兵員の増強や食料補給なども行われたと推察します。

②下関の住吉神社は、全国に４千社ある住吉神社の中で壱岐、福岡、大阪と並んで重要な４つの社の中の１つといわれます。博多で大勝利した北部九州連合の立役者である壱岐と志賀島の海人たちが、関門海峡の決戦でも勝利に大きく貢献。そのため、下関の住吉神社は重要な社の１つになった気がします。敗れた纒向連合は、仲哀天皇のモデルとなった総大将の遺骨の一部を、下関に埋めて帰りました。後世の人が豊浦宮を再建して纒向の総大将を弔ったとみられます。豊浦宮は中世に火事で焼失し、今日の忌宮神社に変わりました。現在の山口県の西半分にあたる長門の国では、長門一の宮が住吉神社、長門二の

宮が忌宮神社です。住吉神社は新幹線の新下関駅近くにあり、新幹線開通まで新下関駅を長門一宮駅と呼んでいました。

③奈良時代から、下関の地は豊浦《とゆら》と呼ばれています。台与の湊とも読めそうで、ここから出雲に出発した可能性がありそうです。現代も豊浦高校という名門の県立高校があり、下関の歴史博物館に問い合わせると豊浦のエリアは現代の下関市一帯だそうです。現在の下関市は、旧下関市と旧豊浦郡を合わせた地域で、旧豊浦郡には豊浦町と豊田町と豊北町がありました。旧下関市を合わせれば長門の国の半分以上を豊の名前が付いた地域が占めています。長門の国は豊浦の国と言えなくもない気がします。関門海峡を挟んで北に豊浦、南に豊前と豊後。私は、この3つの「豊」が台与と繋がっていると推察します。

以上が、関門海峡で3世紀、北部九州勢力と纒向連合の最終決戦があったと推測する理由です。「3つの豊」は今まで、誰も唱えていない説だと思いますが「香椎で仲哀天皇が亡くなった」という記紀に書かれた事柄を、北部九州連合と纒向連合の全面戦争の痕跡と捉え、北部九州連合が勝利したと想定したならば、やはり最後は関門海峡で大決戦という流れに行き着く気がします。

三　纒向連合の分裂

福岡市東区の香椎や関門海峡で勝利した北部九州連合ですが、纒向連合軍をそのまま畿内まで追い詰めて行ったかといえば、答えは「NO」だと思います。鉄の獲得に関しては、関門海峡を再び封鎖して利益を確保したかも知れませんが、畿内まで攻めてゆく兵力も財力も無かったと思います。しかし、東遷したのは事実でしょう。ここで東遷していなかったら、記紀に東遷が書かれることは無かったはずです。

いかにして東遷が可能になったかを推理すると、その理由は纒向勢力が分裂したからと推察します。分裂した一方の勢力から北部九州連合に対し、畿内に来て政権を樹立して欲しいという要請があったからだと思います。それが無ければ、決戦に敗れたとは言え、吉備、出雲、越、丹後、近江、尾張、播磨などの強国を擁する纒向に、北部九州連合が進軍するのは不可能だったはずです。

大和が、日田のように自然の地形に恵まれた「要塞」であることは、北部九州も承知していたと思います。北部九州が単独で大和を攻略できるとは、夢にも思っていなかったはずです。

私は、纒向で起こった分裂騒動は、出雲と吉備勢力の対立だったと推察します。そして、北部九州勢力に「東遷」を促したのは吉備の勢力でしょう。関門海峡が再び封鎖されて困ったのは瀬戸内の国々です。中でも吉備は纒向連合の主導権を出雲に握られ、瀬戸内海の利権も大きく失って国力が伸び悩んだと想像します。

北部九州連合に敗れ、再び関門海峡を封鎖されたため、吉備は北部九州勢力を纒向の中心に置いて、新たな政治体制を築くことを提案しました。しかし、出雲を中心とする勢力に反対されて頓挫。このままでは「国の存亡にかかわる」と危機感を募らせた吉備や瀬戸内の勢力は、北部九州勢力に畿内への東遷と政権奪取の緊急性を訴えたのでしょう。

北部九州連合は当初、半信半疑で吉備の提案を受けたと思います。記紀の記述では、神武天皇が九州から進発して橿原で即位するまで、15年の歳月を要しています。このうち、吉備には8年も滞在しています。15年はいかにも長過ぎますが、ある程度の時間をかけて慎重に戦略を進めて行ったと推察します。

北部九州連合は、軍事の専門集団である物部氏を吉備に派遣し、少なくとも2～3年をかけて東遷の計画を練ったのではないでしょうか。

私は物部氏の出自について、福岡県北部の遠賀川流域に勢力を張っていた一族と認識していました。関裕二氏の著書『物部氏の正体』によると、「遠賀川流域」説は歴史学者の鳥越憲三郎氏の説だそうです。また氏族制度の研究者である太田亮氏は壱岐・末盧国説や筑後平野説を唱えておられるそうです。他にもいくつか候補地があるようですが、その中には吉備の領土や「九州王朝」成立後に吉備が賜った領土も含まれているようで、明確にどこかは判断しかねます。

ここで、吉備は通婚によって深い関係を結んでいた出雲と対立し、決別する道を選んだのかという疑問が生じます。また出雲だけでなく、北部九州連合を倒すために結束した同志の国々を裏切ることができたのか、甚だ疑問です。しかし▽九州で生まれた応神天皇が即位している▽卑弥呼と台与が伊勢神宮に祀られている▽「神武東遷」が記紀に書かれている▽出雲と畿内の銅鐸文化がきれいに消滅している▽神武天皇は長髄彦（ナガスネヒコ）を裏切った饒速日命（ニギハヤヒノミコト）から政権を禅譲されている―などの傍証から、九州勢力が畿内に王朝を築いたのは間違いないと思われます。

先に触れたように、北部九州単独で畿内を圧倒することは不可能であると思います。また、応神天皇の治世から本格的な古墳時代に入りますが、吉備の前方後円墳は規模の巨大さで大和の大王陵にも負けていません。新しい大和の王と吉備の王は同格か、それに近い力を持った権力者に見えます。

以上述べてきたように、吉備は大和に築かれた「九州王朝」成立に大きな貢献をしました。その功労者の墓とも思える巨大前方後円墳が、吉備には実在します。吉備が纏向連合を裏切ったからこそ新王朝が生まれたことの証明ではないでしょうか。

四　岡田宮から大和へ

ここからは、記紀に書かれた初代神武天皇の東遷と、第14代仲哀天皇の后である神功皇后が大和に凱旋帰国した記述を重ね合わせて歴史を描いて行きます。私は、台与である神功皇后が苦難の末に畿内に凱旋した話は史実に近いと考えるからです。ただし、実際は「畿内への凱旋」ではなく、九州勢力による畿内進出、新政権樹立であると思っています。

8世紀の記紀の編纂者たちは、南九州勢力が北部九州連合の東進に同行したので、新たに「神武東遷」という南九州の瓊瓊杵尊の子孫が東上した話を付け加え、歴史を古く長く見せかけたと思っています。

日向を進発した神武天皇一行は宇佐付近に寄港し、地元の豪族から歓待を受けます。その後、関門海峡を通過して西に向かい、遠賀川河口の岡田宮に入りました。神武が寄港した岡田宮に、武内宿禰や物部、住吉、安曇など、北部九州の全勢力が集結していたので、南九州勢も岡田宮に寄港したと考えられます。そこから畿内へ出発しますが、吉備をはじめとする瀬戸内海の国々の船団が加わっての東進です。そして苦難の末に大和に到着し、吉備の勢力から政権を禅譲されたと想像します。

記紀によればその前段で、神武天皇は東大阪で敗退し、南紀州に向かったことになっています。しかし、新宮あたりから熊野川を北上するのは現実的ではありません。もし記紀の記述のように東大阪で敗れたのなら、武内宿禰は大阪湾を南下して紀ノ川を遡り、大和に進んだと思います。その理由は▽和歌山が武内宿禰の出身地とされ、その痕跡が残っている▽神武天皇は紀ノ川から葛城を通って大和へ進出した可能性があり、南九州と甘木・朝倉勢が中心の部隊は宮滝から宇陀方面、今日の国道370号線を北上して大和に進軍したと考えられる――などです。

新政権は旧纒向連合諸国の所領地の多くを保証し、吉備が中心になって政権を補佐する体制だったと思います。纒向連合が吉備の慣習を踏襲したように、北部九州連合も独自性をなるべく抑え、吉備の祭祀を受け入れたと思います。九州勢には、倭国を統一するためには九州の慣習に偏ってはならないという自覚があり、祭祀の形態は吉備に譲ったのでしょう。これ以後、前方後円墳という墳墓の形式が全国に拡大して行きます。九州と吉備、出雲の特徴を取り込んだ前方後円墳を、共通の墓形とすることで統一を図ったと思います。

記紀によれば、神功皇后が産んだ幼い皇子（のちの応神天皇）に皇位を奪われることを恐れ、異母兄の忍《おし》熊王《くまのみこ》と香坂王《かごさかのみこ》が叛旗を翻して、筑紫から凱旋してきた皇后軍を迎撃したとされます。この2人の王が誅殺されたのが、西暦270年前後であると思います。

この事件の前に張政が帰国し、台与は266年に魏の後に興った西晋に朝貢しています。張政は、全ての実権を台与と武内宿禰に渡して帰国したでしょう。関門海峡の決戦では、武内宿禰が奴国の安曇族や壱岐の海人族を投入し、朝鮮半島にいる倭人や韓人の官僚を重用して大活躍した可能性もあります。張政は安心して帰国したのではないでしょうか。

さて出雲ですが、纒向と北部九州の戦争が事実なら、纒向の総大将は出雲勢力以外に考えられません。出雲の「国譲り」神話が記紀に描かれています。国譲りはいつ行われたのかについて、私には二つの時代が思い浮かびます。一つ目は、「台与の時代」です。もう一つは蘇我本家が滅び、天武天皇が亡くなったあとの「持統天皇の時代」で、藤原不比等が出雲の国譲りを実行したという想定です。私は、これらが二つともあったと考えます。北部九州勢力が大和に進出し、政権の座に就いて半年から1年後、女王である台与が出雲を訪れたと推察します。九州と畿内で敗れた出雲に、もはや抵抗する力は無かったと思います。

そしてこれも想像ですが、応神天皇の兄弟か、武内宿禰の兄弟や縁者と出雲の姫を結婚させ、出雲で新しい国づくりをした可能性が高いと思います。広大な出雲を治めるための最善の策といえます。武内宿禰の母国である奴国が中心になり、九州各地から多くの人々が移住したでしょう。出雲国風土記に、崇神天皇か垂仁天皇の時代、「吉備の勢力が一時期、出雲の西南部を占拠していた痕跡がある」と記されています。歴史学者の門脇禎二氏の著書『出雲の古代史』にも、吉備発祥の墳墓が出雲にあると書かれており、吉備勢力が一時的に出雲平野を占有して、新しい出雲の建設に参加した可能性があります。一時的だと思われますが、私は現在のＪＲ木次線の沿線あたりを境にして、西を吉備、東を九州勢力が治めたのではないかと推察します。

第11章　九州王朝の成立

一　台与が大和に邪馬台国を建国

台与を女王とした大和政権が誕生しました。この九州王朝こそ陳寿が魏志倭人伝に記載した「女王が都とする邪馬台国」です。甘木朝倉や奴国を初めとする、多くの女王連合国の面々が中心となり出来上がった大和政権です。成美堂出版が２０１３年に発刊した『図解　古代史』に大和政権の豪族分布図が描かれています。現在の奈良市から天理市北部一帯に和珥氏、生駒郡一帯に平群氏、天理市南部に物部氏、桜井市に大伴氏、明日香村に蘇我氏、近鉄飛鳥駅一帯に羽田氏、その南に巨摩氏、大和高田市から御所市一帯に葛城氏の名前が見受けられます。このうち和珥《わに》氏と大伴氏については、後の項で「九州勢力であろう」と指摘しています。両氏以外に記載した豪族は、鏡味完二氏が発見し奥野正男氏が付け加えた「北九州と大和の地名が一致するとした地図」の中に名前があり、全て福岡・佐賀両県内に確認出来ます。これを見る限り、大和政権発足時、北部九州の勢力が大和に大挙して進出し、政権の中枢に座ったのは疑いの無い事実のように感じます。旧纒向勢力は大和、河内で所有していた土地の多くを九州勢力に明け渡したように見受けられます。

歴代天皇在位年表

第何代	天皇名	在位年代	在年数
初代	神武天皇	紀元前660年～紀元前585年	76年
第2代	綏靖天皇	紀元前581年～紀元前549年	33年
第3代	安寧天皇	紀元前549年～紀元前511年	38年
第4代	懿徳天皇	紀元前510年～紀元前477年	34年
第5代	考昭天皇	紀元前475年～紀元前393年	83年
第6代	考安天皇	紀元前392年～紀元前291年	102年
第7代	孝霊天皇	紀元前290年～紀元前215年	76年
第8代	孝元天皇	紀元前214年～紀元前158年	57年
第9代	開花天皇	紀元前158年～紀元前98年	60年
第10代	崇神天皇	紀元前97年～紀元前30年	68年
第11代	垂仁天皇	紀元前29年～西暦70年	99年
第12代	景行天皇	西暦71年～西暦130年	60年
第13代	成務天皇	西暦131年～西暦190年	60年
第14代	仲哀天皇	西暦192年～西暦200年	9年
摂政	神功皇后	西暦202年～西暦270年	69年
第15代	応神天皇	西暦270年～西暦310年	41年
第16代	仁徳天皇	西暦313年～西暦399年	87年
第17代	履中天皇	西暦400年～西暦405年	6年
第18代	反正天皇	西暦406年～西暦410年	5年
第19代	允恭天皇	西暦412年～西暦453年	42年
第20代	安康天皇	西暦453年～西暦456年	3年
第21代	雄略天皇	西暦456年～西暦479年	23年
第22代	清寧天皇	西暦480年～西暦484年	5年
第23代	顕宗天皇	西暦485年～西暦487年	3年
第24代	仁賢天皇	西暦488年～西暦498年	11年
第25代	武烈天皇	西暦498年～西暦506年	8年

第26代	継体天皇	西暦507年～西暦531年	25年
第27代	安閑天皇	西暦531年～西暦535年	4年
第28代	宣化天皇	西暦535年～西暦539年	4年
第29代	欽明天皇	西暦539年～西暦571年	32年
第30代	敏達天皇	西暦572年～西暦585年	14年
第31代	用明天皇	西暦585年～西暦587年	2年
第32代	崇峻天皇	西暦587年～西暦592年	5年
第33代	推古天皇	西暦592年～西暦628年	36年

二　神話から歴史の時代へ

右表は、歴代天皇の年代と在位期間を表したものです。この年表は日本書紀に記載されているもので、年代がほぼ確かであるとされる第33代推古天皇までを掲載しています。この年表を見て、応神天皇の即位が西暦270年であることに注目し、「邪馬台国と、古事記や日本書紀の記述がつながった」、「神功皇后こそ台与である」と思ったのは、私だけでしょうか。

安本美典さんの説に従い、古代天皇の平均在位を10年として、実在した推古天皇の即位を西暦600年に設定すれば、天皇の即位年は▽雄略天皇＝480年ごろ▽応神天皇＝420年ごろ▽崇神天皇＝370年ごろ▽初代・神武天皇は270年前後となり、天照大神が220年ごろとなります。

安本氏の説によれば、天照大神と卑弥呼は時代が一致し、台与は神武天皇の時代あたりになります。雄略天皇の即位は480年ごろとされますが、この天皇の名前（ワカタケル大王）が刻まれた鉄剣が埼玉県行田市の稲荷山古墳（5世紀後半の前方後円墳）から出土しているので、ほぼ一致していると思われます。

しかし私は、安本氏とは少し異なる説を考えました。その基本となるのは、日本書紀に応神天皇の即位が西暦270年と記されていることです。年表に書かれている初代神武天皇から神功皇后までの即位年と在位期間は、歴史を古く見せるために書かれたと想像します。第10代崇神天皇の時代からは、大王が実在した可能性もありますが、即位年と在位期間は違っていると思います。

記紀によると、神武天皇から第14代仲哀天皇までの平均在位は70年弱で、弥生時代には考えられない長さです。不思議なのは、応神天皇の即位年です。仲哀天皇は西暦200年に香椎で亡くなりましたが、その時神功皇后のお腹には、のちに応神天皇となる皇子が宿っていました。受胎したのが西暦199年とすると、応神天皇は西暦200年の生まれです。応神天皇の即位は270年で、それまでの間、神功皇后が摂政を69年間も務めたとされています。この理由を調べてみましたが、明快な答えはありませんでした。

記紀の編纂者は、何の目的でこんな偽りを掲載したのでしょうか。なぜ神功皇后は、長い年月の間、応神天皇に即位させなかったのでしょうか。「神功皇后が摂政ではなく天皇だったからと解釈した方がまだ納得がいく」と書いた本もありました。

私の考えでは、通常であれば遅くとも西暦220年ごろまでには、応神天皇が即位したはずです。大和への凱旋が苦難を極めたとしても、誕生から20～30年で即位したという設定にするでしょう。応神天皇が70歳で即位して、110歳まで生きたという設定にした理由は何だったのか―。私は、紀元前660年から西暦270年まで、1人平均70年の在位構成の中で、仲哀天皇の在位期間がわずか9年だったため、それを神功皇后の摂政の期間で埋めたという解釈しか考えられませんでした。「神功皇后の摂政在位で、年代を調整した」と言うことであれば、応神天皇の「西暦270年即位」に史実性を感じます。そうすると西暦270年は台与が35歳で、邪馬台国の女王として即位した年であると考えました。数年後、この情報が陳寿のもとに伝わり、魏志倭人伝に書き加えられたと想像します。故に私は、この「西暦270年」を歴史の起点に据えて考えて行きます。

三　短命だった仁徳天皇

応神天皇以降の天皇の即位年と在位期間は、おおむね正しいと思います。応神天皇以降で、在位期間が最長だったのは允恭天皇の42年です。幼年期に即位したと考えられる応神天皇が41年、次が推古天皇の36年です。一人の例外を除いて大体、正確であるという気がします。神武天皇から神功皇后までの年代や在位期間に比べたら、かなり事実に近いと思います。

神功皇后までが「神話の時代」で、応神天皇から現実の「歴史の時代」に入った感があります。しかし、応神天皇以後、実在性が低い天皇が一人おられます。第16代仁徳天皇です。記紀には、応神天皇の四男として生まれたと書かれています。仁徳天皇は、長男が天皇を継ぐべきであるとして、反対勢力を抑えて長男に即位を勧めました。しかし、長男は四男が即位すべきだとして固辞します。最後には長男が自ら命を絶って、四男に皇位を譲りました。自ら命を絶って皇位を譲るのは、儒教思想の影響らしいのですが、いささか理解に苦しむ話です。

四男の皇子は喪に服し、即位が3年遅れます。応神天皇の崩御が310年で、仁徳天皇の即位が313年です。この箇所も非現実的で、記紀の編者が苦心している様子が目に見えるようです。纏向王朝から九州王朝に変わりましたが、新王朝は発足したばかりで安定しません。そんな中で記紀の編者は、どうすれば万世一系の系図ができるか、腐心した様子が窺えます。

記紀によれば、仁徳天皇は民の家々を眺めた時、朝夕の食事の仕度時に煙が上がっていないことを憂い、3年間、徴税を免除しました。天皇の住まいは雨漏りがしていたにもかかわらず、修理をしなかったとも書かれています。3年経って、家々から煙が上るようになり、天皇は「みな、やっと豊かになったな」と喜び、徴税を再開したということです。天皇は多くの資金を新田開発に投入し、河内平野に多くの良田を作りました。彼は110歳まで生きて善政を行い、聖帝と呼ばれました。好色で人間的な一面も書かれていますが、話ができすぎの感があります。私は仁徳天皇の事績を読んで、聖徳太子と人物像が重なりました。

『逆説の日本史』を書かれた井沢元彦氏は、名前に「徳」の字がある天皇は、悲惨な人生を送られたと書いています。それが気になったので、名前に「徳」の字が付く天皇を古い順に並べ、足跡をたどりました。

①仁徳天皇＝（前述のとおり）

②聖徳太子＝天皇ではありませんが、同格の実力者として取り上げました。記紀に記された人物の中で誰よりも頭脳明晰で、善人として描かれています。戦前に教育を受けた人は、最高の偉人として教えられたはずです。しかし、長く摂政に就きながら天皇になれず、蘇我氏から疎まれて摂政のまま亡くなりました。太子が亡くなった後、一族は蘇我入鹿に殺されます。これによって、蘇我氏は千年以上も悪者とされてきました。蘇我稲目が欽明天皇に二人の娘を嫁がせ、天皇とこの二人の娘の間に生まれた男女が夫婦になって生まれた子供が聖徳太子です。蘇我の〝ど真ん中〟に位置する一族の代表的人物です。厩戸皇子は実在したかもしれませんが、聖徳太子は蘇我一族を弔うために祀り上げられた偶像のような気がします。

③孝徳天皇＝「乙巳の変」発生当時の天皇である皇極天皇の弟で、中大兄皇子や大海人皇子の叔父にあたります。中大兄皇子から天皇に推挙され、一旦は固辞したものの、押し切られる形で即位します。難波に遷都しましたが中大兄皇子と対立し、離反したようです。その結果、皇后や部下の大半が大和に帰り、一人難波で病死します。妻は中大兄皇子の妹ですが、この兄妹には男女の関係があったとみられ、息子の有馬皇子も中大兄皇子に殺害されます。最近では、孝徳天皇は「乙巳の変」で最も得をした人物という見方も多いようですが、私は中大兄皇子に振り回され、悲痛な人生を強いられた天皇だと思います。

④称徳天皇＝「日本三大悪人」の一人とされる道鏡を寵愛した女帝です。第45代聖武天皇の皇女で、皇太子を立てず、道鏡を太政大臣に任命して法王の位を授けました。道鏡は、自分を天皇にしたら天下泰平になるという宇佐八幡宮の神託を受けたと天皇に奏上します。このため天皇は、皇統を廃して道鏡を擁立しようとしますが、和気清麻呂を宇佐八幡宮に遣わして神意を確かめさせたところ虚言であることが

分かり、道鏡は配流されました。道鏡は病死したとされますが、天皇位に就いて藤原一族を排除しようとしたとして誅殺された可能性も否定できません。称徳天皇の姉妹である井上《いのえ》内親王と、井上内親王の子である他戸《おさべ》親王が幽閉されて不審死を遂げ、天武天皇と持統天皇の間にできた子孫、いわゆる天武系が断絶します。これ以後の皇統は、天智天皇の系列になって行きます。

⑤文徳天皇＝藤原良房の圧力の前に、一度も内裏正殿を居所とすることが出来なかった天皇です。政務に出席することも徐々に叶わなくなり、天皇不在を常態化した天皇でもあります。良房に敗れ、藤原氏による摂関政治の原因をつくった人物と伝えられます。

⑥崇徳天皇＝１１５６年、崇徳天皇が上皇の時代、皇位継承問題等で朝廷が崇徳上皇と後白河天皇の両派に別れて対立し、保元の乱が勃発します。源氏と平氏が活躍し、武士が表舞台に登場したことで有名な乱です。この政変に敗れた崇徳上皇は、讃岐に流され、当地で非業の死を遂げます。

⑦安徳天皇＝最後の源平合戦の地、山口県下関市の「壇ノ浦の戦い」で源氏に敗れ、平家の女人たちと関門の海に身を投げたとされています。御年８歳でした。

⑧順徳天皇＝父親は後鳥羽上皇。承久の変に敗れ、上皇は隠岐に流されます。順徳天皇も佐渡に流され、失意のうちに亡くなったと言われます。

以上のように、名前に「徳」の字が付いた天皇や太子は、不遇な人生を送られたと見受けられます。井沢氏が指摘されたことには真実味があります。

仁徳天皇も例外ではなく、本当の仁徳天皇は応神天皇の長男ではないでしょうか。自殺されたのではなく、葛城氏に殺められた気がしてなりません。仁徳天皇の在位期間は記紀には87年とありますが、実際には３年間で、残りの期間は「欠史八代」の天皇の在位期間に含まれているような気がします。

私は、応神天皇の系列が、王位継承権を保有する一族として公式に認められたと想像します。大和で「九州王朝」が政権を運営するに当たり、まずは応神天皇の系列が王位を継承する正統と定められたのでしょう。九州王朝は一つにまとまらねばならず、応神天皇がその要です。故に、父方の武内宿禰の祖国で葛城山系の麓を本拠地とする「奴国」のグループと、母方である台与の母国で奈良から橿原一帯に土地を領有していたとみられる「甘木・朝倉」グループが、政権運営の中枢を担ったと思います。

両一族は対立もしますが、九州王朝存続の大義のもとで通婚を繰り返し、他の九州出身の豪族や渡来系の一族とも通婚を重ね、互いに親族となって政権基盤を確立します。あくまでも一族内のトラブルですが、応神天皇の没後、早々にクーデターの如き事態が発生しました。首謀者である仁徳天皇の兄（大山守皇子）は母方の甘木・朝倉勢力が推した後継者であったと思います。彼が大王に就任するも、それを不満とした父方の「奴国」グループが反乱を起こして政権を奪ったと推察します。これによって誕生したのが葛城王朝で、100年前後続いたと考えられます。葛城グループの中では、蘇我氏、平群氏、巨勢氏などの豪族が活躍します。

四　和珥氏と大伴氏

葛城王朝は、西暦310年に応神天皇が崩御されたあと、3年間の甘木・朝倉系天皇の在位を経て、313年から100年前後続いたと思います。「九州王朝」の建国の父というべき武内宿禰の直系が葛城氏であり、「奴国」の勢力をバックボーンとして、初期の政権を牽引したと想像します。

一方、台与の子孫である「甘木・朝倉」勢力の動向については、記紀から窺い知ることが出来ません。九州王朝は畿内では「よそ者」です。纒向連合を倒して政権を奪った勢力で、畿内に強固な地盤はありません。吉備や丹後など友好国は多数あると思いますが、敵も多かったでしょう。それ故、分裂してはならないのです。纒向連合は吉備の造反で崩壊しましたが、九州勢力は纒向の二の舞にならぬよう努力したはずです。

応神天皇から仁徳天皇に移行する時、内紛が発生しています。最初に甘木・朝倉勢力が推す人物が即位したものの、奴国の血を引く勢力が政権を奪還し、葛城王朝を築きました。しかし、甘木・朝倉勢力は滅びてはいないはずです。それどころか葛城王朝時代にも、一人か二人は甘木・朝倉系の天皇（大王）が即位したと推察します。「欠史八代」天皇の中でも、開化天皇は現在の奈良市に本拠を構えていて、「葛城」系ではない気がします。奴国と甘木・朝倉の両勢力は通婚を繰り返し、大王家に后妃を送り込んでいるはずです。小さな内紛はあったでしょうが、「奴国」と「甘木・朝倉」は皇位継承権を握る一族として、団結して政権運営をしたはずです。私は、「奴国」勢力は葛城氏で、「甘木・朝倉」に該当するのは和珥《わに》氏だろうと考えました。その理由を箇条書きにすると、以下のとおりです。

①諸説ありますが、和珥氏は神功皇后に仕えた武振熊命（タケフルクマノミコト）を始祖としています。私は、神功皇后＝台与と想定しているので、和珥氏は甘木・朝倉出身の氏族である可能性が高い気がします。

②第11章「台与が大和に邪馬台国を建国」の項で記載した豪族は、漠然とですが領土面積も示され、和珥氏は葛城氏と並んで最大の領土を保有しています。やはり応神天皇の父方である奴国と母方の甘木が、広範な所領を賜ったと私には見受けられます。

③古事記によると、和珥氏は第2代綏靖天皇の御世から11人の后を輩出し、その数は葛城氏や蘇我氏を凌駕しています。歴史が古く、名門中の名門のように記されています。九州王朝の中核で、葛城氏以外で11人もの后妃を送り込めるのは、甘木・朝倉の勢力であろうと思います。

④応神天皇の皇太子であった菟道稚郎子皇子《うじのわきいらつこのみこ》は、弟の仁徳天皇に位を譲り、儒教思想によって自ら命を絶

ちました。太子の母である宮主宅媛《みやぬしやかひめ》は和珥氏出身とされます。そうすると、この媛は台与の娘で、甘木・朝倉系の母を持つ太子が抹殺された可能性が現実味を帯び、仁徳天皇即位時の内紛を連想させます。

⑤和珥の名は鰐を連想させ、海人のイメージがありますが、内陸の天理市周辺に本拠を構えており、海人族ではない気がします。古代には、赤土をハニ（埴）と呼んだそうで、和珥氏の名はそこから付いたという説が近年、有力です。

⑥和珥氏の出自は、専門家の間でも意見が分かれるそうです。和珥氏出身の后妃は多く見られますが、男子の名前がなく謎が多いためでしょう。しかしこの謎に満ちた氏族は、葛城氏に敗れたものの名家として存続した甘木・朝倉勢力の代表であることを象徴している気がします。九州王朝には、権力バランスの上で葛城の他にもう一つの名家が必要で、それは和珥氏以外に見当たりません。

琵琶湖の西側を通るJR湖西線に「和邇《わに》」という駅があります。西近江の中心である堅田駅から、敦賀方面に2つ進んだ駅です。堅田駅と和邇駅の間は小野駅です。和珥氏から別れた分家に、小野氏があります。故に和珥一族が、古代からこの一帯に住んでいたことは確かでしょう。後世の小野妹子や小野小町を輩出した、小野一族です。春日氏や万葉歌人の柿本人麻呂を輩出した柿本氏も、和珥の分家です。

西近江で、和珥駅から敦賀方面に7つ進んだ駅が安曇川《あどがわ》駅です。安曇川は、第26代継体天皇の誕生地とされる歴史のある町です。現在は合併で高島市になっていますが、平成大合併の前は安曇川町でした。安曇川町も昭和に合併してできた町名で、それ自体に歴史はありませんが、安曇川と言う川の名は古くからあったそうです。

私は、安曇川から安曇《あずみ》一族を連想します。当初は、和珥氏が安曇一族と関連するなら、和珥氏は当然、奴国系の氏族と想像していました。しかし和珥駅周辺は、壬申の乱で目覚ましい活躍をした和珥部君手《わにべのきみて》に天武天皇が授けた土地と考えられ、7世紀以降に和珥一族が移り住んだところでしょう。天理市から奈良市南部にかけての領地が、3～4世紀に九州王朝から与えられた土地だと思います。和珥氏は謎だらけですが、葛城氏が衰退する中で雄略天皇、仁賢天皇、継体天皇に后妃を送り込み、この時代が全盛期です。やがて分家の春日氏が中心となりますが、蘇我氏によって和珥一族の勢力が削がれたと言います。しかし小野家や柿本家は平安時代まで名を残しています。

次に大伴氏です。古事記によると、大伴氏の先祖は、天孫降臨の先頭に立って天八重雲を押し分けて高天原から下った天忍日命（アメノオシヒノミコト）と書かれています。私の推理では、狗奴国を挟み打ちにするため、北部九州から瓊瓊杵尊に付き添った人物だと思います。「伴」とは束ねる意味が込められているそうで、「大伴」はその大元なので、野間岬付近に上陸した軍団の最高司令官であった可能性が高いと考えます。大伴氏は南九州で隼人を屈服させ、神武東遷では道臣命（ミチノオミノミコト）が熊野で大活躍します。常に、天皇家を守る軍事集団として描かれています。

しかし、歴史の表舞台に大伴氏が登場するのは雄略天皇の時代からだそうで、6世紀に継体天皇を即位させた立役者として有名な大伴金村の時代が全盛期とされます。

大伴氏は一度没落しますが、天武朝に復活し、歌人として有名な大伴家持、大伴旅人父子を輩出しています。大伴氏は日本書紀が完成した西暦720年当時、都で確固たる地位を築いていました。その権勢を反映し、大伴氏は神話の時代から天皇に忠節を尽くし、軍事面で大活躍した氏族として描かれたと言われます。「日向三代」は大伴氏の創作と思えなくもありませんが、北部九州勢力が野間岬付近に上陸して狗奴国を挟み撃ちにし、鹿児島から宮崎に勢力を伸ばしたことは史実に近いと思います。

私は、応神天皇を祖とする「奴国」と「甘木・朝倉」の勢力を頂点として、九州王朝の皇統が受け継がれたと考えますが、どこかで大伴氏が和珥氏と統合したように思います。古事記で瓊瓊杵尊は、天忍穂耳命と

古代天皇家の系図

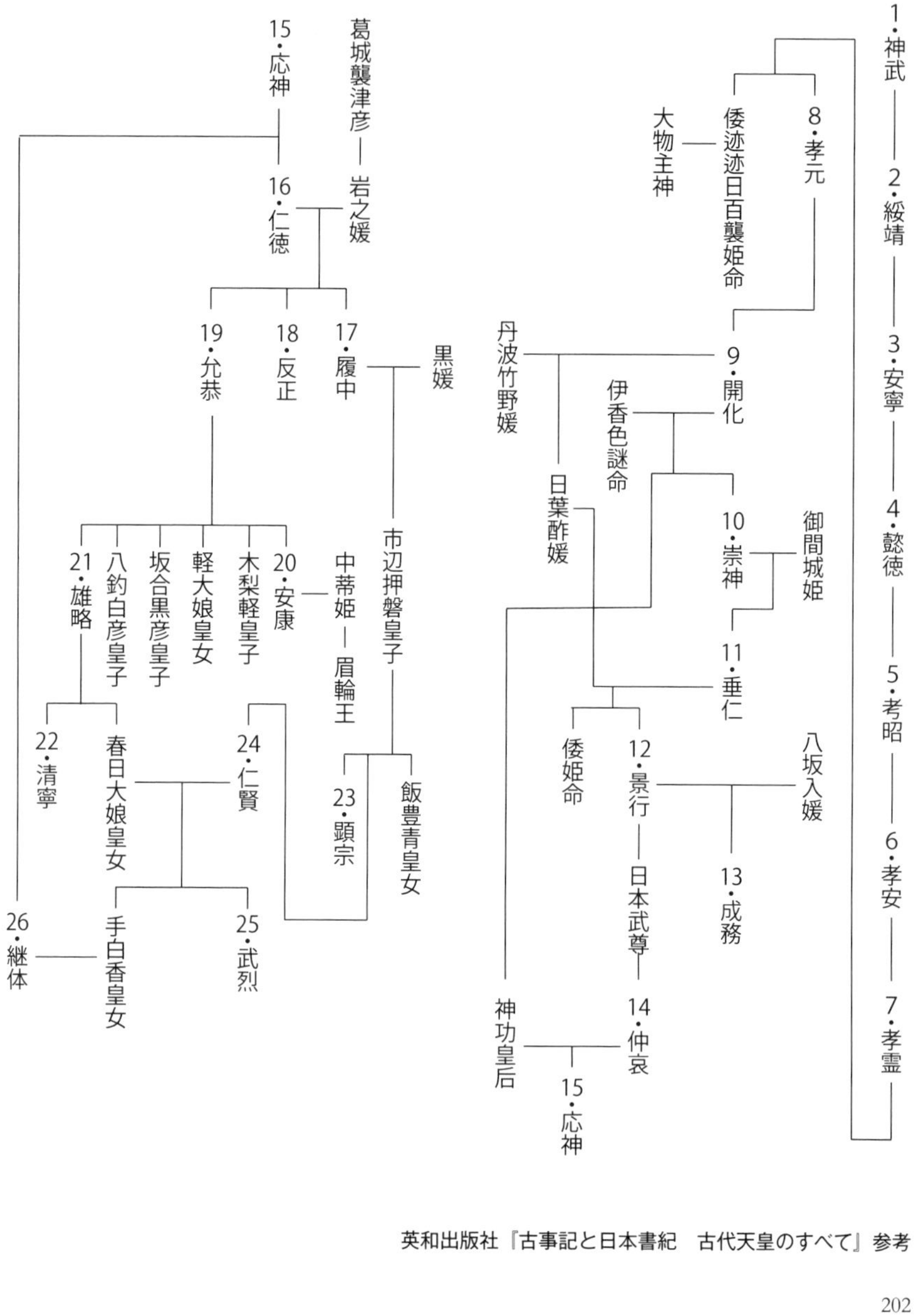

英和出版社『古事記と日本書紀　古代天皇のすべて』参考

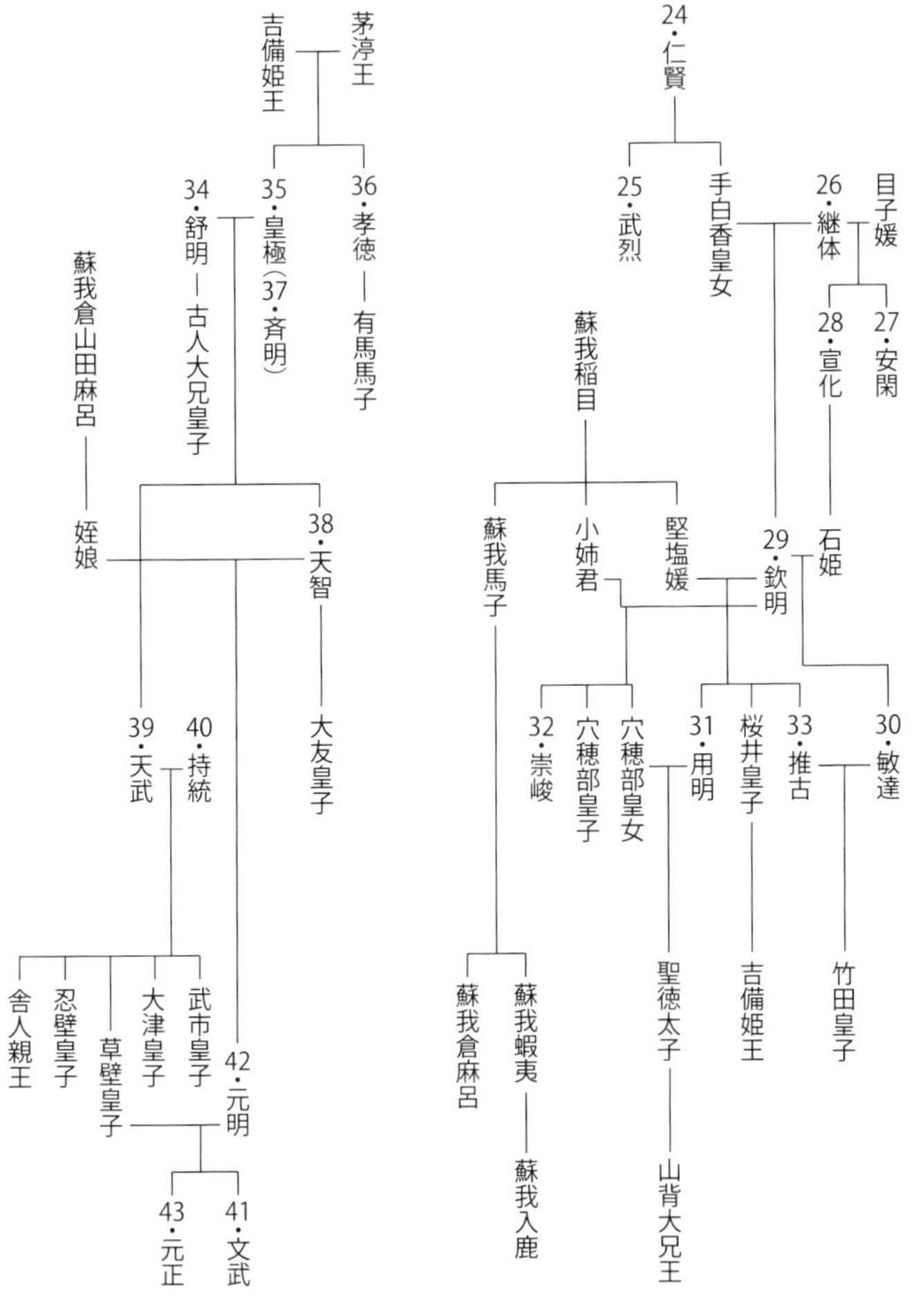

萬幡豊秋津師比売命の子供です。豊の名前が付いた母親が台与ならば、応神天皇の兄弟になりますが、実際は魏志倭人伝の記述から応神天皇よりも30～40歳年上で、卑弥呼の子世代、台与の親世代に生きた時代の人物と推察されます。そうすると地形や政治的背景から瓊瓊杵尊は玄界灘沿岸勢力よりも筑後川北域勢力の人物で、その中心たる甘木朝倉出身者の可能性が大きいと思われます。大伴氏は和珥氏と融合し、しばらくは「反葛城」で並立

し、皇統に加わった気がします。皇統を支える3つのグループの代表が葛城、和珥、大伴であると思います。

五　瓊瓊杵尊の子孫たる雄略天皇

古事記によると、瓊瓊杵尊は現在の宮崎県と鹿児島県の県境にまたがる霧島連山に天孫降臨して薩摩半島の野間岬に行き、このあと「日向三代」が描かれています。初代の神武天皇は宮崎県から出発して、大和で即位します。出雲についても感じるのですが、神話に多くのページを割いた背景には、それなりの理由があるはずです。

前項で私は「北部九州勢力が狗奴国を挟み撃ちにし、鹿児島から宮崎に勢力を伸ばしたことは史実性が高い」と書きましたが、どこかで天皇も輩出していなければならないと思っています。この二つの事柄が8世紀の記紀の編者の脳裏に刻まれていたからこそ、「日向三代」の神話が生まれたと思います。

前項の天皇系図を見ながら、その天皇として誰が該当するのかを、いろいろと考えました。該当者は第29代欽明天皇より前の天皇でなければなりません。しかも欽明天皇につながっていなければなりません。欽明天皇は、各豪族の総意を受けて即位した天皇と思われるからです。欽明天皇は、奴国と女王国と南九州勢力の三者が合意の上で推戴した天皇であろうと思うのです。

私は最初、「播磨王朝」とも呼ばれる顕宗天皇か仁賢天皇ではないかと考えましたが、葛城氏が支持しているので、この両者ではないと思います。やはり、「反葛城」勢力でしょう。

南九州勢力は、初期には大和政権の第三勢力で、応神天皇の系列には見えません。応神天皇系列の中に割り込むのは、大変であったろうと思われます。それを可能にしたのは雄略天皇と推察されます。記紀には、葛城の領土の半分を取り上げたと書かれています。悪行もいろいろ書かれていて、葛城の皇位継承権者を何人も殺害して天皇に即位しました。雄略天皇を支えたのは大伴氏ですが、その背後では和珥氏が暗躍したと思います。和珥氏との連携が無ければ、新参者の大伴氏だけでは強大な権力を築くことはできなかったでしょう。

雄略天皇までの歴史は、履中天皇の系列と允恭天皇の系列の争いで歴史が動いています。一見すると、履中系が葛城で、允恭系が反葛城に見えます。しかし実際は、このような単純な構造ではなく、各豪族が入り乱れて「古代の信長」である雄略天皇を登場させたと思います。

8世紀になって記紀が編纂されます。藤原氏に都合のよい筋立てで書かれているので、この中から史実を見つけ出すのは困難な作業です。しかし、記紀の編者は何らかの形で事実を後世に伝えようとした形跡もあり、謎を秘めた古代史は実に面白い対象です。

以下、次の5点に絞って意見を述べて行きたいと思います。

①継体天皇の誕生
②蘇我氏の登場
③舒明天皇と皇極天皇の不思議
④蘇我入鹿は天皇（大王）だった
⑤蘇我氏と出雲

雄略天皇以降の古代史の中から、この5つのテーマをピックアップしました。誰もが抱く、最もポピュラーな疑問です。古代史を研究されている方には共通する疑問で、多くの方が諸説を唱えておられるテーマです。私も参戦して、それらを推理したいと思います。

六　継体天皇の誕生

第26代継体天皇は、福井県の三国地方を治めていた応神天皇5世の孫と日本書紀に書かれています。出生地は、現在の滋賀県高島市三尾。幼くして父が亡くなり、将来を案じた母親が実家の越前・三国の高向（現在の福井県坂井市丸岡）に連れて帰り、育てたと書かれています。

「応神天皇5世の孫」というのが事実なら、足利尊氏や道鏡とともに、かつて「日本三悪人」といわれた平将門も「桓武天皇5世の孫」で同じポジションになります。通常であれば、天皇として即位できないと見なされる系譜です。

大王を輩出する皇統は、ある程度確立していたと思われますが、仁賢天皇の時代に後継者が途絶える可能性が出てきたのは確かなようです。そこで勅命が下り、大伴氏、尾張氏などの先導で継体天皇が大和入りをしたと書かれていますが、大和に入るまでに19年もの歳月を要しています。とても尋常な状況ではなく、万世一系の原則から逸脱していて、懐疑の念が漂います。

宮内庁が管理する継体天皇の陵墓は、大阪府茨木市の太田茶臼山《おおだちゃうすやま》古墳です。全長226メートルの堂々たる前方後円墳です。しかし、継体天皇が活躍した時代より30〜50年前に築造された可能性が高く、継体天皇陵としては高槻市の今城塚《いましろづか》古墳が時代的に合致しているそうです。宮内庁管理の陵墓には指定されていないので、古墳の中に自由に入れる全国でも珍しい「天皇陵」です。全長は350メートルで、大きさも全国有数の規模。今城塚古墳の被葬者が継体天皇とすれば、この地域で巨大な権力を有していた人物でしょう。太田茶臼山古墳と今城塚古墳には関連性があるという見方が強く、淀川の北岸には仁賢天皇の時代に、強大な豪族がいたとされます。

太田茶臼山古墳の被葬者は、継体天皇の父か祖父ではないかとみられています。もしそうならば、「大伴金村らによって越前・三国から迎えられた」とする日本書紀の記述に疑問が生じます。現在では、継体天皇は父親の代から畿内で暮らしていたとする見解が一般的だそうです。それを証明するかのように、和歌山県橋本市の隅田《すだ》八幡宮に、百済の武寧王が仁賢天皇に送ったとされる人物画像鏡があり、その鏡には継体天皇が仁賢天皇の後継者であることを示唆する内容の銘文（銘文の解釈には諸説ある）が刻まれているそうです。

また今城塚古墳の出土品に、越《こし》の国に関連するものはないそうで、継体天皇が三国で育ったという記述も信憑性が疑われています。一方、琵琶湖沿岸の近江系の土器等は多く出土し、しかも淀川流域と琵琶湖地域の文化に共通性が多く見られるそうです。これらのことから、琵琶湖西岸の高島市三尾が継体天皇誕生の地とするのは、信頼性が高いと言われます。越の豪族の三国《みくに》氏と東海の尾張《おわり》氏は、継体天皇擁立に大きく貢献しています。東近江の息長《おきなが》氏も加わっていたでしょう。継体天皇の后妃の系譜からこれらの氏族との関係の深さが窺われ、継体天皇擁立に動いたように見受けられます。

継体天皇が大和に入るまでの正妃は、尾張草香の娘である目子媛です。その二人の子が第27代安閑天皇と第28代宣化天皇です。宣化天皇の娘である石姫と第29代欽明天皇の子が第30代敏達天皇です。現在の天皇家の祖といわれる欽明天皇の片方の系統で、蘇我ではない系列が尾張系と言えそうです。武烈天皇と継体天皇には血縁関係が無いということは、昔から耳にしていました。日本書紀も書いているので、事実なのでしょう。

それよりも、仁賢天皇と武烈天皇の関係が微妙です。隅田八幡宮の人物画像鏡の銘文を信じるなら、武烈天皇は仁賢天皇から継体天皇に政権が渡ることを不満とし、クーデターを起こした豪族の代表と思えてなりません。継体天皇は、早くから手白香皇女との婚儀を通して、後継者として認められていた可能性が高い気がします。記紀は、継体天皇の都入りを拒んだ豪族は巨勢と物部が中心であると書いています。日本書紀は、手白香皇女と武烈天皇は姉弟と書いていますが、血縁関係は無いと思います。

隅田八幡宮の鏡の信憑性が高いことを前提に話を進めると、継体天皇は婚儀を交わして婿入りの形をとっており、葛城氏と和珥氏が仁賢天皇の時代に談合して取り決めをしていたと思います。談合の中身は「仁賢天皇の後継である継体天皇と手白香皇女を結ばせ、その皇子の子孫を、以後の天皇後継者とする」と言うような取り決めだったと想像します。手白香皇女は雄略天皇の孫なので、南九州の血を受け継いでいます。その母と目される春日大娘皇女は、「春日」という名前から和珥氏の一族とみられます。顕宗天皇と仁賢天皇は、葛城氏が支援しているので葛城一族だと思います。そうすると、手白香皇女は奴国、甘木・朝倉、南九州の各グループすべての血を受け継いでいる大切な女性で、この女性と継体天皇を結婚させることが3グループの「落としどころ」であった気がします。

ところで、なぜ葛城氏と和珥氏は継体天皇を取り込まなければならなかったのかという点ですが、第一の理由は葛城・和珥・大伴の各氏に皇位継承者がいなくなったためでしょう。第二の理由としては、継体天皇グループの力が是非とも必要だったからということが考えられます。この勢力を味方に取り込まなければ、これまで築いてきた「九州応神王朝」が滅んでしまう可能性さえあったと推察します。葛城氏と和珥氏にとって、男大迹王《おおどおう》(=のちの継体天皇)は、天皇に即位させるという条件を提示してでも、自陣営に取り込みたかった摂津の王だったのでしょう。摂津王と応神天皇系列の関係は不明ですが、私はそれら以外に、三顧の礼を尽くすようにして男大迹王を迎え入れた理由を想像出来ません。大伴金村が、茨木か高槻に行って口説き落としたという気がします。

では、継体天皇の即位に反対した武烈天皇とはどんな人物で、背後にいたのはどんな勢力だったのでしょうか。武烈天皇のグループは強力で、継体天皇を20年近く大和に入らせなかった一派です。日本書紀には、武烈天皇が妊婦の腹を割いて胎児を取り出したり、爪を剥がして芋掘りをさせたり、人を木に登らせて弓で射たといった、異常な所業が書かれています。古代中国の紂王と傑王の悪業を引用したのでしょう。書紀にこんな悪事が書かれているのは武烈天皇だけで、事実無根であると思われます。理由をいろいろ考えた結果、武烈天皇は物部一族の系統であろうと思いました。物部氏のみならず、多くの豪族が継体天皇の即位に反対したでしょう。葛城、和珥、大伴一族の中にも反対した氏族がいたかも知れませんが、反対勢力の中心は物部氏であろうと考えました。以下が、その理由です。

①武烈天皇の系統は、継体天皇よりも皇位継承順位が上位と考えられます。先に「皇位継承者が絶えた」と書きましたが、それは葛城や和珥、大伴一族の後継者がいなくなったのであって、仁賢天皇に嫁いだ女性との間にできた皇子は、多少なりとも存在したと思います。武烈天皇はその一人で、皇位継承権が低い継体天皇に対する反発が起こったと思われます。武烈天皇の母は有力豪族の出身で、反対勢力の代表に担ぎ上げられたのでしょう。物部氏は応神直系ではありませんが、北部九州から吉備に下り、吉備と一体化して「九州王朝」を築いた一方の旗頭です。もし応神系列が途絶えたのなら、先ず武烈天皇の系統の人物が推挙されたと想像します。私は当初、顕宗、仁賢の流れから武烈天皇は葛城一族と考えました。しかし日本書紀には、大臣《おおおみ》の平群真鳥の息子が皇太子時代の「武烈」と女性問題でもめ、皇太子は大伴氏に命じて平群親子を誅殺させたと書かれています。この記述から、武烈は葛城系ではない気がします。

②大伴氏と物部氏は、大和政権の軍事部門に長く携わってきましたが、朝鮮半島問題で亀裂が生じたように思います。物部氏が台頭し、大伴氏と同格かそれ以上の権力を掌握したでしょう。後年、半島政策を物部氏等に追及され、大伴氏は失脚します。大伴一族は、物部氏を深く恨んでいたと考えられます。

③日本書紀が720年に完成する10年前、藤原京から平城京に都が移ります。その時、物部一族の代表で左大臣の要職にあった石上麻呂《いそのかみのまろ》は、元明天皇から藤原京の留守居役を言い渡されて失脚し、物部氏は事実上消滅します。復活した大伴氏は、積年の恨みを晴らすべく、武烈天皇の事績について紂王、傑王の悪事を日本書紀に引用させ、藤原不比等もそれを了承したと推察します。

隅田八幡宮の鏡に刻まれた銘文は、記紀の記述よりも信憑性が高いでしょう。継体天皇は武烈天皇系列の勢力に圧倒され、大和から樟葉か高槻に撤退、双方が大和と摂津で対峙し、長く争ったと思います。古代にも「天下分け目の関ヶ原」が存在したわけです。両勢力のせめぎ合いは、20年にも及んだと書かれています。

七　クーデター&クーデター

葛城氏と和珥氏、南九州勢力も認める欽明天皇が生まれ、「めでたし、めでたし」と思いきや、継体天皇の終焉には不吉な臭いが漂っています。日本書紀は、「継体天皇は西暦531年、皇太子と同じ年に亡くなった」と書かれた百済の文書があることを伝えています。これが事実なら、継体天皇と手白香皇女の間に生まれた皇子は、複数いたことになります。

それにしても、継体天皇は戦いに明け暮れる一生を送ったという感じがします。日本書紀には▽朝鮮半島で任那4県が百済に割譲され、その内の2県が新羅に移った▽このため朝廷は6万人の兵を朝鮮に向わせようとしたが、九州の豪族である磐井に阻まれた―と記されています。最近は、朝鮮半島で前方後円墳が多数発見され、任那が実在したという信憑性も高まっていると思います。磐井の反乱も事実でしょう。朝鮮半島問題で大伴氏が失脚し、物部氏が台頭します。葛城・和珥・大伴から蘇我・物部の時代へ、実権が移っていく感じです。朝鮮問題か磐井の一件で争いが勃発し、また「クーデター」が起こったと見るべきです。

応神天皇から継体天皇までの政権内で、少なくとも6回のクーデターが起こったという印象を受けます。実際はその2～3倍かも知れません。継体天皇から欽明天皇にストレートに移行していないので、「継体天皇の崩御」もクーデターによるものとすれば、彼の腹違いの兄弟が乱を起こし、尾張が主導して政権を奪った可能性があります。安閑天皇と宣化天皇は60代で即位しています。宣化天皇は何と69歳で即位しています。現代の感覚でいえば、80歳以上で即位した感じでしょう。眼鏡も無いのに詔が読めたのか、儀式が滞りなく行えたかも疑問で、即位自体が不自然です。

安閑天皇が即位した時、欽明天皇は既に30歳になっていたそうで、幼少の欽明天皇が育つまでのつなぎというわけではなさそうです。宣化天皇と欽明天皇は年齢が40歳以上も離れています。継体天皇と手白香皇女の系統ではなく、継体天皇と目子媛の系列で新たな皇統を立ち上げようとした動きに見えます。その中心が尾張系とすれば、美濃や東近江一帯を含めた地域が一つになり、この勢力が敏達天皇を即位させたように感じます。

敏達天皇の孫の田村皇子が舒明天皇、その皇子が天智天皇です。反蘇我勢力の急先鋒として乙巳の変に突入して行きます。継体天皇は即位することができましたが、長年の戦いで和珥氏、葛城氏、大伴氏は疲弊し、没落して行きます。

第12章　邪馬台国の終焉

この章のタイトルは「邪馬台国の終焉」としましたが、厳密に言えば卑弥呼が築いた女王連合国の後継者である台与が纒向連合を撃破し、邪馬台（大和）に打ち立てた「九州王朝」の終焉ということです。その王朝が紆余曲折を経て、最後には蘇我氏が登場します。その蘇我一族が、奈良時代に歴史の表舞台から消えたことをもって「邪馬台国の終焉」と表現しました。この章では「蘇我入鹿は天皇（大王）であった」と「祟る出雲の謎」という2つのテーマを中心に考えてみたいと思います。

一　蘇我氏の登場

蘇我氏は昔から、渡来系の氏族であると言われてきました。その理由は、平安時代に書かれた書物に次のような系図が載っているからです。

武内宿禰―石河宿禰―満智宿禰―韓子宿禰―高麗宿禰―稲目宿禰

右図の上から3番目の満智宿禰が、5世紀に来日した百済の高官である木満致と同一人物であるとされてきました。この説が、ごく最近まで主流だったと思います。しかし近年、「百済系の人が、高麗のような名前なのはおかしい」と異論を唱える研究者があり、満智から高麗に至る系譜に疑問の声が上がっています。それは「蘇我氏は渡来系ではない」と言うことにも繋がるため、研究が重ねられているところです。

日本書紀の記述に、蘇我氏は突然のように登場します。蘇我稲目が突如出現して欽明天皇に娘を2人嫁がせ、その娘が産んだ皇子女から第31代用明天皇、第32代崇峻天皇、第33代推古天皇が即位します。稲目以前の蘇我氏については、ほとんど書かれていません。これは、いくら古代の歴史といっても不自然です。察するに、藤原不比等が、蘇我氏の先祖や歴史を書きたくなかったからであると思います。なぜ、不比等は蘇我の前史を抹殺したかといえば、蘇我氏が藤原氏よりも格式が高い名門だったからです。

日本書紀の記述で、蘇我の本拠地と目される地は2つあります。1つは現在の大阪府南河内郡河南町須賀。もう1つは奈良県橿原市曽我です。河南町には古代から石川の名前が残っており、曽我には宗《そ》我《が》坐《にます》宗《そ》我《が》都《つ》比《ひ》古《こ》神社があります。通説では、そこに住んでいた土着の氏族か渡来系の集団が蘇我氏とされます。しかしそれが事実なら、不比等が出自を抹殺する必要はなく、土着の豪族からのし上がった蘇我氏の歴史を掲載しても問題はないはずです。5~6世紀に日本に来た渡来系一族であったとしても、同じく掲載したでしょう。藤原氏がそれを拒んだ理由は、蘇我氏が奴国か甘木・朝倉の「女王国」の血を受け継ぐ応神天皇系列の豪族であったからだと考えます。

それを証明するものは乏しいのですが、第8章の「女王国はどこか」の項で書いた、北部九州と大和の地名が一致すると言うことに関係があると思います。第11章「台与が大和に邪馬台国を建国」の項でも関連事項を記述しましたが、地名学の鏡味完二氏、「数理歴史学」の安本美典氏が学説として発展させ、元宮崎公立大教授の奥野正男氏が、関連する地名をさらに増やして完成させた地図に、「曽我氏」の名前があります。現在の福岡市早良区か那珂川市付近と思われる場所に記されています。

「曽我氏」と記されている地図上の北側、玄界灘方向に平群氏と額田氏の名前が並んで載っています。この地図だけで判断するのは短絡的ですが、地図上で見れば蘇我氏は奴国の王である武内宿禰の一族で、葛城氏の同族とも考えられます。そのような名門の系譜があるために、藤原不比等は日本書紀に蘇我の出自を掲載しなかったと推察します。

蘇我、平群、額田の三氏族の中で、平群氏は九州王朝の成立時から大和の生駒地方に領土を保有し、葛城系の豪族として歴史を積み重ねました。私は、台与が出雲に国譲りの交渉に行った時、蘇我氏と額田氏が出雲に派遣されたと考えています。額田氏は蘇我氏と平群氏の家臣となって、出雲と大和の二手に分かれて行ったようです。生駒地方には額田郷があり、現在の島根県松江市大草町にある岡田山1号墳（6世紀の前方後方墳）からは「額田部臣《ぬかたべのおみ》」の名前がある銀象嵌銘の鉄刀が発見されています。現在の雲南市一帯が、額田氏が賜った領地であると言われています。以上のように額田氏の痕跡はありましたが、蘇我氏の出雲における痕跡は全く見つかっていません。

蘇我氏は、九州王朝の総意として欽明天皇を大和に導き、安閑天皇〜宣化天皇体制を打倒して欽明天皇を即位させたと思われます。日本書紀は『百済本記』から引用して、継体天皇が太子の皇子とともに亡くなったと書いており、何らかの政変があったことを匂わせています。この記述の信憑性が高いとすると、継体天皇の皇子は1人ではなく、長男が継体天皇とともに亡くなった可能性が高いのです。欽明天皇はその次男か三男で、葛城氏が万一に備えて出雲に匿ったのではないかと思います。葛城氏は「万一の時は蘇我に委ねる」と決めていたのでしょう。

欽明天皇擁立の第一の功労者となった蘇我稲目は、2人の娘を天皇家に送り込み、第31代用明天皇、第32代崇峻天皇、第33代推古天皇を即位させました。有名な聖徳太子は用明天皇の皇子で、推古天皇の摂政として活躍したと日本書紀に記されています。稲目の才も突出していたと想像しますが、出雲に基盤を確立し、時流に乗って大和に進出して「名門・葛城」を受け継いだことが大躍進につながったと推察します。欽明天皇を即位させなければならないという大義名分が、大きな追い風となって突き進んで行ったのでしょう。そう考えないと、突然のように出現し、早々に最大の権力を手に入れた理由が見当たりません。蘇我氏は、名門葛城の一族で、出雲を支配していたと思います。葛城のナンバー2が本家に代わって大和に進出したので、さしたる抵抗もなく大和を治められたのでしょう。私の説では、出雲は崇神天皇と蘇我氏で二度にわたって大和を席巻したことになります。

それにしても、蘇我氏の大躍進には驚くべきものがあります。渡来系のテクノラートを次々に傘下に組み入れ、仏教を取り入れて勢力を拡大して行きました。蘇我氏は以後、財務を担当しているので、母体の出雲に大きな財力を有していたか、渡来系氏族特有の資産形成の仕組みを確立していたと思われます。蘇我氏躍進の要因はいろいろありますが、最も大きかったのは仏教を取り入れたことだと思います。その波及効果は、単に宗教的な要素に止まるものではありません。

例えば、蘇我氏は渡来系の豪族と同じ宗教観、同じ価値観で物事を考え行動することが出来たはずです。その結果、渡来系との結びつきが強まって協力関係が生まれ、蘇我グループの傘下に取り込んで行きます。さらに、政略的に通婚を進めれば、短期間に勢力を拡大できます。同時に医学や酒造、土木建築、農業生産など、あらゆる分野に大陸の技術が導入され、他の豪族を圧倒して行ったと考えます。吉備発祥の祭祀で宗教的統一を図り、九州の慣習をできるだけ抑えて誕生した大和王権ですが、それらを廃しても余りある利得が、仏教導入によって得られたと思います。

二　敏達天皇から推古天皇へ

第30代の敏達天皇は安閑天皇、宣化天皇の流れを受け継ぐ天皇で、どちらかといえば反蘇我系です。敏達天皇は欽明天皇の第二皇子で、母親は宣化天皇の皇女である石姫です。敏達天皇が即位できたということは、未だ蘇我氏の権力が固まっていない気もします。普通ならば、用明天皇が即位するところですが、そうなっていません。稲目が亡くなったばかりで、馬子もまだ若輩だったため、無理にでも用明天皇を推す力がなかったと考えるべきです。バックに物部の影も見えるようです。

敏達天皇は廃仏派とされ、馬子が仏を祀ると疫病が流行ったらしく、それを受けて仏像や仏殿を焼き払ったとされています。本当に、そんなことをしたのか、私には疑問です。敏達天皇は、蘇我氏との関係には心血を注いだと思います。30歳の時、当時18歳だったのちの推古天皇と婚儀を行っています。これらを考えると、私には欽明天皇を大和に導き入れた蘇我氏が本流で、尾張氏が中心にいる敏達天皇系は亜流のように思えます。このあたりも、不比等は霧の中に隠した感じがしてならないのです。

第31代用明天皇は、敏達天皇の異母弟にあたります。母は稲目の娘で、用明天皇は蘇我系では最初の天皇です。仏教を公式に認めた最初の天皇として知られ、何より聖徳太子の父親として有名です。崩御したときの年齢は分からないそうですが、突然亡くなったようで、暗殺説もあります。このため、死後に後継者争いが勃発しました。

「衣摺《きずり》の戦い」と呼ばれる戦で、西暦587年、蘇我馬子と物部守屋が争いました。衣摺とは現在の大阪府東大阪市にあった地名で、物部氏の館があったところです。私は学生のころ、両氏の戦いは宗教的対立が原因で起こったと習いました。しかし、最近は、後継者争いが主因とされているようです。物部守屋は穴穂部皇子を立てようとしましたが、蘇我馬子が泊瀬部皇子を立てて争いました。この2人は、欽明天皇と稲目の娘である小姉君《おあねのきみ》との間に生まれた実の兄弟です。戦いは蘇我の圧勝で終わります。

日本書紀にはこのように書かれていますが、小姉君は物部一族の娘とも言われ、私はそちらの方が史実に近いように思えます。というのも、先に物部氏が推した穴穂部皇子が、馬子によって殺害されているからです。馬子が推して天皇に即位した泊瀬部皇子（第32代崇峻天皇）も、馬子に殺されているのです。何が原因かはわかりませんが、欽明天皇と自分の姉妹の間にできた大切な蘇我一族の皇子を、2人も殺すでしょうか。

蘇我馬子の極悪非道なイメージを、藤原不比等が故意に印象づけた気がします。

　崇峻天皇が殺害されたあと、第33代推古天皇が即位します。初めての女性天皇です。父は欽明天皇、母は稲目の娘である堅塩媛で馬子の姪です。容姿端麗、頭脳明晰、奥ゆかしく、配慮に長けた理想の女性として描かれています。19歳の聖徳太子を摂政として用い、太子は数々の改革を行ったとされています。しかし、史実性は乏しく、推古天皇は馬子の傀儡であった気がします。彼女は天皇が行う祭祀のみを担当し、政治の実権は馬子が握っていたと思えてなりません。

　推古天皇の在位は36年で、75歳で崩御します。彼女が亡くなる前に蘇我馬子と聖徳太子が亡くなり、彼女は後継者を決めずに崩御したと言われています。自身が亡くなる前日、田村皇子を呼んで後継となるよう告げたとも書かれていますが、死去の前日まで後継を決めないのは天皇として無責任で、事実は違っているのでしょう。

　摂政を務めた聖徳太子は1957〜1986年頃、5千円札や1万円札に描かれていた人物です。妻は蘇我馬子の娘で、推古天皇は叔母になります。

　日本書紀を最終的に検閲したのが持統天皇と藤原不比等であるため、私は最近まで聖徳太子は創作された偶像で架空の人物であると思っていました。けれども近年では、超人的な能力を発揮した「聖徳太子」は架空の人物ですが、用明天皇の皇子である厩戸皇子は実在したと思っています。そうしないと、山背大兄皇子と、彼に関わる後年の歴史が成り立たなくなってしまうからです。厩戸皇子が馬子の命令で十七条憲法を制定し、冠位十二階を定め、遣隋使を派遣し、斑鳩に法隆寺を立てたという可能性はあると思います。ただ厩戸皇子は実行の責任者かも知れませんが、あくまでも蘇我馬子からの指示で動いただけの人物でしょう。彼の事績は、全て馬子の功績であり、通常なら改革者として馬子の名前が後世に伝えられるべきだと思います。

　8世紀の藤原不比等と日本書紀の編者は、山背大兄皇子が蘇我入鹿に殺されて天皇になれなかった悲劇をもとに蘇我氏の非道を強調し、同時に蘇我氏を弔う形で既戸皇子を「聖徳太子」という聖人に仕立て上げたと思うのです。

三　舒明天皇と皇極天皇の不思議

ここでは、2人の天皇の「不思議」をタイトルにしてみました。後継者を指名していなかった第33代天皇が蘇我系の推古天皇、彼女が亡くなる前日に指名を受けたのが第34代の舒明天皇で、廃仏派であった第30代敏達天皇の孫にあたります。舒明天皇は629年に即位し、641年に亡くなります。642年に即位した第35代皇極天皇は舒明天皇の后で、父親は非蘇我系、母親は蘇我系の女性です。日本書紀には、舒明天皇と皇極天皇の間にできた皇子が、後の第38代天智天皇と第40代天武天皇であると記されています。

タイトルに「不思議」と書いた理由は、舒明天皇と皇極天皇の2人は、いずれも天皇になる可能性が極めて少ない状況にあったと思うからです。しかし、舒明天皇が即位しないと、中大兄皇子が天皇として即位することは出来なかったはずです。皇極天皇は642年に即位しますが、645年の乙巳の変で退位しました。その後、655年に再び斉明天皇として即位したとされます。しかし私は、皇極天皇の重祚はあり得ないと思っています。

ここで、話を第33代推古天皇の晩年に戻します。この時、彼女は既に70歳を超える高齢になっています。推古天皇は、在位の年代がほぼ確定していると言われるので、彼女が崩御したときの年齢を現代人の平均寿命で推定するならば、80〜90歳ぐらいでしょう。それにも関わらず、彼女は後継者を決めていませんでした。彼女の後継者は聖徳太子だったので、日本書紀は後継者を決める必要が無かったという状況を設定してごまかしていると思います。しかし、天皇の後継者を決めておかないと、聖徳太子に「万一の事」が起こらないとも限りません。現行天皇制でも皇位継承順位が明確に定められているように、せめて二番手、三番手ぐらいまでは決めておくはずです。それを亡くなる前日まで放置していたということは、通常ではあり得ず、日本書紀の記事には信憑性がありません。

推古天皇は瀕死の状態だった死の前日、2人の後継候補である田村皇子と山背大兄皇子を相次いで枕辺に呼びました。田村皇子には「そなたは慎重に考え、軽々しいことを言ってはならない」と諭し、山背大兄皇子には「お前は未熟である。もし、心に望むことがあってもあれこれ言ってはならない。群臣の言葉に従うがよい」と伝えたと、日本書紀に書かれています。しかし、山背大兄は自分が指名されたと勘違いしたように書かれており、推古天皇が後継者を明言しなかったために争いが起こりました。国の頂点に立つ天皇（大王）を決める重大な場面なのに、話の流れがお粗末過ぎて、事実とは大きくかけ離れていると感じます。

実際は、推古天皇に後継者を決める権限は無く、蘇我氏を中心とした豪族が話し合って決定したと思われます。蘇我氏はこの当時、馬子が亡くなって蝦夷の時代に入っています。蘇我は最大のライバルである物部氏を破り、天下無敵に近い状況でした。数ある候補者の中から、のちに舒明天皇として即位する非蘇我系の田村皇子と、聖徳太子の皇子で蘇我系の山背大兄皇子の2人が勝ち残ったようです。日本書紀には、豪族の中心にいた大臣《おおおみ》の蘇我蝦夷《えみし》が田村皇子を指名したとあります。蝦夷は、第31代から33代まで蘇我系列の天皇が続いたので、次は反蘇我系から天皇を出すべきだと主張したそうです。これに対し蘇我馬子の弟で蝦夷の叔父にあたる境部摩理勢《さかいべのまりせ》が、山背大兄を推したと書かれています。そして収拾がつかなくなり、蝦夷は、蘇我氏第三の勢力で外交の責任者である境部一族を滅ぼしたと記載されています。

この日本書紀の記事に、疑問を持たれた方は多数おられるでしょう。山背大兄皇子の父は聖徳太子、母は馬子の娘で蝦夷の姉である刀自古郎女《とじこのいらつめ》で、皇子は蝦夷の甥にあたります。聖徳太子は推古天皇の後継者でしたが、彼女が長寿であったために先に逝去してしまい、天皇になれなかった人物です。本来なら、蘇我一族は、その遺児を全力で天皇に推すべきでしょう。境部摩理勢の主張はもっともで、さしたる障害も見当たりません。物部氏亡き後、蘇我氏の意向に反対する強力な豪族も存在していないと思います。しかし、蘇我氏にとっての「正論」を主張した境部一族を、蝦夷は滅ぼしてしまいました。それが事実としても、単に後継者問題で意見が食い違ったために、叔父一族を滅ぼしたりするでしょうか。

私は、実に不思議なことだと思います。しかし、蝦夷の行動に納得されている方もおられるので、以下にその代表的な意見を抜き書きして紹介したいと思います。

「蘇我蝦夷が田村皇子を選んだ理由は、山背大兄皇子よりも年長で、既に宝皇女（皇極天皇）との間に葛城皇子（天智天皇）を授かり、蘇我法提郎媛との間には古人大兄皇子《ふるひとのおおえのみこ》を授かっていたからである。この後どのように時代が流れようと、既に蘇我系と非蘇我系の2人の皇子を生んでいる。蘇我氏としては、田村皇子の次は蘇我系の古人大兄皇子を天皇にすれば良いことで、ここは一旦、非蘇我系である田村皇子に即位させようと計ったのでしょう」

このように説明されています。しかし私は、この文章を読んでも納得できません。確実に、古人大兄皇子を即位させる自信があったのでしょうか。蘇我氏の絶頂期なので、その可能性は高いとしても万が一のことを考えてしまいます。現に、乙巳の変では中大兄皇子と中臣鎌足が蘇我入鹿を殺害しています。古人大兄皇子は乙巳の変後、世俗を離れて吉野に隠れますが、中大兄皇子に殺害されています。

アドルフ・ヒトラーは、元々は社会主義者でしたが、軍事独裁者に変わりました。たとえが少し変かも知れませんが、敵に権力を渡すと何が起こるかわかりません。当然のように想定されたことが、真逆になってしまったケースは、歴史上いくらでもあるでしょう。そう考えると、田村皇子擁立をめぐる蘇我氏の対応は、実に不可解です。普通なら、そんな楽観的で、愚かな権力の譲渡はしないものだと思います。

さて次は、皇極天皇の即位です。これもまた、不思議な経過をたどります。舒明天皇は、即位して13年後の西暦641年に崩御しました。日本書紀には「百済大宮と百済大寺を造営中に亡くなった」と書かれており、突然、亡くなった感じで、暗殺の可能性も捨てがたい気がします。

そこで舒明天皇の后である宝皇女《たからのひめみこ》が、第35代皇極天皇として即位します。しかしなぜ、彼女は即位できたのでしょうか。今度こそ、山背大兄皇子の番ではないでしょうか。当時、山背大兄は40歳前後と思われます。天皇になれなかった聖徳太子の遺児でありながら、推古天皇の後継選びでは「お前はまだ若いから、しばらく待て」と制された人物で、上宮家《かみつみやけ》として蘇我氏にとっては特別の存在です。日本書紀では、皇極天皇の治世は蝦夷と入鹿の傀儡政権のように書かれています。蝦夷と入鹿が自由に政権を取り仕切るには、山背大兄よりも皇極天皇の方が制御し易かったという面はありそうです。しかし、山背大兄が即位する可能性はまったく考慮されなかったのでしょうか。蘇我一族の中には、彼を天皇にすべきであると蝦夷に迫った勢力もいたはずです。

日本書紀によると、皇極天皇は自から後継者を決められなかったので、時期が来るまで自分が在位することにしたそうです。候補者は山背大兄皇子、中大兄皇子、大海人皇子、古人大兄皇子ですが、彼女は中大兄皇子を天皇にしたい一心だったでしょう。中大兄皇子はこの時16歳、彼女は49歳です。彼女に候補者を選ぶ権限があれば、彼女自身の即位は自然であると思います。そして舒明天皇崩御から4年後の西暦645年、乙巳の変が起こります。蘇我入鹿が殺害され、蝦夷はその翌日に自害したとされています。クーデターの主役は中大兄皇子で、中臣鎌足が入鹿殺害の実行役として登場します。これにより、蘇我宗家は滅亡しました。

私は、舒明天皇擁立から皇極天皇即位、乙巳の変に至るまでの流れが、不自然に思えて仕方がありません。乙巳の変は古代最大の謎とされ、これを書いた本は数多く存在します。日本書紀の記述に疑問を抱いている方もまた数多くおられるでしょう。舒明天皇の即位も不自然ですが、皇極天皇の即位はもっと不自然です。蘇我氏の最大勢力である蝦夷が存命なのに、入鹿が殺害されたことで蘇我宗家があっさり滅亡するでしょうか。乙巳の変について書いた古文書は日本書紀だけなので、戦後生まれの我々の世代は学校で「大化改新」と習い、戦前と大して変わらない教育を受けたと思います。最近になって、私の脳裏に一つの考えが浮かびました。皇極天皇の即位ではなく、入鹿が天皇として即位したとすれば、私が不自然に感じてきたことの大部分が解消されると思ったのです。

四　蘇我入鹿は天皇であった

少し衝撃的なタイトルです。この当時は天皇ではなく大王と呼ばれたはずですが、こちらの方が目立つと思い、このタイトルにしました。私は蘇我入鹿が天皇であったと書いた本を読んだことはありませんが、私が考えるくらいですから、既に多くの方が検証されたことでしょう。そこでまず、私が「蘇我入鹿は天皇だった」と思う理由を箇条書きにしてみました。

①推古天皇が後継者を指名しなかったことが、まず不自然です。蘇我蝦夷が非蘇我系の田村皇子を推した理由が、「次は入鹿を天皇（大王）として即位させる」という条件付きだとすれば何とか納得ができます。山背大兄皇子が即位すれば、次は山背大兄の子が即位する可能性が高くなり、入鹿の目がなくなるので蝦夷としては山背大兄を推すことは避けたと思います。ただ、蘇我氏が本当に天皇位に就くことが可能か、皇位継承権の問題が蝦夷の脳裏を過ったことでしょう。しかし「約百年前には、応神天皇五世の孫の継体天皇が即位している。継体が即位できたから、蘇我も出来る」という意識が、蝦夷にはあったと推察します。

②蝦夷は、①の考えを蘇我一族の第三勢力で、蝦夷の御意見番でもあった叔父の境部摩理勢に打診したで

しょう。摩理勢は「後継者は山背大兄皇子で、田村皇子は受け入れられない」と拒否したと思います。本来、蘇我一族が山背大兄を推すのは自然の流れです。蘇我の第二勢力である倉山田石川麻呂は態度を保留、他の蘇我一族にも山背大兄を拒絶することに目立って反対の動きはありませんでした。このため、蝦夷は田村皇子擁立に同意しない境部摩理勢を討ち取り、滅亡させました。しかし、いくら何でも不自然です。蝦夷は摩理勢に、馬子が着手した律令国家建設計画も提案したと思います。蝦夷は「それを実現するのは山背大兄皇子では無理で、入鹿が天皇（大王）でなければ達成できない。ここは山背大兄ではなく、一旦は田村皇子を天皇にする必要がある」と説いた気がします。これを摩理勢が拒否したので蝦夷が軍を差し向けた、ということなら少しは納得できます。朝鮮半島情勢は緊迫していたので、蝦夷には馬子が取り組む中央集権化を成し遂げなければならないという責任感があったと思います。蝦夷は、馬子に劣らぬ能力と実行力を兼ね備えた人物と思われます。

③私は、舒明天皇が崩御した後、蘇我入鹿が天皇として即位したと考えます。皇極天皇は実在しないと考えるので、これ以後は彼女を宝皇女と記します。もしも彼女が「今は候補者を一本化出来ないので、自分がワンポイントで即位したい」と蝦夷や入鹿に伝えても、彼女がいずれ中大兄皇子を即位させたがっているという本音は明白です。故に蝦夷と入鹿が、そのような提案を飲むとは考えられず、私は宝皇女が第35代皇極天皇として即位した可能性は皆無に等しいと思います。

④葛城の地で、蝦夷は天皇にしか許されない八佾舞《やつらのまい》を舞ったと日本書紀に書かれています。「身分をわきまえない振る舞い」として批判的に記述されています。しかし入鹿が天皇であれば、父である蝦夷の行為も咎められることはないはずで、日本書紀の編者が蘇我氏の専横を揶揄したのだと思います。また、蝦

夷も私的な場でふざけて踊ることはあっても、臣下の身でありながら公の場で踊ることはないでしょう。

⑤飛鳥・板葺宮は現在の飛鳥寺付近にあり、大和盆地の南端に位置しています。その西側に、甘樫丘と呼ばれる小高い丘が1キロぐらい南北に連なっています。北は大和盆地で平野が広がり、丘からは見晴らしが良いため飛鳥の都にとって重要な軍事拠点となる所です。舒明天皇が崩御されたあとの643年、この丘に蝦夷と入鹿が邸宅を構えました。いくら蝦夷や入鹿でも、臣下の身でありながら天皇の宮を見下ろし、軍事拠点としても重要な場所に邸宅は造らないと思います。この邸宅は、蝦夷宅を「上《うえ》の宮門《みかど》」、入鹿宅を「谷《たに》の宮門《みかど》」と呼んだそうです。このような名前を付けるのは、入鹿が天皇である何よりの証拠でしょう。

⑥日本書紀によると、舒明天皇が崩御された西暦641年当時、蘇我宗家の権力は絶頂期にあったと考えられます。しかし4年後の645年には入鹿と蝦夷が殺害され、宗家は滅亡します。短期間のうちに一気に没落した最大の原因は、入鹿が天皇（大王）に即位したためと考えるのが最も自然であると思います。唐の勢力拡大に伴う朝鮮半島情勢の激動をにらみ、日本を中央集権の律令国家にすべく急いだ蝦夷と入鹿に対し、反発が拡大した末の殺害と推察されます。

⑦乙巳の変の時、中大兄皇子は宝皇女に「入鹿は天照大神の皇統を有していないのに、天皇の座を狙っているのです」と叫んだそうです。日本書紀の編者は何故、こんな言葉を載せたのでしょうか。入鹿が将来、古人大兄皇子擁立を目指していただけなら、こんなことは書かないと思います。入鹿は天皇ですが、真実は書けないので、このような表現になったと推察します。

⑧日本書紀の皇極天皇紀によると、彼女は乙巳の変の後、退位しています。なぜ自ら退位を決断したのか、理解に苦しみます。天皇である自分を無視し、勝手気ままに政治を牛耳った蝦夷と入鹿が亡くなり、重荷が取れて楽になったはずです。宮中で凄惨な事件がありましたが、それはかなり前から周到に計画し、実行されたことで突発的な事態ではありません。日本書紀には、皇極天皇が入鹿殺害計画を知らずに驚いた様子が記されていますが、宮中での重臣暗殺を天皇が知らされていないというのは考えられない話です。女性天皇であることに配慮し、事情を説明した上で最も安全な場所に誘導したはずです。乙巳の変後、それまでの慣例を破って自ら退位したのも不自然です。

私は第33代から41代までの天皇の即位は、以下のように推移したと思います。
推古天皇→舒明天皇→蘇我入鹿→孝徳天皇→斉明天皇→天智天皇→弘文天皇→天武天皇→持統天皇
日本書紀と違うのは、皇極天皇と蘇我入鹿が入れ替わっていることだけです。それ以外の天皇は即位を否定できません。ただし弘文天皇が皇位に就いたか否かは、意見が分かれるそうです。諡号を贈られたのが明治3年ですから、疑問の声も当然でしょう。

そこでまず舒明天皇の即位ですが、真相に迫る鍵となる人物が聖徳太子の遺児である山背大兄皇子です。蘇我一族は、山背大兄皇子を次期天皇に推そうとしたと思われます。

仮に蝦夷が一族の面々に「これまで蘇我系の天皇が3代続いた。次の次は古人大兄皇子にするので、ここはひとまず非蘇我系の田村皇子擁立に同意してほしい」と言ったとしましょう。これに対し、一族は「今は蘇我の天下で敵はいない。非蘇我系から天皇を出したら、この先、面倒なことにならないとも限らない。まずは聖徳太子の遺児を天皇にすべきで、山背大兄皇子から古人大兄皇子の順に即位させれば良い」との意見でまとまり、蝦夷も拒否する理由がなく決着したでしょう。これが自然な成り行きで、蝦夷が反対を押し通す理由が見つかりません。

しかし山背大兄を天皇にすると、次はその子供が即位する可能性が高くなり、蝦夷が推す古人大兄皇子は即位できないかも知れません。聖徳太子は渡来系の秦氏と親交が深く、斑鳩に大きな経済基盤を有していたとされます。蝦夷としては、上宮王家である山背大兄皇子の即位には賛成しかねる状況でした。ただし、それは蘇我一族にとっては大きな問題ではなく、むしろ田村皇子の即位に危険性を感じ、反対したと思います。日本書紀は「入鹿は古人大兄皇子の即位を目指す」と書いていますが、それこそ山背大兄皇子と古人大兄皇子の対立が表面化し、蘇我一族も真二つに割れかねない状況に陥ったでしょう。

それまで、台与を祖先とする「甘木・朝倉」や南九州、「奴国の武内宿禰」直系である葛城系統以外の天皇はいませんでしたが、蝦夷は約百年前、皇統の系列ではない継体天皇が即位した事実を強く意識していました。このため蝦夷は「強固な権力と財力さえあれば、皇位継承権が無くとも天皇になれる」と考えていたと思います。それ故に蝦夷は「今回は取りあえず田村皇子を推すので、了解してくれ」と一族を説得しようとしたのだと思います。私は、もし蝦夷が田村皇子を推したことが事実なら、それは自分の息子である入鹿を天皇にするための策であるとしか思えません。蝦夷は、中央集権化を推し進めるため、山背大兄の即位だけは避けたかったはずです。その理由は、山背大兄が上宮王家として蘇我一族の尊敬を受け、また悲劇の皇子への同情もあり、蘇我以外の豪族の信頼も厚かったからでしょう。蝦夷は、山背大兄が天皇位に就けば、体制の打破は困難となり、中央集権化や律令国家への道が閉ざされると思ったはずです。

そしてもう一つ、私が「蘇我入鹿は天皇であった」と考えた大きな理由は、⑤で書いた入鹿の邸宅の一件です。現在の甘樫丘の中央付近に駐車場とトイレがありますが、トイレの奥あたりに入鹿の邸宅跡があったそうです。２０２２年2月に私が現地を訪ねた時は、埋め戻されていました。今後どうなるのかが心配で、埋めたままにならないことを祈ります。

この甘樫丘からは、飛鳥の板葺宮付近が見下ろせます。入鹿と蝦夷は板葺宮から見上げる丘に邸宅を構え、この丘を要塞化したともいわれています。しかし、いかに権勢を誇る蘇我氏でも、臣下の身であればこんな場所に邸宅を構えることは出来ないでしょう。この丘は有事の際、天皇が立てこもって陣頭指揮をとる本拠地のような所です。それが証拠に、上の宮門、谷の宮門と邸宅を名付けています。私は、この丘に邸宅を構えることができたのは、入鹿が天皇であった何よりの証拠であると思います。

板葺宮

五　乙巳の変

我々の世代は、乙巳の変のことを「大化改新」と呼んでいました。学校では、中大兄皇子と中臣鎌足が天皇をないがしろにして政治を私物化した蘇我入鹿を殺害し、律令国家を完成させたと習いました。「大化の改新」は、教室の大きな歴史年表に鎌倉幕府や江戸幕府の開設、明治維新などと並ぶ日本史の大事件として載っていました。「645年」は、私が最初に覚えた年号だったという記憶もあります。それは戦後の１９６０年代のことですが、まだ日本書紀に書かれたとおりの歴史を習っていたようです。

最近、関裕二さんの本を拝見し、乙巳の変を描いた「勧善懲悪の歴史」に疑問が投げかけられているように感じました。しかし、日本書紀以外にこの事件を伝える文献資料は無いそうで、真相を究明するのは至難の業でしょう。乙巳の変については多くの方々が研究されているのでしょうが、私は「入鹿が天皇（大王）

として君臨した」と仮定したものを読んだことがありません。

私は乙巳の変について、「大化改新」と呼ばれるような政治改革ではなく、政権の転換を謀る明らかなクーデターであったと考えています。現代の天皇は平和の象徴で、権力争いとは無縁です。しかし、7世紀の天皇は巨大な権力が集中する至高の存在であり、その権力を狙って数々の戦いが繰り広げられました。今日とは感覚が全く異なり、初期大和政権はクーデターの連続でした。乙巳の変についても、それがどんなクーデターで、誰が争った権力闘争だったのかを、私なりに分析したいと思います。

さて、乙巳の変で最初に頭に入れておくべきは、蘇我一族の内部分裂です。この内紛がなければ、乙巳の変が起こることもなかったと考えます。その分裂は、入鹿が天皇になったことが大きな要因であると思います。入鹿が天皇になり、中央集権化を進めて行ったために起こった気がします。

入鹿は蘇我一族の総帥という立場よりも、天皇（大王）として蝦夷とともに改革を断行したのでしょう。彼は中央集権の律令国家建設を旗印に、豪族の土地を天皇家に譲渡させ、代わりに官位を授けるというような改革を推し進め、豪族全体から反発を受けた気がします。それまで蘇我一族だけに与えられていた特権も無くなり、一族にとっても受け入れ難い改革案だったのでしょう。蝦夷は、入鹿が天皇でなければ律令国家建設は達成不可能と思い込んでいたと想像します。

蘇我氏の内部分裂は、山背大兄皇子が西暦643年「私が天皇になるべきである」と宣言し、クーデターを起こしたことで拡大したと思います。山背大兄にしてみれば「田村皇子（舒明天皇）の後任は私だ」という自負が強かったでしょう。年齢も40歳前後で、活力がみなぎっている時期です。山背大兄の父親である聖徳太子から続く上宮王家は、斑鳩の地に大きな勢力を築いていたようです。

日本書紀には、入鹿が古人大兄皇子を天皇にするために山背大兄が邪魔になり、殺害したと書かれています。

しかし、実際は入鹿が天皇に即位したことで、天皇になれなかった山背大兄の一族の不満が爆発したというのが真相ではないでしょうか。山背大兄の本拠地である斑鳩で反乱が起こり、入鹿は巨勢徳太臣《こせのとこだのおみ》や土師娑《はじのさ》婆連《ばのむらじ》らを鎮圧に向かわせた、と考える方が自然と思われます。ほかに入鹿が山背大兄を殺害しなければならない理由は無いと考えます。この反乱は山背大兄を戴く上宮王家の単独によるものか、それとも蘇我倉山田《そがのくらのやまだの》石川麻呂《いしかわまろ》らがからんでいるのか。その答えは闇の中ですが、この反乱で、蘇我一族の多くが宗家を見限る事態に陥った可能性があります。蝦夷は未だ存命で、蘇我一族の脳裏には蝦夷に殺された境部摩理勢の顔が浮かんだと思います。後世に「蘇我は悪者」のイメージを定着させた山背大兄皇子殺害は、蘇我宗家を崩壊へ導いた乙巳の変というクーデターを引き起こす最大の要因となりました。

さらにもう一つの大きな要因は、中臣鎌足の存在でしょう。彼は、乙巳の変を計画し実行した中心人物です。鎌足がいなかったらクーデター自体が起こり得なかったか、決起しても失敗したはずです。彼以外に、このクーデターを成功させる人物はいなかったと推察します。

中臣鎌足は、百済の王子である豊璋であろうと思います。歴史作家の関裕二さんの著書によると、豊璋が百済にいる時、中臣鎌足は日本の何処にもいなかったそうです。逆に、豊璋が百済にいない時、中臣鎌足は日本で活躍していたということです。鎌足は当時、無役無冠であったとされます。無冠の人物が、中大兄皇子と剣の舞や蹴鞠などを行うことなど、絶対にあり得ない話です。おそらく中大兄皇子のそばに近づくことさえ出来ないでしょう。無冠の中臣鎌足が皇子に近づけたのは、彼が外国の王か王子、または高官であったからに違いありません。

日本書紀の編者も中臣鎌足が百済の人間とは書けず、また皇子に接近できるような日本の高官とも書けなかったため、この2人が出会うセッティングに苦労したはずです。編者が設定した、蹴鞠の最中に皇子の靴が鎌足の所へ飛んで来たという「出会い」の場面からは、苦肉の策の演出という匂いが強く漂ってきます。

中臣鎌足が日本に来た目的は、百済との間に同盟を結ばせることです。朝廷にお願いするだけでは一方的なので、任那の利権復活を確約するというような条件を付けて交渉しに来たと思います。唐が拡大政策を断行し、朝鮮半島諸国は存亡の危機に立たされていたので、必死だったでしょう。鎌足は最初、天皇である入鹿に話を持って行ったとも考えられます。最高権力者に話を持ってゆくのは当然で、朝鮮半島南部を百済と日本で支配するような「おいしい話」をしたと想像します。しかし、朝鮮半島情勢に詳しい入鹿は、色よい返事をしなかったと推察します。日本書紀には入鹿は鎌足には及ばないが有能な人物と書いてあり、藤原不比等も入鹿の政治力や判断力に一目置いていたと思います。

鎌足は山背大兄の反乱で、蘇我が分裂していることを知り、蘇我の倉山田一族を抱き込み、中大兄皇子に話を持ちかけた気がします。天皇への道が閉ざされかけていた皇子は、クーデターを二つ返事で了解したと思います。鎌足は643年、倉山田石川麻呂の次女である遠智娘《おちのいらつめ》と中大兄皇子を結婚させ、乙巳の変の後、孝徳天皇として即位する軽皇子の妃には阿部内麻呂の娘を嫁がせています。このように見てくると、鎌足は乙巳の変のはるか前、少なくとも2年以上前からクーデターの準備をしていたようです。これほど不穏な動きがあるのに、聡明な入鹿は気づかなかったのでしょうか。それとも643年には、既に蘇我一族が分裂しており、入鹿は中大兄らの婚姻を知りつつも、倉山田石川麻呂を討伐することができない状況にあったのでしょうか。その答えもすべて闇の中です。

クーデターの当日、入鹿は大王なので護衛を少なくとも5~10人は従えていたと思います。刺客に選ばれたのは、佐伯連《さえきのむらじ》子麻呂《こまろ》と葛城稚犬養連《かずらきのわかいぬかいのむらじ》網田《あみた》という人物です。日本書紀によると、この2人はいざというときに怖気づいて何もできなかったので、中大兄皇子が斬りつけたと書いています。

これらは中大兄皇子をヒーローにするために書かれた文章で、事実とは異なっているでしょう。暗殺などという凶行は、天皇の皇子が危険を顧みずに行うようなことではありません。刺客が2人だけというのも少な過ぎます。あくまでも想像ですが、鎌足が百済から連れて来た殺人集団が、百済や朝鮮半島の民族舞踊を披露する楽団として宮中に入り込み、入鹿を殺害した可能性が一番高いと思います。それぐらいの策謀を準備しないと、入鹿を殺害することなど出来ないはずです。宮殿の周囲も、反入鹿の兵士で固められていた気がします。鎌足の叡智と執念と実行力には、はなはだ感服します。彼は百済を救済するため、綿密に計画し、必殺の一念で行動したのでしょう。中臣鎌足と中大兄皇子と倉山田石川麻呂という、三者の利害が見事に一致したクーデターだったと推察します。

近年では、乙巳の変で最も得をした人物は誰かといえば、孝徳天皇という答えが一番多い気がします。孝徳天皇が遷都した難波宮は、中国の都を模した本格的な造りで、最近は中大兄皇子の傀儡政権では無いとの見方が多くなっています。クーデターの本当の黒幕は孝徳天皇で、和泉に経済的基盤を持ち、中臣鎌足との親交も中大兄皇子より長いなどとする本が、数多く出版されています。

しかし私は、黒幕はやはり中臣鎌足であると思います。この時点での最高権力者は、中臣鎌足のバックにいる宝皇女と中大兄皇子です。宝皇女が后でなければ、軽皇子は天皇になれる身分ではなかったそうです。軽皇子は孝徳天皇として即位した当初、この2人の協力も得て難波宮を壮麗に築いたでしょうが、中大兄皇子と対立すれば、ひとたまりもないような脆弱な政権基盤しか無かったと思います。彼に大きな権力が備わっていたならば、逆に天皇には成れなかっただろうと思います。彼に権力基盤が無かったので、宝皇女と中大兄皇子は軽皇子を一時的に大王（天皇）にしたと推察します。孝徳天皇には、「徳」の字が付いています。彼の晩年は悲惨であったでしょう。倉山田石川麻呂が最大の黒幕だった可能性は十分あります。それを恐れた中大兄皇子と中臣鎌足が4年後、謀反の罪で石川麻呂を殺害します。これが乙巳の変の2回目のクーデターで、中大兄皇子が最高権力を勝ち取った時かも知れません。

六　飛鳥京から近江京へ

乙巳の変のクーデター翌日、中大兄皇子は飛鳥寺に反入鹿の部隊を結集して甘樫丘の蝦夷邸に使いを出したそうです。蝦夷宅は東漢《やまとのあや》氏と高向《たかむく》氏が守っていたそうです。使者として向かったのは巨勢徳太臣《こせのとこだのおみ》と書かれています。巨勢氏は、山背大兄皇子一族を入鹿の命で滅ぼした将軍です。その巨勢氏の説得に、東漢氏や高向氏が陣を解いて逃げたとあります。変の翌日、蝦夷が自刃したのは確かでしょうが、蘇我宗家は直属の軍を持っていなかったのでしょうか。宗家は甘樫丘を要塞化していたとされますが、入鹿と蝦夷の最後はなぜか脆すぎる感じがしてなりません。

孝徳天皇が崩御した西暦655年、宝皇女が斉明天皇として即位します。この時、中大兄皇子は30歳。天皇になっても不思議ではありませんが、皇太子として振るまった方が動きやすかったのかも知れません。660年、新羅が百済を滅ぼします。百済は当然、日本に救援を求めてきました。斉明天皇は高齢にも関わらず、難波から船に乗って北部九州に向かい、卑弥呼や台与の故郷である「女王国」の朝倉に橘広庭宮《たちばなのひろにわのみや》を造営し、そこで崩御したとされています。

実際に、斉明天皇が飛鳥の地を離れたとは思えません。中臣鎌足の同胞である天智天皇の母を、神功皇后のような崇高な女傑として描いたのでしょう。しかし663年、日本の軍勢は、白村江の戦いで唐軍に大敗します。敗戦後、中大兄皇子は対馬や壱岐、北部九州、瀬戸内海の各地に防御の山城を築き、都を飛鳥の地から琵琶湖を望む近江（現在の大津市西大津駅付近）に遷都し、668年に、天智天皇として即位しました。ここに都を置いた理由は、地形的に防御の面で非常に優れているためです。確かに、逢坂の関と瀬田川に囲まれ、東西両方向からの防衛に優れた地点が西大津であったと言われます。大陸からの侵攻に対する防御よりも、白村江の戦い後に不満を募らせていた各地の豪族から身を守るための都だったという気もします。

白村江への遠征軍派遣には、豪族の反対が強かったのではないでしょうか。それでも皇子は、朝鮮半島に軍船を進めました。分裂した蘇我氏を取り込み、蘇我宗家を抹殺した中臣鎌足の願いを、中大兄皇子は断ることが出来なかったのでしょう。白村江の大敗後、皇子に対する逆風は日毎に強くなり、天皇として即位したころには経済も破綻状態だったと思います。井沢元彦さんの『逆説の日本史』には、天智天皇は殺害された可能性が高いと書かれていました。天皇の側近の女性が「天皇はなぜ、あんな所に行ったのだろう」と詠んだ歌が残されていて、「あんな所」と書かれた場所の近くに天智天皇の墓があるそうです。天智天皇も乙巳

蘇我氏の系譜（乙巳の変後）

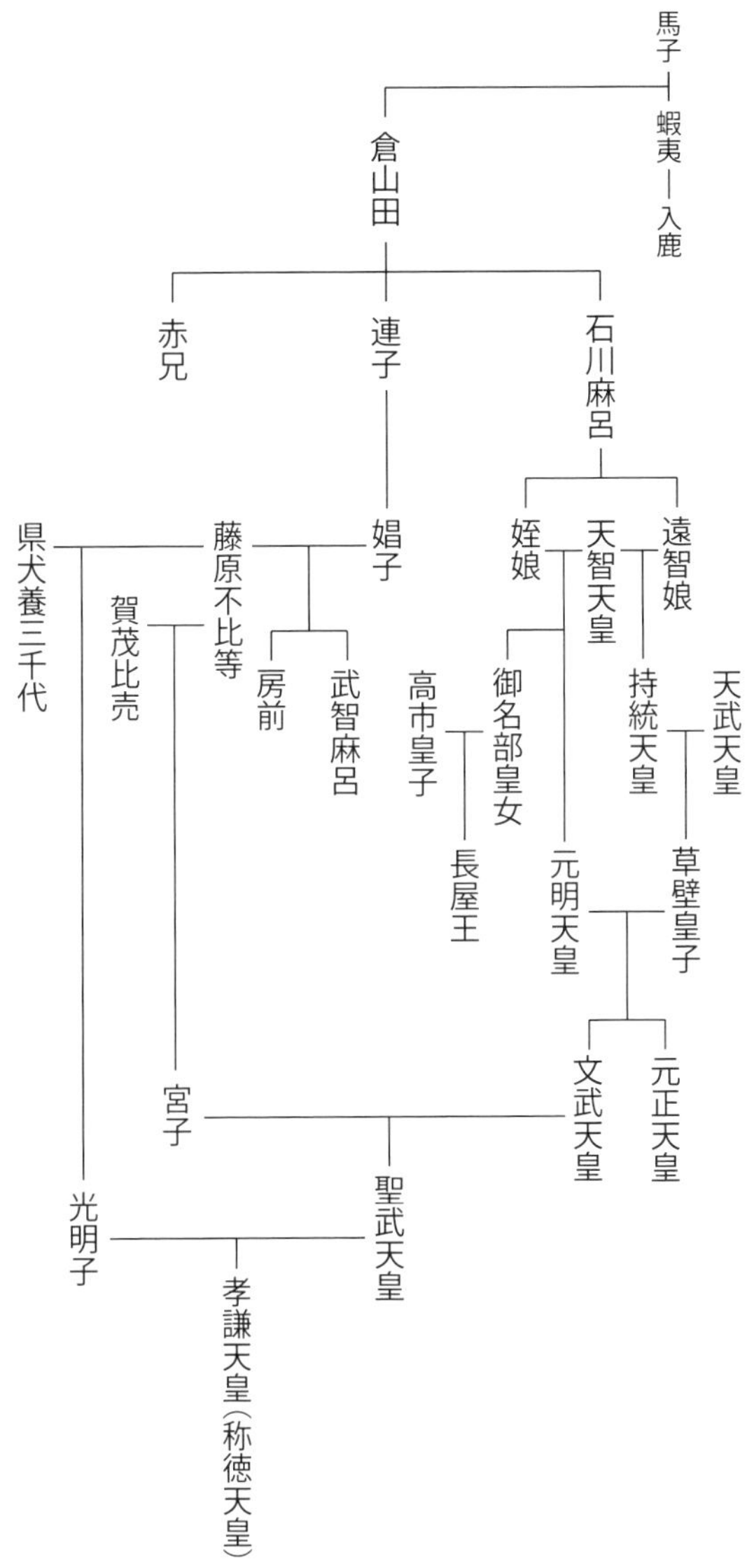

倉本一宏著『蘇我氏　古代豪族の興亡』より抜粋

の変以降、殺戮と戦争の連続で、幸せな時間は少なかったような気がします。

ところがネットで調べてみると、近江遷都は天智天皇の気まぐれで、中国文化に憧れた天皇が大和に嫌気がさして西大津に引っ越したと記載されていました。防衛重視の遷都には否定的な見方で、経済的な要素も書かれていません。「大陸からの防衛が目的なら、近江よりも大和の方が優れている」という指摘には納得しますが、国内の豪族の反発から逃げたのではないかという要素が触れられていないことに疑問を覚えました。

七　藤原京から平城京へ

壬申の乱を経て天武天皇が即位します。その出自について、日本書紀には中大兄皇子の弟、大海人皇子と書かれています。父は舒明天皇、母は宝皇女《たからのひめみこ》（＝斉明天皇）。しかし、誕生年が不明で、昔から誰の皇子なのかが議論されてきました。一番有力な説は、用明天皇の孫である高向王《たかむくのおおきみ》と宝皇女の間にできた漢皇子《あやのみこ》です。蘇我入鹿が父親であるという説もあります。高向王は日本書紀に1回しか名前が登場しない人物で、天武天皇の出自を隠すために利用されただけの人物という見方もあります。天武天皇の父親が蘇我入鹿であることを隠すために、不比等が指名した人物と言われてきました。

私も天武天皇の父親は入鹿であると思っていましたが、それだと多くの疑問が残ります。大和岩雄氏が書かれた『天武天皇出生の謎』によると、用明天皇の皇子で高向王の父親である麻呂子皇子《まろこのみこ》（＝当麻皇子）は当麻《たいま》氏の始祖で、天武天皇の従弟にあたる当麻真人国見は天皇の親衛隊長を務めていたそうです。これが事実ならば、天皇の父親は高向王の可能性が高いと言わざるを得ません。

私は父親が入鹿でも、高向王でも「天武天皇は、壬申の乱までよく生きていたな」と思います。天智天皇は、異母兄弟にあたる古人大兄皇子や従弟の有馬皇子を殺害しています。古人大兄皇子は乙巳の変の後、出家して吉野に隠れていましたが天智は容赦しなかったようです。2人とも早々に抹殺されています。異母兄弟は古代の政権争いにおいては互いにライバルで、赤の他人と同じです。むしろ互いの警戒心が強く、真っ先に殺害されるのが常ですが、異父兄弟に警戒感はないのでしょうか。普通であれば、大海人皇子には真っ先に攻撃の手が伸びて来そうです。

彼が生き延びられた理由は、斉明天皇が彼を守ったことに加え、東漢氏が懸命に匿ったからであると推測します。乙巳の変の後、東漢氏が早々と大海人皇子を尾張か美濃に移したと思います。尾張は継体天皇と敏達天皇の系列なので、天智系統のように思えますが、蘇我氏の時代に何らかの変化があって、大海人皇子を匿うようになった模様です。しかしそうなると、天武天皇が近江王朝で活躍したことや、額田王をめぐって天智・天武の兄弟が三角関係に陥ったことも絵空事となってしまいます。額田王は、斉明天皇に仕える「歌を詠む女官」として歴史の舞台に登場し、実在した女性であると思いますが、有名な三角関係は架空の夢物語なのでしょうか。ネットでは事実のように書いているものを見かけますが、大和氏は無視しています。

甘樫丘から近鉄飛鳥駅に向かう道筋に、天武・持統天皇陵があります。私は、この道路を5～6回通りましたが、合葬陵を見るたびに「天武天皇と持統天皇の夫婦仲は、実際のところどうだったのか？」と思うのです。日本書紀によると、持統天皇は天智天皇の皇女で、天武天皇は叔父にあたります。

大海人皇子（のちの天武天皇）は天智天皇の臨終の床に呼ばれ、天智天皇から「後はお前に任せる。よろしく頼む」と言われます。しかし、危

天武・持統天皇陵

機を感じた大海人皇子は髪を剃って吉野に逃れ、吉野も危なくなって東漢氏らが尾張に連れ出します。そして、壬申の乱が勃発しました。

鸕野讚良皇女《うののささらのひめみこ》（＝のちの持統天皇）の夫である大海人皇子は、皇女の父（天智天皇）が築いた近江の都を攻め、皇女の兄弟である大友皇子を殺害。さらに皇女の母方である蘇我倉山田にも打撃を与えました。持統天皇にとって、天武天皇は憎むべき「近江の敵」であり、母方である倉山田にとっても敵になります。私は、天武の権力が大きいので仕方なく后になったと思っていました。

しかし、天武天皇が入鹿の息子だったら、話が変わってきます。持統天皇の父が、夫である天武天皇の父を殺害したことになるのです。父を殺害された夫が、妻の父が築いた都を攻めて天下を奪い取ったことになるのです。

2人とも、悲しい歴史を背負った者同士、慰め合える夫婦関係になるはずです。私が「天武天皇は、入鹿の子供ではないか」と思った最大の理由でもあります。もし、天武天皇が入鹿の子ではなく、単に天智天皇の兄弟ということなら、鸕野讚良皇女は自分の父親と兄弟を殺害した叔父と結婚するでしょうか。古代と現代ではモラルや価値観が大きく異なるので、短絡的に答えは出せませんが、私には考えにくい結婚です。それどころか天武天皇は、鸕野讚良皇女のほかにも天智天皇の皇女3人と婚姻しています。実の弟が、兄の娘を4人も娶るのは、古代においてもかなり異常です。しかも、この4人の皇女の夫は、自分たちの父親である天皇が築いた都を破壊し、兄弟を滅ぼした人間なのです。

持統天皇の死後、仲の良かった夫婦を彼らの子孫が1つの陵墓に合葬したのか。それとも、私が指摘した「焚書坑儒」や日本書紀の編纂は天武天皇と持統天皇が進めたもので、藤原不比等の関与を弱めるために藤原氏が彼らを合葬したのか――。私も判断に迷います。

持統天皇は、蘇我倉山田石川麻呂の次女を母とする女性です。入鹿と石川麻呂は従兄弟同士なので、天武天皇が入鹿の子ならば、2人は再従兄妹《はとこ》になります。天武天皇が舒明天皇の子なら話は違いますが、例えば高向王の子息である漢皇子だったとしても2人は蘇我一族です。

蘇我氏は、昔から長く悪役とされてきました。なぜ蘇我を悪者にしたかというと、藤原不比等は、乙巳の変というクーデターを単なる権力闘争ではなく、「大化改新」という日本の律令国家の起源に位置づけねばならなかったからです。大化改新を成し遂げた天智天皇と中臣鎌足は国家のヒーローで、それを拒んできた蘇我は「悪者」なのです。実際は、馬子の代から蝦夷、入鹿へと蘇我氏が進めて来た改革を、天智天皇と中臣鎌足が横取りしたのだと思います。しかし、持統天皇をはじめとする蘇我倉山田の子孫は存続していたので、入鹿だけを悪者に仕立てたのです。ただし、持統天皇の存命中は、思うように事は運ばなかったでしょう。持統天皇が崩御した703年から、藤原不比等が没した720年までの間に修正が行われたと推察します。

その藤原不比等は壬申の乱以降、苦難の時代が続きました。身の危険が迫った時期もあったようですが、石川麻呂の弟である蘇我連子《むらじこ》の娘・娼子《しょうし》と婚姻したことで状況は一変します。壬申の乱で倉山田家が分裂したかどうかは分かりませんが、連子は右大臣の地位に上り、不比等は蘇我氏の高貴な家柄の中に身を置くことができたのです。ここが藤原不比等の転機で、歴史の転換点であったと思われます。

不比等と娼子との間には、武智麻呂《むちまろ》（＝藤原南家の祖）や房前《ふささき》（＝藤原北家の祖）らが生まれます。彼らは自害に追い込まれた長屋王の祟りを受けたのか天然痘で没しますが、このあと藤原北家は天皇家に相次いで后妃を送り込み、「藤原王国」を築いて行きます。千年以上も続いた藤原王国の父は不比等で、母は蘇我氏の媛だったのです。

天智天皇と蘇我姪娘《めいのいらつめ》（＝持統天皇の叔母）の間にできた阿陪皇女《あへのひめみこ》（＝元明天皇）と、持統天皇の子である草壁皇子《くさかべのみこ》の間に軽皇子《かるのみこ》（＝文武天皇）が生まれます。文武天皇と夫人《ぶにん》の藤原宮子《みやこ》（＝不比等の長女）の間に首皇子《おびとのみこ》（＝聖武天皇）が生まれますが、聖武天皇の子である称徳天皇には子が無く、天武朝は断絶します。

その前に、阿陪皇女の姉妹である御名部皇女《みなべのひめみこ》と天武天皇の子である高市皇子《たけちのみこ》の間に生まれた長屋王が藤原氏の陰謀によって自害し、こちらの天武系統も断絶。称徳天皇以後は天智系の天皇が受け継ぎ、今日に至ります。長屋王は左大臣のポストにあり、反藤原で天武系。蘇我系のホープでしたが敗れ去りました。これ以後、蘇我一族から重要ポストに就いた者はいないとされ、事実上の蘇我氏の終焉になったと思います。

私は「焚書坑儒」は天武天皇が行ったと習い、「天武は出自に問題があるな」と思っていました。大化改新を成し遂げた中大兄皇子が正統で、天武天皇はその弟とされながらも素性がはっきりせず、皇統に疑問があるという印象でした。日本書紀も、天武の命令で刊行されたと習いました。天武天皇は歴代天皇の中で最強の絶対的権力を手中にしたと教えられていたので、「焚書坑儒を強行し、邪馬台国や古代大和政権の歴史を抹殺した悪い奴」みたいな印象を持っていました。日本書紀を最終検閲したのが持統天皇と藤原不比等だったと知ったのも関裕二さんの著書なので、そんなに昔のことではありません。

私はこれまで、藤原不比等は中臣鎌足の出自が問題なので「焚書坑儒」を行ったと思っていました。それも一因でしょうが、今では大王であった蘇我入鹿を鎌足が殺害したので焚書坑儒を断行したと考えています。日本書紀は、天皇の万世一系を根幹にしなければなりません。乙巳の変は、蘇我宗家を蘇我倉山田家に移行させたクーデターです。大王を天智天皇系列に移行させるだけの歴史の改変ですが、中臣鎌足の直属部隊が大王である入鹿を殺害したことは絶対に公にはできません。蘇我入鹿は天皇であってはならず、あくまでも臣下の大臣でなければなりません。たとえ蝦夷と入鹿の傀儡政権であっても、皇極天皇の形式的な即位が必須条件でした。大臣ならともかく、天皇を殺害するのは天下の御法度なので、証拠隠滅が必要だったのです。

藤原家にとっては、「焚書坑儒」は絶対に行わなければならない大事業であったと想像します。たぶん、戦前まで千年の長きにわたり、闇の中で行われたと思います。明治時代以降も行われた気がします。おかげで邪馬台国や邪馬台国東遷をはじめとする古代日本の歴史の多くが闇に消えました。そうでなければ712年以前の書物や文字が彫られた石碑などが全く残っていないことを、どう説明できるでしょうか。藤原家は少なくとも平安時代末期まで500年間、政権の座に君臨していたわけで、その間、徹底的に「不都合な歴史」を抹消したでしょう。

八　出雲と蘇我氏

さて最後に、蘇我氏と出雲の関係をもう一度考えます。私は、蘇我氏が出雲から大和に進出し、欽明朝を築き上げた奴国の王族一門だったと考えています。現状では、それを証明する文献や遺跡は全くありません。物的証拠はありませんが、蘇我氏と出雲の関係を解明したいと思います。

出雲と蘇我氏の関連性についての研究は、歴史学者の門脇禎二氏が先駆者であると思います。その後、多くの研究がなされたと思いますが、今日に至っても出雲の方からは否定的意見ばかり聞きます。公的立場では未だそれを公言するのは難しいのかも知れませんが、私も一石を投じるつもりで、蘇我と出雲の関連性を再度提起しました。それらを列挙すると、以下の通りです。

①出雲が「国譲り」をした後、奴国の武内宿禰の一族が出雲のトップに就いたと想像します。理由は、出雲が纒向連合最大の強国で広い面積を有しており、この地を統治するのは国力からいって奴国が最有力と考えるからです。もちろん、吉備を筆頭に九州以外からも人材が集結したと思いますが、トップの座に就くのは奴国の王である武内宿禰の縁者でなければ力不足の感じがします。

②私には、佐太神社の祭神である加賀生まれの猿田彦が武内宿禰であると思えます。「邪馬台国の候補地・出雲」の項で触れましたが、佐多神社は神在月に神々が集うところで、中心に鎮座する大国主命は武内

宿禰とつながっているように思えるからです。佐多神社にある3つの社の両脇には、素戔嗚尊と天照大神が祀られています。私には、その中央に伊弉諾尊と伊弉諾尊とともに鎮座する国津神は、武内宿禰以外に考えられません。

③出雲大社は平安時代、日本で一番の高さを誇る建築物だったと言われています。平安時代の京には「雲太、和二、京三」という口遊《くちずさみ》があったそうです。雲太とは出雲大社、和二とは奈良の東大寺、京三は京都御所大極殿を指します。京の人は1番が出雲大社で、2番が東大寺、3番が御所の大極殿だと言っているのです。日本一の社が、なぜ出雲にあったのでしょうか。京の人々も不思議がり、皮肉を込めて言ったように思えます。藤原氏はなぜ、日本一の社を出雲の端っこに建てたのでしょうか。

④蘇我氏は武内宿禰の子孫で、葛城と並ぶ名門です。大和においては橿原に邸宅を構え、朝廷の外交や財務を担当していたと考えられます。その蘇我氏の本拠地は、出雲であったと推察します。そのため蘇我氏は、長い戦乱の後、欽明天皇を大和に導いて天皇位に就け、2人の妃を天皇に嫁がせたと思います。屈指の名門であり、畿内以外に本拠を構えていたからこそ実現できたことです。それ故に、藤原氏は蘇我の過去を抹消したのだと思います。

⑤出雲大社の境内にある「素鵞社《そがのやしろ》」は素戔嗚尊を祀っています。素戔嗚尊は須佐之男命とも書き、記紀には天照大神の弟と書かれています。この神を祀る須佐神社（出雲市佐田）の横を流れる川は素鵞川《そがわ》で、須佐之男命は素鵞の男とも言われています。出雲の人に、須佐之男命を「ソガ」と呼ぶ理由を尋ねたら、「清地《すがち》が変化した」との答えでした。

⑥雲南市にある須賀神社は、須佐之男命が建てた日本最初の宮と呼ばれています。ソガとスガは発音が類似しています。蘇我氏の河内における本拠地は河南町須賀で、須賀の名も蘇我に通じていると思います。

⑦関裕二氏の著書から学んだのですが、橿原市にある入鹿神社の祭神は蘇我入鹿と素戔嗚尊です。また、蘇

我氏の墓の形式は方墳ですが、これは蘇我氏のみが使用し、他の豪族には許可されていませんでした。しかし出雲国造家は唯一、例外として認められていたそうです。

⑧旧暦で10月は神無月。神様の多くは出雲に出かけて不在になるのです。伊勢神宮が脚光を浴びるのは明治以降で、江戸時代まで皇室は出雲の神々を祀っています。井沢元彦氏によると、明治天皇は京都から東京に下向する際、伊勢神宮には参拝せず、東京に着くと大宮の氷川神社に参拝されたそうです。現代とは神様に対する感覚が大きく異なっています。千年以上も祭神の中心として祀られてきたのは、天照大神ではなく出雲の神々です。

⑨古事記の三分の一には、出雲神話が描かれています。出雲の大国主命は、敗れ去った神です。敗れ去った地域は出雲だけではありません。北部九州は敗れ去った地域には含まれていないと思いますが、それ以外は大和に敗れ去ったか、降伏した国々です。出雲だけを特別視することもないと思います。私は、蘇我氏の出自が出雲で、蘇我から政権を奪った藤原が蘇我の祟りを恐れ、古事記に多くの出雲神話を載せたと思います。私には、それ以外に出雲に多くのスペースを割いた理由が見つかりません。

さて「蘇我が出雲出身と言うなら、なぜその痕跡が全く残っていないのか」と反論されそうです。私もそれは不思議であると思いますが、理由は藤原氏が長い時間をかけてそれらを全て隠滅したからだと考えます。武内宿禰以来の名門である蘇我の痕跡を抹消し、素戔嗚尊と大国主命の神話に置き換えたので、何も残っていないのだと思います。国内に、記紀以前の書物が無いのと同様です。

ところで、出雲大社に祀られた大国主命とは一体誰なのかという謎ですが、私は第10代崇神天皇が最も当てはまる気がします。出雲や伯耆、因幡を平定した後、大和にも進出して纏向も制覇した偉大な王ですが、「九州王朝」に敗れた悲劇の王でもあります。京や奈良に崇神天皇の社が無いのもうなずけます。一方、神無月には神々が出雲大社に参集しますが、中心に座している大国主命は崇神天皇ではなく、武内宿禰だと思います。彼の子孫の多くが、出雲に集まっている感じがしてなりません。崇神天皇と武内宿禰が合体した神が、大国主命のように思えます。私は、西暦260～270年まで出雲を治めていた崇神天皇と、270年以降に出雲を治めた武内宿禰一族の事績が合体し、大国主命が誕生したと想像します。

しかし古事記は、崇神天皇と武内宿禰を合体させた大国主命に、多くのページを割くとは思えません。藤原氏が恐れ、古事記に多くのスペースを割いた理由は、蘇我氏の祟り以外には考えられません。藤原北家の一方は、蘇我氏です。彼らには、蘇我は我々の祖先であるという意識もあったでしょう。しかし記紀の編者の脳裏には、蘇我宗家を滅亡させた後ろめたさもあったと思います。私は、その蘇我一族を、藤原氏が素戔嗚尊として祀ったのではないかと考えます。

出雲大社の拝殿の先、正面奥にあるのが素鵞社です。大国主命は西を向かれているので、拝殿正面から拝礼する時、参拝者は素鵞社に向って拝礼している格好になるそうです。

須佐神社、須賀神社、熊野神社はいずれも素戔嗚尊を祀っています。蘇我を祀っていたという「記憶」は、いつの時代かに抹消されてしまった感じです。出雲の人々も、悪名高き蘇我一族との関わりを持ちたくなかったのでしょう。その意識が千年以上の長きにわたって続き、今日に至っていると思います。わずか4回訪れただけですが、私が出雲訪問で受けた印象です。

素戔嗚尊と大国主命を、崇神天皇・武内宿禰・蘇我一族に当てはめてみると、▽なぜ出雲は祟るのか▽なぜ藤原は

素鵞社

出雲を恐れ、古事記に大きなスペースを割いたのか▽神無月と神在月とは何か―などの疑問が、多少なりとも解消した感じがします。藤原氏は「政権は我々藤原が担う。けれども祭祀に関しては蘇我を祀る、蘇我の祭神を受け継ぐ」…これが蘇我を滅ぼし、蘇我の祟りを恐れる藤原氏の根本概念になった気がします。この政治姿勢は不比等の時代に始まり、長屋王自害あたりで急激に高まり、平安時代中期あたりで確立したように感じられます。その思想が江戸時代の終焉まで、日本中が出雲神を信仰する形で受け継がれて行った気がします。

「天武系の断絶」で、蘇我氏は歴史の表舞台から消え、素戔嗚尊と大国主命の出雲神は祟りと厄除けの神となりました。これらの神々は奈良や平安の都を護持し、時には災難をも与えて、「九州王朝」となった邪馬台国もようやく終焉を迎えた気がします。

出雲大社

あとがき

最後までご高覧頂き、誠に有難うございます。私が考えた歴史は如何だったでしょうか。魏志倭人伝と大和政権までを一本の線で繋ぎ、「邪馬台国は台与が邪馬台（大和）に築いた九州王朝、つまり大和政権である」という結論に至りました。

邪馬台国は大和政権と同一ですから、古事記や日本書紀に書かれている内容を、かなり修正することになりました。記紀に関しては、長年にわたって多くの研究がなされています。私が書いた歴史が全く事実とは異なると指摘される方には、是非ご教示いただきたいと思います。研究者の方々による歴史推理も、是非拝読したいものです。

遺跡の発掘成果を重視される方は、「想像します」「気がします」などの言葉を連ねた説には意味がないと言われるでしょうが、このような本が数多く出版されれば遺跡発掘にも必ず役立つと私は思っています。

先日、NHKのBSプレミアムで邪馬台国の番組が放映されていました。私は、畿内説と九州説でこれだけ意見が違うものかとびっくりしました。部分的には、私と同じ考えの方もいましたが、ある高名な大学教授が「今、邪馬台国はここだ」と断定できる人は「おかしな人だ」と言っていました。私は結論を出してしまったので「おかしな人」の一人なのでしょう。

この本で、一人でも二人でも邪馬台国に興味を持つ方々が現れたら、幸せに思います。「おかしな人」がもっともっと出現し、自分流の古代史を世に問うことを期待して、終わりとします。

2023年3月

青木　清

参考資料

『一支国王都原の辻遺跡甦える「魏志倭人伝」の世界　国史跡指定記念写真グラフ』長崎新聞社編集局　長崎新聞社　１９９７年
『一度読んだら絶対に忘れない世界史の教科書』山﨑圭一著　ＳＢクリエイティブ　２０１８年
『日本史の謎―闇に隠された歴史の真実を暴く　改訂新版』世界文化社　２００４年
『天皇家と卑弥呼の系図　日本古代史の完全復元』澤田陽太郎著　六興出版　１９８９年
『邪馬台国の謎を探る』松本清張著　平凡社　１９７２年
『誰にも書けなかった邪馬台国』村山健治著　佼成出版社　１９７８年
『まぼろしの邪馬台国』宮崎康平著　講談社　１９６７年
『新発見でここまでわかった！　日本の古代史』瀧音能之監修　宝島社　２０２２年
『草書体で解く　邪馬台国への道程　書道家が読む魏志倭人伝』井上よしふみ著　梓書院　２０１９年
『歴史ＲＥＡＬ　重大事件でたどる歴代天皇125代の謎』洋泉社ＭＯＯＫ　２０１４年
『日本の古代豪族　発掘・研究最前線』瀧音能之監修　宝島社　２０２２年
『古事記と日本書紀　古代天皇のすべて』英和出版社　２０１９年
『邪馬台国の全解決』孫栄健著　言視舎　２０１８年
『季刊邪馬台国　139号』梓書院　２０２０年
『講座　飛鳥を考える』横田健一、網干善教編　創元社　１９７６年
『大和は邪馬台国である』高城修三著　東方出版　１９９８年
『歴史読本　検証 古代出雲王国 ２００７年４月号』新人物往来社　２００７年

『歴史読本　特集 神社に秘められた謎の古代史　２００２年11月号』新人物往来社　２００２年
『誤りと偽りの考古学・纏向』安本美典著　勉誠出版　２０１９年
『講学　アジアのなかの日本古代史』上田正昭著　朝日新聞社　１９９９年
『邪馬台国の候補地・纏向遺跡』石野博信著　新泉社　２００８年
『北東アジアの中の弥生文化　私の考古学講義（上）』西谷正著　梓書院　２０１６年
『古代天皇の謎』緒形隆司著　光風社出版　１９９５年
『卑弥呼　封印された女王の鏡　異端の古代史②』関裕二著　ＫＫベストセラーズ　２０１５年
『大伴氏の正体　悲劇の古代豪族』関裕二著　河出書房新社　２０１８年
『蘇我氏の正体』関裕二著　新潮文庫　２００９年
『邪馬台国研究の死角』次郎丸達朗著　葦書房　１９９３年
『大化改新―六四五年六月の宮廷革命』遠山美都男著　中公新書　１９９３年
『古代人の伝言　考古学講義』森浩一、陳舜臣著　朝日出版社　１９８０年
『邪馬台国への道　科学の解いた古代の謎』安本美典著　筑摩書房　１９６７年
『天照大神は卑弥呼だった　邪馬台国北九州説の終焉』大平裕著　ＰＨＰ研究所　２０１７年
『大集結　邪馬台国時代のクニグニ』ふたかみ史遊会編　青垣出版　２０１５年
『甦る古代への道』森浩一著　徳間書店　１９８４年
『日本神話からの贈り物　「古事記」「日本書紀」に見る日本人の美意識とタブー』渡部昇一著　ＰＨＰ研究所　１９９５年
『古代史の真相』黒岩重吾著　ＰＨＰ文庫　１９９６年
『蘇我氏　古代豪族の興亡』倉本一宏著　中公新書　２０１５年

著者略歴
青木　清（あおき　きよし）
山口高校、専修大学卒。卒業後、地元の企業に就職し日本全国で営業活動をする仕事に従事。新幹線などで移動する際に古代史の本を読む機会に恵まれる。退職後に癌を発症、９か月の入院生活を続けるも入院後半は読書三昧の日々で多くの書籍に接する。退院後は全国津々浦々を旅行、特に畿内、出雲、九州の遺跡や歴史資料館を繰り返し訪問して執筆を決意するに至る。

卑弥呼《ひみこ》は邪馬台国《やまたいこく》の女王《じょうおう》に非《あら》ず

2023年7月1日 初版第1刷発行

著　者　青木　清

発行者　田村志朗

発行所　㈱梓書院

〒812-0044 福岡市博多区千代 3-2-1
Tel 092-643-7075
印刷・製本　モリモト印刷㈱

ISBN978-4-87035-775-4